Die Mehrehe im Erbrecht

Bielefelder Rechtsstudien

Schriftenreihe für Gesetzgebungswissenschaft, Rechtstatsachenforschung und Rechtspolitik

Herausgegeben von
Otto Backes, Stephan Barton,
Gerhard Otte und Martin Stock

Band 27

Zur Qualitätssicherung und Peer Review der vorliegenden Publikation

Die Qualität der in dieser Reihe erscheinenden Arbeiten wird vor der Publikation durch Herausgeber der Reihe geprüft.

Notes on the quality assurance and peer review of this publication

Prior to publication, the quality of the work published in this series is reviewed by editors of the series.

Christian Schäfer

Die Mehrehe im Erbrecht

PETER LANG

Bibliografische Information der Deutschen Nationalbibliothek
Die Deutsche Nationalbibliothek verzeichnet diese Publikation in der Deutschen Nationalbibliografie; detaillierte bibliografische Daten sind im Internet über http://dnb.d-nb.de abrufbar.

Zugl.: Bielefeld, Univ., Diss., 2018

Umschlaggestaltung: © Olaf Gloeckler, Atelier Platen, Friedberg

D 361
ISSN 0937-0641
ISBN 978-3-631-78155-5 (Print)
E-ISBN 978-3-631-78285-9 (E-PDF)
E-ISBN 978-3-631-78286-6 (EPUB)
E-ISBN 978-3-631-78287-3 (MOBI)
DOI 10.3726/b15351

Peter Lang – Berlin · Bern · Bruxelles · New York · Oxford · Warszawa · Wien

www.peterlang.com

Vorwort

Die vorliegende Arbeit ist im Sommersemester 2018 von der Juristischen Fakultät der Universität Bielefeld als Dissertation angenommen geworden. Entstanden ist sie vor allem in der Zeit vom Februar 2014 bis zum September 2015. Rechtsprechung und Literatur sind auf dem Stand von März 2018.

Mein besonderer Dank gilt Herrn Prof. Dr. Otte. Zunächst hat er mich dazu ermutigt, überhaupt zu promovieren. Auch die Arbeit an seinem Lehrstuhl war für mich eine wertvolle Erfahrung. Im Rahmen dieser Tätigkeit habe ich sodann das Thema für diese Dissertation gefunden, die er von Anfang an in vielen Gesprächen mit wertvollen Ideen und konstruktiver Kritik begleitet hat.

Prof. Dr. Hähnchen danke ich für ihr Zweitgutachten und die darin enthaltenen Anregungen.

Eine Dissertation wie die vorliegende lässt sich schwerlich ohne eine funktionierende Universitätsbibliothek anfertigen. Daher gilt mein Dank allen Mitarbeitern der Bibliothek der Universität Bielefeld, insbesondere für die Berücksichtigung meiner Anschaffungswünsche, aber auch den Mitarbeitern derjenigen Universitätsbibliotheken, die ich im Wege der Fernleihe in Anspruch genommen habe. Ferner bedanke ich mich bei Yu Xinzhe, ohne dessen Hilfe ich einen bereits in der Einleitung der Dissertation benötigten Aufsatz weder gefunden noch verstanden hätte, und bei Maik Schmiedeler als dem Germanisten meines Vertrauens, der die Arbeit Korrektur gelesen hat.

Darüber hinaus danke ich mich meinen Eltern, denen ich so viel zu verdanken habe. Ihnen sei diese Arbeit gewidmet.

Inhaltsverzeichnis

Abkürzungsverzeichnis

a.A.	andere Ansicht
a.a.O.	am angegebenen Ort
abl.	ablehnend
AcP	Archiv für die civilistische Praxis
AE	Arbeitsrechtliche Entscheidungen
a.F.	alte Fassung
AG	Amtsgericht
Alt.	Alternative
AmJCompL	The American Journal of Comparative Law
Anh.	Anhang
Anm.	Anmerkung
ArbG	Arbeitsgericht
Art.	Artikel
AsylVfG	Asylverfahrensgesetz
AuAS	Ausländer- und asylrechtlicher Rechtsprechungsdienst
AufenthG	Gesetz über den Aufenthalt, die Erwerbstätigkeit und die Integration von Ausländern im Bundesgebiet
AuslG	Gesetz über die Einreise und den Aufenthalt von Ausländern im Bundesgebiet
Az.	Aktenzeichen
BAG	Bundesarbeitsgericht
BayObLG	Bayerisches Oberstes Landgericht
Bd.	Band
Bearb.	Bearbeiter
Begr.	Begründer
BFH	Bundesfinanzhof
BFHE	Entscheidungen des Bundesfinanzhofs
BFH/NV	Sammlung amtlich nicht veröffentlichter Entscheidungen des Bundesfinanzhofs
BGB	Bürgerliches Gesetzbuch
BGBl.	Bundesgesetzblatt
BGH	Bundesgerichtshof
BGHZ	Entscheidungen des Bundesgerichtshofs in Zivilsachen
Bl.	Blatt
BR-Drs.	Bundesratsdrucksache

BRD	Bundesrepublik Deutschland
Brüssel IIa-VO	VO (EG) Nr. 2201/2003 des Rates vom 27.11.2003 über die Zuständigkeit und die Anerkennung und Vollstreckung von Entscheidungen in Ehesachen und in Verfahren betreffend die elterliche Verantwortung und zur Aufhebung der Verordnung (EG) Nr. 1347/2000.
BSG	Bundessozialgericht
BSGE	Entscheidungen des Bundessozialgerichts
BT-Drs.	Bundestagsdrucksache
BVerfG	Bundesverfassungsgericht
BVerfGE	Entscheidungen des Bundesverfassungsgerichts
BVerfGK	Kammerentscheidungen des Bundesverfassungsgerichts
BVerwG	Bundesverwaltungsgericht
BVerwGE	Entscheidungen des Bundesverfassungsgerichts
bzw.	beziehungsweise
CERMOC	Centre d'études et de recherches sur le Moyen-Orient contemporain
DDR	Deutsche Demokratische Republik
DNotI	Deutsches Notarinstitut
DR	Deutsches Recht (Zentralorgan des „Nationalsozialistischen Rechtswahrerbundes")
DRZ	Deutsche Rechts-Zeitschrift
ders.	derselbe
dies.	dieselben
DokBer B	Dokumentarische Berichte aus dem Bundesverwaltungsgericht. Ausgabe B: Öffentlicher Dienst
ebd.	ebenda
EGBGB	Einführungsgesetz zum Bürgerlichen Gesetzbuch
EheG	Ehegesetz
1. EheRG	Erstes Gesetz zur Reform des Ehe- und Familienrechts v. 14.6.1976, BGBl. I, S. 1421.
EFG	Entscheidungen der Finanzgerichte (Entscheidungssammlung)
etc.	et cetera
EU	Europäische Union
EuGöD	Gericht für den öffentlichen Dienst der Europäischen Union

EuErbVO	VO (EU) Nr. 650/2012 des Europäischen Parlaments und des Rates v. 4. 7. 2012 über die Zuständigkeit, das anzuwendende Recht, die Anerkennung und Vollstreckung von Entscheidungen und die Annahme und Vollstreckung öffentlicher Urkunden in Erbsachen sowie zur Einführung eines Europäischen Nachlasszeugnisses
f.	folgende(r)
ff.	(und die) folgende(n)
FamFG	Gesetz über das Verfahren in Familiensachen und in den Angelegenheiten der freiwilligen Gerichtsbarkeit
FamFR	Familienrecht und Familienverfahrensrecht (Zeitschrift)
FamRÄndG	Gesetz zur Vereinheitlichung und Änderung familienrechtlicher Vorschriften v. 11.8.1961 (BGBl. I S. 1221)
FamRZ	Zeitschrift für das gesamte Familienrecht
FG	Finanzgericht
Fn.	Fußnote
FS	Festschrift
FuR	Familie und Recht (Zeitschrift für die anwaltliche und gerichtliche Praxis)
GG	Grundgesetz für die Bundesrepublik Deutschland
ggf.	gegebenenfalls
griech.	Griechisch
Gruchot	Beiträge zur Erläuterung des Deutschen Rechts (Zeitschrift)
GS	Gedächtnisschrift
h.M.	herrschende Meinung
HambJVBl	Hamburgisches Justizverwaltungsblatt
Hrsg.	Herausgeber
Hs.	Halbsatz
HVBG-Info	Aktueller Informationsdienst für die berufsgenossenschaftliche Sachbearbeitung
InfAuslR	Informationsbrief Ausländerrecht (Zeitschrift)
IntEncCompL	International Encyclopedia of Comparative Law
IPG	Gutachten zum internationalen und ausländischen Privatrecht
IPR	Internationales Privatrecht
IPrax	Praxis des Internationalen Privat- und Verfahrensrechts
IPRspr	Die deutsche Rechtsprechung auf dem Gebiete des Internationalen Privatrechts

i.S.d.	im Sinne der/im Sinne des
i.S.v.	im Sinne von
Jh.	Jahrhundert
JR	Juristische Rundschau
JW	Juristische Wochenschrift
JZ	Juristenzeitung
Kap.	Kapitel
KG	Kammergericht
KGJ	Jahrbuch für Entscheidungen des Kammergerichts in Sachen der freiwilligen Gerichtsbarkeit, in Kosten-, Stempel- und Strafsachen
KirchE	Entscheidungen in Kirchensachen seit 1946
lat.	Latein
LG	Landgericht
LK	Leipziger Kommentar zum Strafgesetzbuch
LM	Lindenmaier/Möhring (Nachschlagewerk des Bundesgerichtshofs)
LSG	Landessozialgericht
m.	mit
MittBayNot	Mitteilungen des Bayerischen Notarvereins, der Notarkasse und der Landesnotarkammer Bayerns
MüKo	Münchener Kommentar (sofern nichts anderes angegeben: zum BGB)
m.w.N.	mit weiteren Nachweisen
Nachw.	Nachweis
n. Chr.	nach Christus
NJOZ	Neue Juristische Online-Zeitung (abrufbar bei Beck-online)
NJW	Neue Juristische Wochenschrift
NJW-RR	NJW-Rechtsprechungsreport Zivilrecht
NordÖR	Zeitschrift für öffentliches Recht in Norddeutschland
Nr.	Nummer
NStZ	Neue Zeitschrift für Strafrecht
NVwZ	Neue Zeitschrift für Verwaltungsrecht
OLG	Oberlandesgericht
OLGRspr	Die Rechtsprechung der Oberlandesgerichte auf dem Gebiete des Zivilrechts
OLGZ	Entscheidungen der Oberlandesgerichte in Zivilsachen einschließlich der freiwilligen Gerichtsbarkeit

OVG	Oberverwaltungsgericht
OxfEncIslW	The Oxford Encyclopedia of the Islamic World, Vol. 3
PStG	Personenstandsgesetz
RabelsZ	Rabels Zeitschrift für ausländisches und internationales Privatrecht
Recht	Das Recht (Rundschau für den deutschen Juristenstand)
RG	Reichsgericht
RGBl.	Reichsgesetzblatt
RGZ	Entscheidungen des Reichsgerichts in Zivilsachen
Rn.	Randnummer
Rspr.	Rechtsprechung
S.	Satz/Seite
SchlHA	Schleswig-Holsteinische Anzeigen
SG	Sozialgericht
str.	streitig
SozVers	Die Sozialversicherung (Zeitschrift für alle Angelegenheiten der Renten-, Kranken- und Unfallversicherung)
StA	Staatsanwaltschaft
StAG	Staatsangehörigkeitsgesetz in der im Bundesgesetzblatt Teil III, Gliederungsnummer 102-1, veröffentlichten bereinigten Fassung, das zuletzt durch Artikel 3 des Gesetzes vom 28. Oktober 2015 (BGBl. I S. 1802) geändert worden ist
StAR-VwV	Allgemeine Verwaltungsvorschrift zum Staatsangehörigkeitsrecht
StAZ	Das Standesamt (Zeitschrift für Standesamtswesen, Familienrecht, Staatsangehörigkeitsrecht, Personenstandsrecht, internationales Privatrecht des In- und Auslands)
u.	und
u.a.	unter anderem/und andere
UdSSR	Union der Sozialistischen Sowjetrepubliken
UMKCLRev	University of Missouri (Kansas City) Law Review
unstr.	unstreitig
USA	United States of America (Vereinigte Staaten von Amerika)
usw.	und so weiter
v.	vom/von
v.a.	vor allem
VAE	Vereinigte Arabische Emirate

Var.	Variante
v. Chr.	vor Christus
VersAusglG	Gesetz über den Versorgungsausgleich
versch.	verschiedene
VG	Verwaltungsgericht
VGH	Verwaltungsgerichtshof
VO	Verordnung
VRÜ	Verfassung und Recht in Übersee
WarnR	Die Rechtsprechung des Reichsgerichts auf dem Gebiete des Zivilrechts, soweit sie nicht in der amtlichen Sammlung der Entscheidungen des Reichsgerichts abgedruckt ist, herausgegeben v. Otto Warneyer
WM	Wertpapier-Mitteilungen
ZAkfDR	Zeitschrift der Akademie für Deutsches Recht
ZEV	Zeitschrift für Erbrecht und Vermögensnachfolge
ZFSH/SGB	Zeitschrift für die sozialrechtliche Praxis
ZGB	Schweizerisches Zivilgesetzbuch
ZJS	Zeitschrift für das Juristische Studium
ZRP	Zeitschrift für Rechtspolitik
ZPO	Zivilprozessordnung
zust.	zustimmend(er)

A. Einleitung

Die Mehrehe ist mit Art. 6 Abs. 1 GG nicht zu vereinbaren.[1] Einfachgesetzlich ergibt sich das Verbot der Eingehung einer Ehe für bereits verheiratete Personen aus § 1306 BGB, ein Verstoß dagegen ist gemäß § 172 StGB strafbar. Gemäß § 1314 Abs. 1 Nr. 2 BGB kann eine solche Ehe allerdings nur ex nunc[2] aufgehoben werden (§§ 1313ff. BGB) – nicht etwa ist sie nichtig, wie es im englischen Recht und verwandten Rechtsordnungen der Fall ist,[3] aber eingeschränkt im vergangenen Jahrhundert auch nach verschiedenen deutschen Gesetzeslagen[4] der Fall war. Aufgrund des „perfekt funktionierenden Personenstandswesen[s]"[5] in Deutschland ist eine solche Konstellation in reinen Inlandsfällen, nachdem die Wirren des letzten Weltkrieges nun schon mehrere Jahrzehnte zurückliegen, nur noch aufgrund prozessualer Besonderheiten[6] vorstellbar. Jedoch gibt es auch

---

1 BVerfGE 62, 323 (330); 31, 58 (69) 29, 166 (176); BGH FamRZ 1986, 879 (880); OLG München FamRZ 2015, 2056 (2057); AG Hanau FamRZ 2004, 949 (950); BVerwGE 71, 228 (230); BVerwG v. 4.4.1986, Az. 1 A 10/86, juris-Rn. 6; VGH Mannheim FamRZ 2017, 1529 (1531); VGH München v. 25.6.2013, Az. 10 B 11.2217, juris-Rn. 47; OVG Berlin-Brandenburg v. 18.12.2012, Az. OVG 3 B 18.11, juris-Rn. 50; OVG Saarlouis FamFR 2010, 216; OVG Münster FamRZ 2009, 1145 (1146); IPRspr 2009 Nr. 61, juris-Rn. 117 (insoweit nicht abgedruckt); VG Gießen v. 7.6.2004, Az. 10 E 2666/03, juris-Rn. 25; VG Darmstadt NVwZ 2003 Beilage Nr. I 3, 23 (23); BSGE 51, 40 (43); BFH/NV 1986, 394 (395); Maunz/Dürig/*Badura*, Art. 6 Rn. 43; BerlK/*Burgi*, Art. 6 Rn. 31; Sachs/*v. Coelln*, Art. 6 Rn. 7; v. Münch/Kunig/*Coester-Waltjen*, Art. 6 Rn. 8 m.w.N.; Schmidt-Bleibtreu/*Hofmann*/Henneke, Art. 6 Rn. 5f.; *Jarass*/Pieroth, Art. 6 Rn. 4; Staudinger/*Löhnig*, vor § 1303 Rn. 16; Staudinger/*Mankowski*, Art. 13 EGBGB Rn. 252; AK-GG/*Richter*, Art. 6 Rn. 15; *Rohe*, S. 361; *Scholz*, ZJS 2010, 325 (327); BK/*Seiler*, Art. 6 Abs. 1 Rn. 61; *Sodan*, Art. 6 Rn. 12; BeckOK-GG/*Uhle*, Art. 6 Rn. 3; Staudinger/*Voppel*, Einl. FamR Rn. 8; a.A. Dreier/*Brosius-Gersdorf*, Art. 6 Rn. 79 (vgl. zu dieser aber Fn. 171) m.w.N. zur h.M.; Model/*Müller*, Art. 6 Rn. 4.

2 Unstr.: BGHZ 149, 357 (361); *Gernhuber/Coester-Waltjen*, § 12 Rn. 10, § 14 Rn. 1; Staudinger/*Voppel*, § 1313 Rn. 6; ausführlich *Knaak*, S. 63f. m.w.N.

3 Staudinger/*Mankowski*, Art. 13 EGBGB Rn. 257; mittlerweile hat allerdings die englische *void marriage* Rechtsfolgen, vgl. *Probert*, Legal Studies 22 (2002), 398 (399, 403).

4 Zum Recht der DDR Staudinger/*Voppel*, vor § 1313 Rn. 13; vgl. im Übrigen Kapitel C.II.1.

5 So schon *Böhmer*, StAZ 1975, 5 (6); ähnlich *Barth/Wagenitz*, FamRZ 1996, 833 (834) und *Peter*, S. 115.

6 Vgl. dazu Kapitel C.II.1.d).

Staaten, die vor der Vornahme einer Eheschließung deren Voraussetzungen weniger genau erforschen. In manchen ausländischen Rechtsordnungen sind die Formerfordernisse für die Eheschließung so gering, dass eine Prüfung durch ein Standesamt oder eine sonstige Institution von vornherein nicht erfolgt.

Auch gibt es Rechtsordnungen, die die Mehrehe erlauben. Wie eine nicht abschließende Aufzählung bei *Mankowski* zeigt,[7] gilt dies vor allem für islamische Rechtsordnungen. In diesen wird die Mehrehe allerdings zunehmend abgelehnt und gesetzlich eingeschränkt, sodass ihre Häufigkeit abnimmt.[8] Stets ist die Polygamie nur in Form der Polygynie, der Ehe eines Mannes mit mehreren (in islamischen Rechtsordnungen: bis zu vier[9]) Frauen, erlaubt,[10] weshalb im Folgenden mit Polygamie stets nur die Polygynie gemeint ist. Im Rahmen des internationalen Erbfalls, in dem das Vorliegen einer Ehe eine selbstständig anzuknüpfende Vorfrage darstellt,[11] kann der Verweis über Art. 13 Abs. 1 EGBGB zur Anerkennung einer solchen Ehe als gültig führen.[12]

In Konstellationen der Mehrehe, in denen keines der Heimatrechte der betroffenen Ehegatten diese gestatten würde, sprechen *Mankowski* und *Coester* von bigamen Verbindungen, von polygamen hingegen dann, wenn die Verbindung nach auch nur einem der Heimatrechte der Ehegatten zum Zeitpunkt der Eheschließung erlaubt ist.[13] Diese Definition entspricht zwar nicht der Begriffsherkunft (lat. *bis* = zweimal; griech. πολύς = viel), doch ist in solchermaßen als bigam verstandenen Konstellationen eine dritte, vierte etc. Eheschließung ohnehin kaum vorstellbar,[14] auch kann die so geschaffene Terminologie für

---

7 Staudinger, Art. 13 EGBGB Rn. 237, 239ff.; zur Relevanz der verschiedenen Staaten für Streitigkeiten vor deutschen Gerichten s.u. D.V.

8 Staudinger/*Mankowski*, Art. 13 EGBGB Rn. 238ff.; *Rohe*, S. 215f.; zum südlichen Afrika *Hayase/Liaw*, The Developing Economies 35.3 (1997), 293 (293).

9 Staudinger/*Mankowski*, Art. 13 EBGBG Rn. 237ff.; *Rohe*, S. 82; Grundlage: Koran 4,3.

10 Zur Frage der Polyandrie *Coester-Waltjen/Coester*, IntEncCompL, Bd. IV, Kap. 3 § 40; *dies.*, FS Hahne, S. 21 (24); das dort dargestellte Phänomen verstößt allerdings sowohl gegen chinesisches als auch gegen indisches Recht, vgl. zu China *Zhang*, Theoretical Platform of Tibetan Development 2012 (6); zu Indien Section 5 (i) Hindu Marriage Act (vgl. dort auch Section 2.1(b)), in deutscher Übersetzung wiedergegeben bei Bergmann/Ferid/Henrich/*Nelle*, S. 190ff.

11 Vgl. dazu noch Kapitel C.II.2.d).

12 Vgl. Kapitel C.I., II.2.

13 MüKo/*Coester*, Art. 13 EGBGB Rn. 60, 66; Staudinger/*Mankowski*, Art. 13 EGBGB Rn. 233; wie hier wohl *v. Bar*, Rn. 141 Fn. 229.

14 Vgl. aber die Sachverhalte der in Fn. 337 genannten Fälle, wiedergegeben in Anhang A (in dem Fall des VG Darmstadt NVwZ 2003 Beilage Nr I 3, 23 ist ein monogames

kollisionsrechtliche Ausführungen sinnvoll sein. Im Rahmen der hier vorliegenden Arbeit, die sich vor allem mit den Rechtsfolgen der Mehrehe beschäftigt, wäre diese Terminologie weniger hilfreich gewesen. Vielmehr bietet sich eine Differenzierung danach an, ob die weiteren Ehen gültig oder die §§ 1306, 1314 Abs. 1 Nr. 2 BGB bzw. Regelungen anderer das Bigamieverbot kennender Rechtsordnungen anzuwenden sind.[15] Ist Ersteres der Fall, so soll hier von Polygamie gesprochen werden; ist Letzteres der Fall, von Bigamie. Als gemeinsamer Oberbegriff soll hier der Begriff der Mehrehe dienen. Dieser schließt – jedenfalls deutlicher als die Begriffe Bi- und Polygamie[16] – eingetragene Lebenspartnerschaften aus. Ein solches Institut existiert ohnehin lediglich in Staaten mit Bigamieverbot[17] und funktionierendem Personenstandswesen (oder sonstiger tatsächlichen Sicherung des Bigamieverbots)[18]. Ein Fall, in dem eine Person eine eingetragene Lebenspartnerschaft neben einer Ehe oder mehrere eingetragene Lebenspartnerschaften nebeneinander führte, konnte im Rahmen der vorliegenden Arbeit jedenfalls nicht gefunden werden, eine bigame eingetragene Lebenspartnerschaft wäre nach deutschem Recht gemäß § 1 Abs. 3 Nr. 1 LPartG ohnehin absolut nichtig.[19] Diese Problematik wird daher im Folgenden insgesamt ausgeklammert.

Ein mehr als eine Ehe gleichzeitig Führender wird im Folgenden als Polygamist bezeichnet, wenn aus Sicht des deutschen Rechts auf die zweite (bzw. dritte etc.) Ehe die §§ 1306, 1314 Abs. 1 Nr. 2 BGB bzw. vergleichbare Regelungen anderer das Bigamieverbot kennender Rechtsordnungen nicht anzuwenden sind, andernfalls als Bigamist. Rechtsordnungen, die die Mehrehe erlauben, werden im Folgenden als polygame Rechtsordnungen, Rechtsordnungen, die die Bigamie verbieten, als monogame Rechtsordnungen bezeichnet. Zudem wird im Folgenden die weitere Ehe in Abkehr vom üblichen uneinheitlichen Sprachgebrauch[20] unter Rückgriff auf die Terminologie *Plancks*[21] lediglich dann als gültig

---

Ehestatut auch nur eines Beteiligten aber unwahrscheinlich, zudem ist die dort relevante letzte Ehe eine Nichtehe).

15 Vgl. dazu noch Fn. 219.

16 Vgl. *Gernhuber/Coester-Waltjen*, § 10 Rn. 10; Staudinger/*Löhnig*, § 1306 Rn. 4.

17 Vgl. die Übersicht bei Staudinger/*Mankowski*, Art. 17b Rn. 10ff.

18 MüKo/*Coester*, Art. 17b EGBGB Rn. 26 („gegen keine nichtstaatliche Form zu verteidigen").

19 BT-Drs. 18/5901, 25; Palandt/*Brudermüller*, § 1 LPartG Rn. 6; Erman/*Kaiser* § 1 LPartG Rn. 11 m.w.N.

20 Vgl. etwa BGHZ 27, 375 (380) einerseits; BGHZ 30, 140 (143) andererseits.

21 TE-FamR, S. 158f. = *Jakobs/Schubert*, IV.1, S. 134f.

bezeichnet, wenn sie keine Fehlerfolgen nach sich zieht. Als wirksam wird eine Ehe hingegen bereits dann bezeichnet, wenn es sich nicht um eine Nichtehe handelt. Lediglich die weiteren Ehen werden im Folgenden als bi- oder polygam bezeichnet, nicht hingegen die erste Ehe des mehrfach Verheirateten. Da das einfache Recht auch bigame Ehen nun nicht mehr als nichtig bezeichnet, wird sowohl bei bigamen als auch bei polygamen Ehen darauf verzichtet, das Wort Ehe in Anführungszeichen zu setzen, wenngleich dies die verfassungsrechtliche Wertung zum Ausdruck bringen würde. Tatsächlich ist die nicht monogame Ehe nicht vom Ehebegriff des § 27 Abs. 1 AufenthG umfasst.[22] Im Sinne des BGB handelt es sich jedoch durchaus um Ehen.

Gerade zu Beginn meiner Arbeit sah ich mich mit dem Problem des Rechtspluralismus (*legal pluralism*)[23] konfrontiert. In der vorliegenden Dissertation, die immerhin ein rechtsdogmatisches Problem aus einem staatlichen Recht zum Thema hat, wird als Recht nur das aus staatlicher Sicht anwendbare Recht bezeichnet. Wo sonstiges Recht in die Betrachtung einbezogen wird, ist dies aus der Formulierung ersichtlich.

Anstelle des in Bezug auf unkodifizierte Rechtsordnungen eher unpassenden Begriff „gesetzliche Erben" wird weitestgehend „**Intestaterben**" gebraucht. Folgende Begriffe sind vor allem zum Verständnis der rechtsvergleichenden Ausführungen wichtig:

> **Unilineare Abstammung** bedeutet nur durch Angehörige eines einzigen Geschlechts vermittelte Abstammung. Im Falle **agnatischer (patrilinearer) Abstammung** wird die Abstammung durch männliche Personen vermittelt, im Falle **uteriner (matrilinearer) Abstammung** durch weibliche. In manchen Ethnien bestehen zudem sowohl patri- als auch matrilineare Verwandtschaftsgruppen, sodass der Einzelne Teil zweier verschiedener Verwandtschaftsgruppen ist. **Kognatische Abstammung** hingegen wird durch Personen beiderlei Geschlechts vermittelt, wie es dem modernen europäischen Begriff der Verwandtschaft und dem biologischen Verwandtschaftsbegriff entspricht.[24] In der deutschen Alltagssprache nicht vorhandene *termini technici* fremdsprachiger Rechtsordnungen werden in der jeweiligen Originalsprache wiedergegeben, bei arabischen Begriffen gemäß der Umschrift nach den Richtlinien der Deutschen Morgenländischen Gesellschaft.[25]

22 Vgl. dazu noch Kapitel C.IV.3.

23 Vgl. dazu etwa *Fikentscher*, S. 36ff.; *Röhl/Machura*, JZ 2013, 1117 (v.a. 1120ff.).

24 Vgl. etwa *Fikentscher*, S. 271ff.; *Kohl*, S. 39ff. mit Schaubildern, leicht abweichend ist die bei *Wesel*, S. 192ff. dargestellte Terminologie; in der Literatur zum islamischen Erbrecht wird der Begriff der uterinen Erben abweichend verwandt (vgl. etwa *Ebert*, Erbrecht, S. 120 und *H. Khan*, S. 72).

25 Mit Erläuterungen zur Aussprache dargestellt bei *Rohe*, S. 423f., und *Pattar*, S. 36ff.

Um die praktische Relevanz der Problematik „Die Mehrehe im Erbrecht" zu klären, ist ein Blick auf den Umgang mit der Mehrehe im deutschen – auch internationalen – Eheschließungsrecht (dazu Kapitel C.II.) sowie im Staatsangehörigkeits- und Aufenthaltsrecht (dazu Kapitel C.IV.) erforderlich, erleichtert doch ein Aufenthaltstitel jedenfalls rein faktisch den gemäß Art. 21 Abs. 1, 83 Abs. 1 EuErbVO seit dem 17. August 2015 für die internationalprivatrechtliche Anwendbarkeit deutschen Erbrechts meist erforderlichen gewöhnlichen Aufenthalt in Deutschland und war bis dahin gemäß Art. 25 Abs. 1 EGBGB a.F. die Staatsangehörigkeit Anknüpfungspunkt.

Zudem wurden Sachverhalte bei Juris auffindbarer gerichtlicher Entscheidungen zur Mehrehe durchgesehen (zusammengefasst in Anhang A). Die Ergebnisse dieser Recherche werden in Kapitel D. dargestellt, bevor in Kapitel E. ein Blick auf die internationalprivatrechtliche Anwendbarkeit deutschen Erbrechts geworfen wird. Nach einem Zwischenfazit zur praktischen Relevanz der Mehrehe für das deutsche Erbrecht in Kapitel F. werden dann ab Kapitel G. die sich dazu stellenden Fragen bearbeitet. Schwerpunkte der Darstellung sind die Interpretation des § 1318 Abs. 5 BGB und die sich im Falle von Mehrehen ergebenden Erbquoten im Rahmen der gesetzlichen Erbfolge. Der h.M., die diesbezüglich auf dem Standpunkt steht, die für einen einzelnen Ehegatten in dem jeweils anwendbaren Tatbestand des § 1931 BGB ausgesprochene Erbquote sei für einen derartigen Fall auf die mehreren Ehegatten aufzuteilen, wird dabei widersprochen.

Zuvor wird jedoch die Nachlassbeteiligung der Witwe in Rechtsordnungen, die die Polygamie erlauben, dargestellt. Auf diese Informationen wird später in den Kapiteln H. und I zurückzukommen sein; auch wird die Einteilung der verschiedenen Rechtsordnungen durchgehend zugrunde gelegt.

B. Das Erbrecht der Witwe(n) in polygamen Rechtsordnungen

I Islamische Rechtsordnungen

1 Zum Begriff/Einleitung

In der islamischen Welt entwickelte sich vor allem in den ersten Jahrhunderten islamischer Zeitrechnung (ab 622 n. Chr.) die (auch rein kultische Vorschriften umfassende[26]) Normen- und Verhaltenslehre der Scharia.[27] Dabei bildeten sich verschiedene Schulen heraus, von denen sich im sunnitischen Islam die hanafitische, die malikitische, die schafiitische und die hanbalitische Schule etablieren konnten;[28] die markanteste schiitische Schule ist die der zwölferschiitischen Mehrheitsrichtung[29].[30]

Die wichtigsten Rechtsquellen sind der Koran und die Überlieferung (*sunna*), die vor allem Aussagen und Verhalten Mohammeds tradiert.[31] Drittwichtigste Quelle ist der Konsens der relevanten Gelehrten,[32] weshalb ab dem vierten Jahrhundert islamischer Zeitrechnung (9./10. Jh. n. Chr.) jedenfalls unter Sunniten alle wesentliche Fragen überwiegend als ausdiskutiert betrachtet wurden[33]. Seit dem 19. Jh. n. Chr. gewinnt jedoch die Gegenansicht zunehmend Anhängerschaft.[34] Seit dieser Zeit entstehen in der islamischen Welt auch vermehrt Gesetzeskodifikationen.[35] Wo Kodifikationen vorhanden sind, wird auf das hergebrachte Recht vor allem im Familien- und Erbrecht als subsidiäre oder

---

26 *Fyzee*, S. 16f.; *Pattar*, S. 56; *Rohe*, S. 9.

27 *Fyzee*, S. 14ff.; *Nasir*, S. 2ff.; *Rohe*, S. 21ff.; der Begriff „Normenlehre" ist *Rohes* am 10.10.2014 auf der Konferenz „Maqāṣid al-Sharīah" in Paderborn gehaltenen Vortrag entnommen.

28 *H. Khan*, S. 12ff.; *Nasir*, S. 17ff.; *Pattar*, S. 57f.; *Rohe*, S. 27ff.

29 *Coulson*, S. 108 Fn. 1; *Nasir*, S. 29; *Sachedina*, OxfEncIslW 397f.

30 Eine Übersicht über Werke der genannten Schulen zum Erbrecht gibt *Ebert*, Erbrecht, S. 18f.

31 *H. Khan*, S. 5ff.; *Fyzee*, S. 19f.; *Rohe*, S. 52ff.; *Yassari*, Brautgabe, S. 21ff.

32 *H. Khan*, S. 7f.; *Fyzee*, S. 20f.; *Rohe*, S. 58ff.; *Yassari*, Brautgabe, S. 26ff.

33 *Ebert*, Erbrecht, S. 17; *Pattar*, S. 64f.; *Rohe*, S. 59f.; andere zeitliche Einordnungen referiert *Kischel*, S. 876.

34 *Pattar*, S. 66; *Rohe*, S. 191f.

35 *Ebert*, Erbrecht, S. 20ff.; *Möller*, S. 35ff.; *Rohe*, S. 182ff.; zum aktuellen Stand im Familienrecht *Yassari*, Brautgabe, S. 15f.

vorrangige Rechtsquelle verwiesen oder die klassischen Werke werden zur Auslegung kodifizierter Normen herangezogen.[36] In Pakistan, das über eine sehr geringe Kodifikationsdichte verfügt,[37] gilt für Sunniten (und Ahmadis) grundsätzlich hanafitisches und für Schiiten wohl ausnahmslos zwölferschiitisches Familien- und Erbrecht,[38] wobei Art. 4 der Muslim Family Laws Ordinance von 1961[39] das klassische Erbrecht durch einen Eintritt i.S.v. § 1924 Abs. 3 BGB modifiziert. Ähnlich ist es in Bangladesch,[40] dessen Rechtsprechung jedoch häufiger von klassischen Ansichten abweicht.[41]

Wann soll nun eine Rechtsordnung als islamisch bezeichnet werden? Von den Staaten mit mehrheitlich muslimischer Bevölkerung haben vor allem die Türkei, Albanien, Bosnien und einige zentralasiatische Staaten ihr Recht säkularisiert.[42] In Indonesien als dem Staat mit den meisten muslimischen Einwohnern nehmen islamische Rechtsquellen zwar im Familienrecht „einen gewissen Raum" ein, bedeutsamer sind jedoch die *adat*[43]-Rechte der einzelnen Ethnien und das auch niederländisch geprägte staatliche Recht.[44] Der Beurteilung der Islamkonformität einer Rechtsordnung wird sich der Verfasser als Nichtmuslim enthalten. Sinnvoll ist die Bezeichnung eines Rechts als islamisch jedenfalls dann, wenn es im Rahmen interpersonaler Rechtsspaltung explizit für Muslime gilt – ein Bezug zum Islam ist so vorhanden. Damit sind die auf Muslime anwendbaren Erbrechte jedenfalls fast aller arabischer Staaten (Tunesien bedarf hier wegen des dortigen Bigamieverbots[45] ohnehin keiner Betrachtung), des

36 *Kischel*, S. 916ff.; *Rohe*, S. 184; zum Maghreb *Scholz*, Erbrecht, S. 9 ff.; jeweils zum Erbrecht: *Ebert*, Erbrecht, S. 29, 73f.; Ferid/Firsching/Dörner/Hausmann/*Trabzadah*, Afghanistan Rn. 6f., 10f.; Ferid/Firsching/Dörner/Hausmann/*Yassari*, Iran Rn. 1, 3ff.; Ferid/Firsching/Dörner/Hausmann/*Weishaupt*, Philippinen Rn. 469f.

37 Auch wegen der Prägung durch das *common law*, vgl. *Yassari*, Brautgabe, S. 100ff.

38 IPG 1976 Nr. 40 (München) S. 454ff.; *Shah*, IntEncCompL, Bd. I, Pakistan S. 6, 8f.; Bergmann/Ferid/Henrich/*Weishaupt*, S. 38f.

39 In deutscher Übersetzung wiedergegeben bei Bergmann/Ferid/Henrich/*Weishaupt*, S. 104.

40 Staudinger/*Dörner*, Anh. zu Art. 25f. EGBGB Rn. 76f.

41 *Otto*, S. 33ff.

42 *Rohe*, S. 182.

43 Vgl. zum Begriff *Benda-Beckmann*/*Benda-Beckmann*, Journal of the Economic and Social History of the Orient 55 (2012), 771 (777f.) und Bergmann/Ferid/Henrich/*Lewenton*, S. 5, 25 einerseits; *Fyzee*, S. 22 und *Rohe*, S. 68ff. andererseits.

44 *Kischel*, S. 839f., 844ff. (Zitat); Bergmann/Ferid/Henrich/*Lewenton*, S. 6f., 22ff.; zum Erbrecht der Minangkabau s.u. III.3.

45 Staudinger/*Mankowski*, Art. 13 EGBGB Rn. 235; *Rohe*, S. 215f.

Irans, Afghanistans, Pakistans, Indiens, Bangladeschs, der Philippinen und einiger weiterer asiatischer und afrikanischer Staaten umfasst.[46] Aber auch in den arabischen Staaten ohne interpersonale Rechtsspaltung im Erbrecht ist dieses in einem solchen Maß durch die klassischen Rechtsquellen geprägt, dass sich eine Bezeichnung als islamisch aufdrängt. Aus den gleichen Gründen kann das Familienrecht der genannten Staaten als islamisch bezeichnet werden.

Grundlegende Regelungen zur Erbfolge enthält der Koran selbst[47] und auch die Inhalte der *sunna* über das Vermächtnis (*waṣīya*) sind recht eindeutig.[48] Entsprechend schwach ausgeprägt sind Reformtendenzen in der islamischen Welt.[49] Die folgenden Ausführungen beziehen sich auf klassisches wie kodifiziertes Recht, Nachweise zu arabischen Kodifikationen befinden sich an den zitierten Stellen bei *Ebert*. Aussagen zu schiitischen Lehrmeinungen berücksichtigen im Folgenden – da der Jemen als Hauptsiedlungsgebiet der Zaiditen[50] ohnehin über ein kodifiziertes Erbrecht verfügt[51] – neben dem zwölferschiitischen Recht nur das jedenfalls für indische Ismailiten relevante[52] (von *Fyzee* so bezeichnete) fatimidische Recht:

2 Erbrechtliche Stellung der Witwe(n)

Grundsätzlich erbt die Witwe zu $\frac{1}{4}$ bei Nichtvorhandensein erbberechtigter Abkömmlinge bzw. zu $\frac{1}{8}$ bei Vorhandensein erbberechtigter Abkömmlinge und somit stets halb so viel wie ein Witwer in der gleichen Situation.[53] Dieses Viertel bzw. Achtel müssen sich mehrere Witwen gegebenenfalls teilen.[54] Nach sunnitischer Auffassung kann es in gewissen, eher seltenen, Konstellationen zu einer Verminderung (*ʿaul*) der Erbquote der Ehefrau(en) kommen. Ein nicht ganz abseitiges Beispiel ist das Vorhandensein der Ehefrau(en) neben zwei Töchtern und den Eltern des Erblassers, bei der die Erbquote der Ehefrau(en) nur noch

46 Vgl. *Rohe*, S. 209; Staudinger/*Sturm*/*Sturm*, Einl. IPR, Rn. 875ff.; ausführlich zu einigen arabischen Staaten *Ebert*, Erbrecht, S. 74f.

47 Wiedergabe aller relevanten Verse bei *Ebert*, Erbrecht, S. 10ff. (4, 7f.; 4, 11f.; 4, 33; 4, 176; 8, 75; zum Vermächtnis 2, 180ff.; 5, 106).

48 Wiedergegeben bei *Ebert*, Erbrecht, S. 14.

49 *Rohe*, S. 231ff., vgl. aus der islamischen Literatur etwa *H. Khan*, S. 157f., 172ff.

50 *Nasir*, S. 10; *Rohe*, S. 25/432 Fn. 50.

51 *Ebert*, Erbrecht, S. 69ff.

52 *Fyzee*, S. 41, 68ff.; Ferid/Firsching/Dörner/Hausmann/*Kainth*, Indien Rn. 3, 6; vgl. auch *Nasir*, S. 232.

53 Koran 4,12f.

54 *Ebert*, Erbrecht, S. 99f.; *Fyzee*, S. 405, 445; *Pattar*, S. 163f.

$\frac{1}{9}$ – die niedrigste denkbare Witwenerbquote – beträgt,[55] wohingegen schon bei Vorhandensein eines einzigen Sohnes den Kindern insgesamt ein geringerer Teil des Nachlasses zufließen und somit kein *ʿaul* stattfinden würde[56]. Die schiitische Lehre lehnt dieses Konzept und die damit einhergehende Reduzierung der Ehegattenerbquoten ab.[57] Grundsätzlich ist in Bezug auf die im Koran ausdrücklich genannten Erben auch eine Quotenerhöhung (*radd*) möglich, nach sunnitischen Auffassungen – mit Ausnahme vor allem malikitischer Gelehrter, die den *radd* ablehnen – regelmäßig beim Fehlen männlicher patrilinearer Verwandter. Einen *radd* der Ehegattenerbquote halten allerdings die meisten Schulen (unter ihnen die schiitischen) und Kodifikationen für ausgeschlossen, lediglich für den Fall des Fehlens jedweder als Erben in Betracht kommender Verwandter wird dem Ehegatten recht häufig die Alleinerbenstellung zugesprochen.[58] Zumeist verbleibt es somit bei den Ehegattenerbquoten in Höhe eines Viertels bzw. Achtels. Gemäß verschiedenen zwölferschiitischen Auffassungen (nicht jedoch dem iranischen Zivilgesetzbuch) kann es durch einen Ausschluss der Witwe(n) von der Nachfolge in Grundstücke zu einer – stellt man auf den gesamten Nachlass ab – auch wertmäßigen Unterschreitung der dargestellten Quoten kommen.[59]

Auch seitens des Erblassers errichtete Vermächtnisse können die dargestellten Quoten weiter verringern. Vermächtnisse sind vor der Verteilung des verbleibenden Nachlasses an die Erben zu erfüllen,[60] weswegen *Pattar* den Vermächtnisnehmer – abweichend von der arabischen Terminologie – sogar als Erben bezeichnet[61]. Der Wert der Vermächtnisse darf grundsätzlich höchstens ein Drittel betragen, bei Zustimmung durch die Erben darf dieses Drittel jedoch überschritten werden.[62] Umstritten unter den Schulrichtungen und in den verschiedenen Kodifikationen unterschiedlich geregelt ist die Frage, ob

---

55 *Ebert*, Erbrecht, S. 97ff., v.a. 118f.; *Pattar,* S. 162ff., v.a. 181ff.

56 Im Wege der Verschiebung der Töchter in eine andere Erbengruppe; vgl. zum Ganzen *Ebert*, Erbrecht, S. 97ff., v.a. 107 und 116f.; *Pattar,* S. 161ff., v.a. 165, 186 u. 191f.

57 *Coulson*, S. 113; *Fyzee*, S. 462; zu fatimidischem Recht *Nasir*, S. 233f.; zum Iran Ferid/Firsching/Dörner/Hausmann/*Yassari*, Iran Rn. 69.

58 *Ebert*, Erbrecht, S. 97ff., v.a. 119f.; *Pattar,* S. 162ff., v.a. 183ff.; zu Schiiten *Coulson*, S. 113; *Fyzee*, S. 460f.; *Nasir*, S. 234; zu gesetzgeberichen Reformen *H. Khan*, S. 215f.

59 *Fyzee*, S. 446 (auch zu fatimidischem Recht); *Nasir*, S. 220; aktuell zum Iran OLG Hamburg FamRZ 2015, 1232 (1233); *Yassari*, RabelsZ 73 (2009), 985 (991ff.).

60 *Ebert*, Erbrecht, S. 157; *Pattar*, S. 78, 143; *Rohe,* S. 99; Grundlage: Koran 4,11f.

61 S. 251 u. passim (seiner Terminologie wird hier nicht gefolgt); die starke Rechtsstellung betont auch *Scholz*, Erbrecht, S. 242.

62 *Ebert*, Erbrecht, S. 142f.; *Fyzee*, S. 360f.; *Pattar,* S. 266ff.

Vermächtnisse auch den Erben, also etwa auch der Ehefrau, zugewandt werden können: Teils wird dies völlig abgelehnt, teils bedingungslos bejaht (ursprünglich nur von Schiiten, nun aber auch in den Kodifikationen Ägyptens und der VAE); die meisten Kodifikationen folgen der überwiegenden Klassikeransicht, dass ein solches Vermächtnis der Zustimmung der Verwandten bedarf und gegebenenfalls nur aus den Anteilen der Zustimmenden zu erfüllen ist.[63] Ein mehr oder weniger gangbarer Weg zur Verbesserung der Rechtsstellung der Ehefrau(en) steht dem Erblasser damit offen. Das zur Verfügung stehende Drittel wird jedoch zunehmend durch gesetzlich vorgesehene Pflichtvermächtnisse, mit denen islamische Staaten die Nichtexistenz eines Eintritts i.S.v. § 1924 Abs. 3 BGB zu kompensieren versuchen,[64] reduziert, wodurch Nachteile für Waisen und Halbwaisen vermindert werden, ein möglicher Weg hin zu einer höheren Beteiligung der Ehefrau wie auch zu einer gleichmäßigen Beteiligung von Töchtern und Söhnen etc. jedoch für die betreffenden Fälle entfällt. Einen völlig anderen Weg ist die Rechtsprechung in Bangladesch gegangen, die seit 1997 völlige Testierfreiheit gewährt.[65]

Für die meisten Staaten ergeben sich, lässt man die Möglichkeiten von *ʿaul* und *radd* beiseite, je nach Rechtslage beispielsweise folgende Möglichkeiten der Partizipation von Witwen am Nachlass: Hat der Erblasser zugunsten einer Witwe testiert, so kann sie – nämlich für den Fall, dass sie die einzige Ehefrau war und auch keine erbberechtigten Nachkommen vorhanden sind – bis zur Hälfte am Nachlass partizipieren, bis zu einem Drittel durch ein Vermächtnis und zu einem weiteren Sechstel in Höhe der Erbquote von $\frac{1}{4}$ aus den übrigen zwei Dritteln des Nachlasses. In Fällen von Polygamie partizipiert die einzelne Witwe bei Vorhandensein erbberechtigter Abkömmlinge im Intestatfall in Höhe von $\frac{1}{16}$, $\frac{1}{24}$ oder $\frac{1}{32}$, je nach Anzahl der Ehefrauen. Sollten zudem Vermögensabflüsse aus Vermächtnissen vorhanden sein, so kann die tatsächliche Nachlassteilhabe auf $\frac{1}{24}$, $\frac{1}{36}$ oder gar $\frac{1}{54}$ herabsinken.

II Hindu-Recht in Pakistan und Bangladesch

Während Hindus in Indien die Polygamie seit 1955 verboten ist,[66] ist sie ihnen in anderen Staaten, etwa in Pakistan und Bangladesch, weiterhin

---

63 *Ebert*, Erbrecht, S. 140f.; *H. Khan*, S. 232f.; *Nasir*, S. 239; *Pattar*, S. 257ff., 342.

64 *Ebert*, Erbrecht, S. 145ff.; *H. Khan*, S. 177ff.; *Nasir*, S. 241; *Rohe*, S. 232; zu Ägypten *Pattar*, S. 344ff.

65 *Otto*, S. 34f.; *Rohe*, S. 232.

66 Bergmann/Ferid/Henrich/*Nelle*, S. 62.

erlaubt[67]. Ihr Bevölkerungsanteil liegt in Pakistan bei 1 bis 1,5 % und in Bangladesch bei über 9 %.[68] Auf pakistanische Hindus wird das Recht der in allen Gebieten des ehemaligen Britsch-Indiens außerhalb Bengalens (und Assams[69]) herrschenden *Mitakschara*-Schule[70] in seit der Unabhängigkeit von Indien nahezu unveränderter Form angewandt,[71] wobei lokale Abweichungen[72] denkbar sind:

Das Individualeigentum des Verstorbenen wird zwischen seiner Ehefrau und jedem einzelnen Sohn gleichmäßig aufgeteilt, mehrere Ehefrauen haben sich diesen Witwenerbteil zu teilen.[73] Vorverstorbene Söhne werden durch deren männliche Nachkommen[74] und Witwen[75] repräsentiert; Töchter, Vorfahren und Seitenverwandte erben hingegen nicht neben der Witwe des Verstorbenen[76]. Somit ist die gegebenenfalls gemeinsame Erbquote der Witwe(n) bezüglich des Individualeigentums des Mannes der Kehrwert der Summe aus 1 und der Anzahl der Söhne, die entweder selbst beim Erbfall noch leben oder repräsentiert werden. Das meiste Vermögen befindet sich aber regelmäßig nicht in Individualeigentum, sondern in der stets durch ein männliches, zumeist das älteste, Familienmitglied verwalteten[77] Familiengütergemeinschaft.[78] Der Anteil des Erblassers an dieser fällt der Witwe komplett zu, auch kann sie die Teilung dieser Gemeinschaft verlangen.[79] Jedoch ist ihre Verfügungsgewalt über die ererbten

---

67 Bergmann/Ferid/Henrich/*Lewenton*, Indonesien S. 30; Bergmann/Ferid/Henrich/*Weishaupt*, Bangladesch S. 36; Bergmann/Ferid/Henrich/*Weishaupt*, Pakistan S. 64.

68 Bergmann/Ferid/Henrich/*Weishaupt*, jeweils S. 6.

69 *Derrett*, § 26.

70 Zu Indien *Mulla/Desai*, S. 43, § 11.2; zu Pakistan Bergmann/Ferid/Henrich/*Weishaupt*, S. 63.

71 *Shah*, IntEncCompL, Bd. I, Pakistan S. 8; Bergmann/Ferid/Henrich/*Weishaupt*, Pakistan S. 25, 63, v.a. Fn. 185: *Mulla/Desai* ist die gebräuchlichste Darstellung ihres Rechts.

72 Dazu *Derrett*, §§ 13ff; *Mulla/Desai*, §§ 15ff.

73 Section 3 (1) Hindu Women's Right to Property Act 1937, wiedergegeben und erläutert bei *Mulla/Desai*, § 35; in der in Bangladesch aktuell gültigen Fassung wiedergegeben bei *Z.H. Khan*, S. 523f.; die zitierten Normen sind inhaltlich in beiden Fassungen identisch.

74 *Mulla/Desai*, § 29.

75 Section 3 (1) Hindu Women's Right to Property Act 1937.

76 *Mulla/Desai*, §§ 27, 43.

77 *Derrett/Iyer*, IntEncCompL, Bd. IV, Kap. 11 §§ 206f.; *Mulla/Desai*, § 236; Bergmann/Ferid/Henrich/*Weishaupt*, Pakistan S. 66.

78 *Derrett/Iyer*, IntEncCompL, Bd. IV, Kap. 11 § 204; *Mulla/Desai*, § 21; *Shah*, IntEncCompL, Bd. I, Pakistan S. 8f.

79 Sect. 3 (2f.) Hindu Women's Right to Property Act 1937.

Gegenstände insofern beschränkt, als Veräußerungen über den Stamm des Vermögens nur unter bestimmten Bedingungen (wozu allerdings auch ihr eigener Unterhalt zählt) möglich sind; über die Früchte kann sie hingegen frei verfügen.[80] Testieren kann ein Mann nur über sein Individualeigentum.[81]

Auf Hindus in Bangladesch kommt zumeist das Recht der *Dayabhaga*-Schule zur Anwendung,[82] das eine weitergehende Testierfreiheit vorsieht[83] und der Witwe auch für die Familiengütergemeinschaft lediglich den Anteil eines Sohnes zuspricht[84]. Auch in Bangladesch unterliegt die Verfügungsgewalt der Witwe den dargestellten Beschränkungen.[85]

III Nach Gewohnheitsrecht lebende Ethnien

1 Gegenstand der Betrachtung

In *Mankowskis* Aufzählung ist zudem mehrfach von „Stammesgewohnheitsrechten", „Eingeborenengewohnheitsrecht" etc. die Rede.[86] Gemeint ist einerseits das Recht klassischerweise vor allem durch das Fehlen von Schrift definierter[87] Naturvölker[88]. Solches Recht ist nicht das Produkt einer einzigen, supranationalen Rechtskultur. Im Gegenteil besteht bei Naturvölkern das Bemühen, keine Kenntnis von den Normen anderer zu nehmen.[89] Dennoch ähneln sich grundlegende Strukturen, vor allem bei Völkern mit ähnlichen ökonomischen Bedingungen. Nicht in allen dieser Kulturen können abstrakte Normen ausdrücklich formuliert werden.[90] Wo dies der Fall ist, werden diese flexibel gehandhabt, sie

---

80 Section 3 (3) Hindu Women's Right to Property Act 1937, dazu *Derrett*, §§ 678ff.; *Derrett/Iyer*, IntEncCompL, Bd. IV, Kap. 11 § 184; *Mulla/Desai*, §§ 26, 176ff.

81 *Derrett*, §§ 717ff.; *Mulla/Desai*, § 368 i.V.m. § 357.

82 Bergmann/Ferid/Henrich/*Weishaupt*, Bangladesch S. 35.

83 *Mulla/Desai*, § 368 i.V.m. § 357.

84 Sect. 3 (1f.) Hindu Women's Right to Property Act 1937.

85 *Z.H. Khan*, S. 162, 164ff.

86 Staudinger, Art. 13 EGBGB Rn. 239ff.

87 *Kohl*, S. 25, 78; *Thiel*, S. 3ff.; *Wesel*, S. 34f.

88 Zur Problematik des Begriffs etwa *Kohl*, S. 17ff.: Er wird nur noch von wenigen Wissenschaftlern verwandt, alle vorgeschlagenen Alternativen sind jedoch ebenfalls problematisch. Der dort vorgeschlagene Begriff „Ethnie" ist nach dem allgemein gebräuchlichen und auch hier zugrunde gelegten Begriffsverständnis jedenfalls weiter.

89 *Alliot*, S. 188; vgl. zu heutigen Nachwirkungen etwa *Fikentscher*, S. 433 ("At the very least, it is bad taste to report observations made in one pueblo when in another pueblo").

90 *Llewellyn/Hoebel*, S. 22f.; *Roberts*, S. 181f.

gleichen „Einsätze[n] in den Händen der um eine Einigung feilschenden Parteien“.[91] Auch sind vorhandene Normen unterschiedlich stark durchsetzbar,[92] sodass Grenzen zwischen Recht und anderen normativen Vorstellungen kaum gezogen werden können. Aus diesen und anderen Gründen ist die Anwendbarkeit des Rechtsbegriffs nicht unumstritten.[93] Im Bewusstsein der Unterschiede zu anderen Rechtskulturen kann jedoch eine Rechtsvergleichung durchgeführt werden, weshalb der Gebrauch des Begriffs „Recht“ sinnvoll ist.

Die Kulturen der meisten der in der Vergangenheit als Naturvölker beschriebenen Ethnien haben sich in der Zeit seit diesen Beschreibungen stark verändert.[94] Die klassischen Definitionskriterien eines Naturvolks treffen auf nur noch wenige Ethnien einigermaßen zu.[95] Die als Stammesgewohnheitsrecht etc. beschriebenen Erbrechte der Gegenwart weisen jedoch eine strukturelle Ähnlichkeit mit den als Recht von Naturvölkern beschriebenen Erbrechten auf bzw. die Strukturen der Letzteren sind als Ausgangslage bei den Schilderungen der Ersteren erkennbar. Auch die Entwicklungen ermöglichende Flexibilität in der Handhabung[96] erinnert an das Recht von Naturvölkern. Die konkreten Inhalte heutiger ethnospezifischer Gewohnheitsrechte sind vielfach durch die Anwendung europäischer Begrifflichkeiten seit der kolonialen Rechtsprechung, die die Vagheit der verschiedenen normativen Vorstellungen beendete, geprägt.[97] Im Rahmen interpersonaler Rechtsspaltung gelten solche Rechte in vielen Staaten der Erde, vor allem in Afrika, oftmals für weite Teile der Bevölkerung.[98]

---

91 *Roberts*, S. 143 (Zitat); nahezu wortgleich *Wesel*, S. 332; ähnlich *Alliot*, S. 191.

92 *Llewellyn/Hoebel*, S. 213; *Roberts*, S. 182f.

93 Bejahend *Alliot*, S. 184ff.; *Wesel*, S. 52ff. (mit Darstellung des Streitverlaufs); skeptisch *Roberts*, S. 28; ausgewogen *Gluckman*, S. 178ff.

94 *Kohl*, S. 129 und passim.

95 Im Folgenden wird für deren Darstellung dennoch der Präsens gebraucht, da die für die meisten dieser Völker übereinstimmenden Fakten einen Idealtypus beschreiben, der den Zusammenhang von ökonomischen Grundlagen von Gesellschaften und ihren Erbrechten illustriert.

96 *Kischel*, S. 694ff. unter Nennung weiterer solcher Merkmale (von ihm so bezeichneten) traditionellen Rechts; Ferid/Firsching/Dörner/Hausmann/*Nelle*, Burundi, Rn. 13 (auf die dortigen Ausführungen verweist *Nelle* an den entsprechenden Stellen in den anderen von ihm verfassten Länderberichten).

97 Vgl. dazu bereits *Gluckman*, S. 197ff.; vgl. auch Fn. 137.

98 Bergmann/Ferid/Henrich/*Koops*, Papua-Neuguinea, S. 5f.; *Nelle*, Recht in Afrika 2006, 69 (71); Ferid/Firsching/Dörner/Hausmann/*Solomon*, USA Rn. B 20; vgl. auch Ferid/Firsching/Dörner/Hausmann/*Weishaupt*, Philippinen Rn. 10, 602ff.

2 Erbrecht bei Naturvölkern

Bei den meisten Naturvölkern sind Ehegatten im Erbfall an ökonomisch relevanten Gütern nicht beteiligt.[99] In Jäger- und Sammlergesellschaften bleiben mangels Akkumulation materieller Güter und wegen der Verwendung als Grabbeilagen nur bei wenigen Völkern Nachlassgegenstände zu verteilen, die dann zumeist an die nachfolgende Generation gehen[100] und wird Land überhaupt nicht dem Individuum zugeordnet[101]. Bei vor allem Ackerbau und/oder Viehzucht betreibenden Naturvölkern ist die Zuordnung der maßgeblichen Produktionsmittel zu unilinearen Verwandtschaftsgruppen (seltener zu Dörfern) von so zentraler Bedeutung, dass der Einzelne entweder überhaupt nicht oder doch jedenfalls nicht primär als ihr Eigentümer angesehen wird oder aber wenigstens die Vererbung innerhalb des jeweils relevanten Kollektivs erfolgt,[102] sodass für ein Ehegattenerbrecht wenig Raum bleibt[103]. Die allenfalls schwache Ausprägung der Testierfreiheit[104] hat dieselben Ursachen. Die schwache Beteiligung der Witwe am Nachlass hängt also nicht zwingend mit der Ungleichbehandlung von Frau und Mann zusammen. Dies beweisen auch Gesellschaften, in denen Frauen die wesentlichen Produktionsmittel kontrollieren.[105]

Stark abweichende erbrechtliche Vorstellungen haben *Llewellyn* und *Hoebel* für die Cheyenne des 19. Jahrhunderts[106] beschrieben: Hier war im Intestatfall primär die Witwe am Nachlass des Erblassers berechtigt, wenngleich diese oftmals weite Teile des Nachlasses weitergab oder vernichtete. Zumindest kultische Gegenstände konnten sogar Familienfremden „vermacht" werden.[107]

99 Allgemein *Goody*, S. 312; bei *Murdock*, S. 59, kommen Ehegatten überhaupt nicht vor.
100 *Wesel*, S. 107f.
101 *Wesel*, S. 99; *Hoebel*, Inheritance, S. 12f. mit einer Ausnahme (dort: Erbenstellung der Söhne).
102 Allgemein *Hoebel*, Inheritance, S. 13ff.; zu segmentären Gesellschaften *Wesel*, S. 215ff.; zu entstehender Kephalität *Fortes*, American Anthropologist 55 (1953), 17 (26); vgl. zu dem Zusammenhang allgemein bei „traditional societies" auch den bei *Benda-Beckmann*, S. 186f., dargestellten Streit.
103 *Hoebel*, Inheritance, S. 16; *Lowie*, S. 233f.; zu segmentären Gesellschaften *Wesel*, S. 231f.; zu den Kapauku *Pospíšil*, Anthropologie, S. 396f. und *ders.*, Kapauku Papuans, S. 201ff.
104 *Goody*, S. 310; zu den Kapauku *Pospíšil*, Kapauku Papuans, S. 205ff.; vgl. auch *Hoebel*, Inheritance, S. 18.
105 Dazu zwei Beispiele auf S. 33f.
106 *Llewellyn/Hoebel*, S. 29.
107 *Llewellyn/Hoebel*, S. 212ff.

Die Cheyenne befanden sich jedoch insofern in einer besonderen Konstellation, als sie eine Jägergesellschaft[108] mit allenfalls geringer Relevanz unilinearer Verbände[109] darstellten, in der es gleichwohl möglich war, in großem Umfang Privateigentum (der Begriff ist durchaus passend), vor allem an Pferden, zu akkumulieren[110].[111]

3 Aktuelle ethnospezifische Gewohnheitsrechte

Ein Vergleich verschiedener Beschreibungen des Erbrechts nach traditionellem Stammesrecht polygamer[112] Ethnien zeigt weiterhin einen häufigen Ausschluss der Witwe von der Erbfolge, wobei allerdings zumindest in Burundi die Frau in der seltenen Konstellation der Niederlassung der Ehegatten auf Familienland der Frau erbt, in Kamerun im Rahmen der modifizierten Anwendung von Stammesgewohnheitsrecht vor den dafür vorgesehenen Gerichten (die jedoch die Lebenswirklichkeit weniger prägt als das unmodifizierte Gewohnheitsrecht) eine Verbesserung der Beteiligung der Witwe(n) am Nachlass zu erkennen ist und wenigstens im Niger Nießbrauchs- und Unterhaltsrechte gewährt werden.[113] Doch gibt es auch weitergehende Beteiligungen. So hat sich bei manchen islamisierten Ethnien zwar nicht das klassische islamische Erbrecht etabliert, dennoch

108 *Llewellyn/Hoebel*, S. vii: "a nomadic, semi-pastoral and hunting existence".

109 *Hoebel*, Das Recht der Naturvölker, S. 163, 179.

110 *Llewellyn/Hoebel*, S. 18, 223ff. und passim (vgl. etwa die Beispiele auf S. 214f., gemäß denen Herden von mehr als hundert Tieren offenbar nicht ungewöhnlich waren).

111 Ähnlich *Wesel*, S. 71f.

112 *Hayase/Liaw*, The Developing Economies 35.3 (1997), 293 (305); Staudinger/*Mankowski*, Art. 13 EGBGB Rn. 239ff.; Ferid/Firsching/Dörner/Hausmann/*Nelle*, Burundi Rn. 33 (nach staatlichem Recht ist sie dort allerdings verboten); Ferid/Firsching/Dörner/Hausmann/*Nelle*, Niger Rn. 51; *Pospíšil*, Kapauku Papuans, S. 135f. (in Zusammenhang zu sehen mit Bergmann/Ferid/Henrich/*Koops*, S. 5f.). Die in der Fn. 113 aus Länderberichten zitierten Stellen beziehen sich mitunter auf mehrere Ethnien, dabei sind Polygamie praktizierende Ethnien jedenfalls umfasst.

113 Ferid/Firsching/Dörner/Hausmann/*Klein*, Ghana Rn. 80ff.; *Lastarria-Cornhiel*, World Development 25 (1997), 1317 (1323); Ferid/Firsching/Dörner/Hausmann/*Nelle*, Burundi Rn. 31, 33, 35; Ferid/Firsching/Dörner/Hausmann/*Nelle*, Kamerun Rn. 30, 38, 92ff.; Ferid/Firsching/Dörner/Hausmann/*Nelle*, Mali Rn. 61, 64; Ferid/Firsching/Dörner/Hausmann/*Nelle*, Niger Rn. 31, 50, 54; Ferid/Firsching/Dörner/Hausmann/*Nelle*, Tschad Rn. 61; die Aktualität von *Pospíšils* in Fn. 103f. zitierten erbrechtlichen Ausführungen jedenfalls in groben Zügen liegt angesichts Bergmann/Ferid/Henrich/*Koops*, Papua-Neuguinea S. 5f., *Cooter*, Law & Society Review 1991, 759 (765f.) und *Gratton/Skoggard*, eHRAF World Cultures, Kapauku, nahe.

kennen sie feste Erbquoten der Witwe(n).[114] In urbanen Gegenden des Niger wird die Kernfamilie bei der Anwendung von Gewohnheitsrecht stärker berücksichtigt als in ländlichen Gegenden,[115] sodass dort eine stärkere erbrechtliche Berücksichtigung der Witwe naheliegt. Bei den Kikuyu in Kenia tritt die Ehefrau zumeist in die Rechtsstellung des Mannes insgesamt ein.[116]

Möglichkeiten, zugunsten familienfremder Personen zu testieren, bestehen in den betrachteten Rechten nur rudimentär oder gar nicht, Immobiliarvermögen und Vieh sind häufig als Familieneigentum jeglicher Disposition entzogen. Auch Testierungen zugunsten der Ehefrau sind selten, häufiger üblich sind hingegen die auch aus Schilderungen von Naturvölkern bekannten Anordnungen über die konkrete Aufteilung des Nachlasses unter den Nachkommen.[117]

Die Ähnlichkeit der Grundstrukturen über Stammes- und Staatsgrenzen hinweg zeigt sich auch an weiteren Berichten zu Afrika.[118]

In den hier berücksichtigten Rechtsordnungen stehen Rechte an maßgeblichen Produktionsmitteln primär Männern zu.[119] Unilineare Gesellschaften, in denen Frauen über die maßgeblichen Produktionsmittel verfügen, bieten allerdings kein anderes Bild: Bei der mit über drei Millionen Menschen größten dieser Gesellschaften, den Minangkabau in West-Sumatra,[120] einer die Polygynie kennenden[121] islamischen Ethnie, waren noch vor 100 Jahren nur die matrilinearen Verwandten Intestaterben des Mannes. Sein selbst erworbenes Eigentum erben mittlerweile, nachdem ihm diesbezüglich zunächst Testierfreiheit gewährt wurde, im Intestaterbfall seine leiblichen Kinder (diese zählen nicht zu seinen

---

114 Ferid/Firsching/Dörner/Hausmann/*Nelle*, Mali Rn. 64; Ferid/Firsching/Dörner/Hausmann/*Nelle*, Niger Rn. 50; Ferid/Firsching/Dörner/Hausmann/*Nelle*, Tschad Rn. 57.

115 Ferid/Firsching/Dörner/Hausmann/*Nelle*, Niger Rn. 17.

116 *Kameri-Mbote*, VRÜ 35 (2002), 373 (377).

117 Ferid/Firsching/Dörner/Hausmann/*Klein*, Ghana Rn. 49ff., 191, zum geschriebenen Recht 202 und 210; Ferid/Firsching/Dörner/Hausmann/*Nelle*, Burundi Rn. 41ff.; Ferid/Firsching/Dörner/Hausmann/*Nelle*, Kamerun Rn. 61, 81, 124; Ferid/Firsching/Dörner/Hausmann/*Nelle*, Mali Rn. 75; Ferid/Firsching/Dörner/Hausmann/*Nelle*, Niger Rn. 52, 72; Ferid/Firsching/Dörner/Hausmann/*Nelle*, Tschad Rn. 58, 79, 82, 86; zu den Kapauku s. *Pospíšil*, Kapauku Papuans, S. 205ff..

118 *Bowman/Kuenyehia*, S. 167ff.; Ferid/Firsching/Dörner/Hausmann/*Nelle*, Ruanda Rn. 13, 22, 25, 28f., 31f.

119 In Bezug auf Land gilt das für Afrika möglicherweise ausnahmslos, vgl. *Lastarria-Cornhiel*, World Development 25 (1997), 1317 (1322f.).

120 *Benda-Beckmann*, S. 83f., 156f., 160ff.; *Blackwood*, S. 1; zur Größe *Metje*, S. 23.

121 Vgl. *Benda-Beckmann*, S. 103; *Blackburn*, Australian Feminist Studies 19 (2004), 241; *Gura*, S. 74.

matrilinearen Verwandten!).[122] Ein weiteres Beispiel für eine solche Gesellschaft stellen die Hopi in Arizona dar.[123] Intestaterben sind bei ihnen möglicherweise noch immer[124] nur matrilineare Verwandte. Die mittlerweile bestehende Möglichkeit des Mannes, zugunsten der Ehefrau und/oder der Kinder zu testieren, stellt wohl eine Entwicklung des 20. Jahrhunderts dar.[125] Dafür spricht, dass bei Völkern der Umgebung, bei denen die Jagd traditionell eine größere Bedeutung hatte als bei den Hopi,[126] bei ähnlichen sozio-ökonomischen Veränderungen in der jüngeren Vergangenheit (vgl. dazu sogleich) und insgesamt wohl auch stärker ausgeprägter Testierfreiheit der Ehegatte noch stärker am Nachlass beteiligt ist[127].

4 Entwicklungstendenzen

Unilineare Verwandtschaftsgruppen können auch in komplexen Gesellschaften bestehen bleiben. Eine erbrechtliche Berücksichtigung allein patrilinearer Verwandter ist allerdings auch denkbar, wo patrilineare Verbände nicht mehr bestehen. So erbten auch im römischen Recht noch bis in die Spätzeit im Rahmen der zivilen Intestaterbfolge allein patrilineare Verwandte,[128] wenngleich *Gaius* in seinen Institutiones (3, 17) bereits um 161 n. Chr.[129] feststellte „totum gentilicium[130] ius in desuetudinem abisse“[131]. Auch die besondere Berücksichtigung der

---

122 *Benda-Beckmann*, S. 151f., 181, 335ff.; *Benda-Beckmann/Benda-Beckmann*, Journal of the Economic and Social History of the Orient 55 (2012), 771 (787ff.).

123 *Beaglehole*, Iowa Law Review 20 (1935), 304 (305ff., 311ff.); *Cooter/Fikentscher*, AmJCompL 46 (1998), 287 (531f.); *Dozier*, S. 133, 137; *Ragsdale*, UMKCLRev 55 (1987), 335 (363ff., 383ff.).

124 *Cooter/Fikentscher*, AmJCompL 56 (2008), 29 (54) sprechen die Hopi nur kurz an.

125 So jedenfalls *Beaglehole*, Iowa Law Review 20 (1935), 304 (307); *Ragsdale*, UMKCLRev 55 (1987), 335 (385).

126 Zu den östlichen Pueblos Ortiz/Sturtevant/*Eggan*, Bd. 9 S. 229; zu den Navajo *Aberle*, S. 99ff.; zu den Westlichen Apatschen *Adams/Krutz*, S. 115; zu den Jicarilla Ortiz/Sturtevant/*Tiller*, Bd. 10 S. 440f.; zu allen genannten Ortiz/Sturtevant/*Jorgensen*, Bd. 10, S. 687, 693, 695, 701.

127 Vgl. dazu *Cooter/Fikentscher*, AmJCompL 46 (1998), 287 (530ff.).

128 *Kaser/Knütel*, § 66 Rn. 1ff.; *Mayer-Maly*, RR, S. 187f.

129 *Kunkel/Schermaier*, S. 158.

130 Die *gentes* waren die patrilinearen Verbände des antiken Roms, über deren Ursprung in präurbaner Zeit weitestgehend Konsens besteht; vgl. *Kunkel/Schermaier*, S. 6f.; *Wieacker*, S. 196ff. m.w.N.; einen Ursprung im 6. Jh. v. Chr. nimmt hingegen *Smith*, S. 323, an.

131 Zitiert nach *Nelson/Manthe*, S. 34.

patrilinearen Verwandten im sunnitischen Erbrecht beruht auf der durch solche Verbände geformten altarabischen Gesellschaftsstruktur.[132] Indien hingegen hat sein Hindu-Erbrecht 1955 trotz Fortbestehens patrilinearer Verwandtschaftsgruppen[133] weitestgehend kognatisch ausgestaltet und zugleich die erbrechtliche Beteiligung der Witwe weiter verbessert.[134] Jeweils scheint eine ursprüngliche Zuordnung des gesamten Vermögens zu den Familienverbänden denkbar,[135] wobei der rechtsethnologische Befund[136] zeigt, dass auf eine präzise Zuordnung entweder zum Individuum oder zum Verband auch verzichtet worden sein kann. Heutige Konzepte des Familieneigentums nach ethnospezifischen Gewohnheitsrechten wurden hingegen weithin durch europäische Begrifflichkeiten der kolonialen und nachkolonialen Gerichtsbarkeit geprägt, wobei die komplexen Gemengelagen der verschiedenen normativen Vorstellungen nicht erhalten blieben (was offenbar häufig zulasten von Frauen ging).[137] Seit dem Ende der Kolonialzeit bestehen Tendenzen zur Förderung der Umwandlung in Individualeigentum.[138]

Die Ursache von Auflösung und Bedeutungsverlust unilinearer Gruppen ist heute vor allem die durch Erwerbsmöglichkeiten außerhalb familiärer Strukturen und Warenzirkulation auf Basis von individuellen Vertragsabschlüssen gekennzeichnete Marktwirtschaft.[139] Bei den von *Cooter* und *Fikentscher* (Fn. 127) untersuchten Völkern etwa, in deren Erbrecht die Kernfamilie stark

---

132 So jedenfalls *Fyzee*, S. 399, 464; zum vorislamischen arabischen Erbrecht *Jokisch*, S. 187ff. m.w.N.; *Fyzee*, S. 389, *H. Khan*, S. 26f.

133 Bergmann/Ferid/Henrich[1989]/*Agrawal*, S. 25f.; *Kischel*, S. 833; *Mulla/Desai*, § 212.

134 Ferid/Firsching/Dörner/Hausmann/*Kainth*, Indien Rn. 35ff., (zur Intestaterbfolge) Anhang 1, (zur Witwe) Section 14 Hindu Succession Act 1956, dort in Teil 2 wiedergegeben.

135 Zum römischen Recht *Kunkel/Schermaier*, S. 6f.; *Mayer-Maly*, RR, S. 43; *Wieacker*, S. 197f.; die in Fn. 132 zitierten Ausführungen zum altarabischen Erbrecht enthalten keinen solchen Hinweis, beziehen sich aber wohl nur auf die Zeit unmittelbar vor Mohammeds Wirken; zur historischen Folge im Hindu-Recht *Mulla/Desai*, § 21; zur Entwicklung bei den Germanen *Kannowski*, S. 126f. m.w.N.

136 Zu segmentären Gesellschaften *Wesel*, S. 215ff.; allgemein zu Naturvölkern *Gluckman*, S. 36ff.; anders zu den Kapauku *Pospíšil*, Anthropologie, S. 99, 347 (vgl. dort aber auch S. 374).

137 *Kameri-Mbote*, VRÜ 35 (2002), 373; *Lastarria-Cornhiel*, World Development 25 (1997), 1317 (1320); *Seidel*, S. 36; alle zu Afrika u. m.w.N.

138 *Fikentscher*, S. 409 m.w.N.; *Lastarria-Cornhiel*, World Development 25 (1997), 1317.

139 Vgl. zum Zusammenhang von Ökonomie und Familienstruktur auch *Fortes*, American Anthropologist 55 (1953), 17 (24) m.w.N. und *de Bel Air*, S. 124.

berücksichtigt wird, bestehen schon lange Möglichkeiten zur ökonomischen Betätigung im Rahmen der kommerziellen Ökonomie der Umgebung,[140] wobei viele von diesen wohl auch traditionell Eigentum an Produktionsmitteln nicht unilinearen Verwandtschaftsgruppen zuordneten.[141] Auch bei den Minangkabau haben Lohnarbeit und Kernfamilie die traditionelle Lebens- und Wirtschaftsform im vergangenen Jahrhundert zurückgedrängt.[142] Sind unilineare Verwandtschaftsgruppen in einer Gesellschaft nicht mehr von zentraler Bedeutung, so entsteht Raum für eine stärkere Berücksichtigung der Kernfamilie im Erbrecht ebenso wie für eine stärkere Testierfreiheit. Den Zusammenhang von ökonomischen Veränderungen und Erbrecht mag auch die jüngere Vergangenheit westlicher Gesellschaften verdeutlichen, in denen der weitere Bedeutungsverlust verwandtschaftlicher Zusammenhänge für die Produktion die erbrechtliche Beteiligung der Ehefrau ausgeweitet hat.[143] Dieser Zusammenhang besteht gleichfalls in Bezug auf die Testierfreiheit,[144] wenngleich diese in der jüngeren Vergangenheit mancherorts wieder abgeschwächt wurde[145]. Der Bedeutungsverlust unilinearer Verbände im Erbrecht muss nicht *gleichzeitig* mit dem Bedeutungsverlust in anderen gesellschaftlichen Bereichen verlaufen, die Auflösung wird in den allermeisten Fällen ein schleichender Prozess sein. Ein Zusammenhang zwischen ökonomischen Veränderungen und einem Wandel im Erbrecht hin zu einer stärkeren Beteiligung der Ehefrau besteht jedenfalls.

---

140 Zu den Pueblos *Dozier*, S. 9ff., 18f.; zu den Navajo *Aberle*, S. 101ff.; zu den Apatschen insgesamt *Adams/Krutz*, S. 115; zum aktuellen Konsumverhalten knapp *Cooter/Fikentscher*, AmJCompL 56 (2008), 29 (54f.).

141 Zu den Tano-sprachigen Pueblos *Dozier*, S. 165; zu den Navajo *Aberle*, S. 109 und Sturtiz/Ortevant/*Witherspoon*, Bd. 10, S. 60ff.; zu den Westlichen Apatschen *Adams/Krutz*, S. 117; zu sonstigen Apatschen Sturtiz/Ortevant/*Opler*, Bd. 10 S. 369; anders zu den Keres-sprachigen unter den östlichen Pueblos *Dozier*, S. 150 (während sich *Dozier* ausdrücklich zur Vergangenheit äußert, sind die zu den Westlichen Apatschen und Navajo zitierten Berichte größtenteils im Präsens gehalten, bei diesen stellen ausgeprägte unilineare Verwandtschaftsgruppen allerdings ohnehin eine vergleichbar junge Erscheinung dar, vgl. Sturtiz/Ortevant/*Opler*, Bd. 10 S. 369).

142 *Metje*, S. 28f. m.w.N., 68f., 100; prägnant *Gura*, S. 257ff. (u. passim).

143 *Beckert*, S. 137; *Friedman*, Wisconsin Law Review 1966, 340 (361); *Mertens*, S. 74; *Peter*, S. 184f. m.w.N.; zum BGB vorsichtig *Leipold*, AcP 180 (1980), 160 (175); vgl. auch *Däubler*, ZRP 1975, 136 (137f.); umfassende rechtsvergleichende Ausführungen bei *Dutta*, S. 449ff. m.w.N.

144 *Goody*, S. 311 Fn. 9; weitere Nachweise bei *Beckert*, S. 35; zum BGB vorsichtig *Leipold*, AcP 180 (1980), 160 (175).

145 *A. Bauer*, S. 87, 89ff.; *Beckert*, S. 41, 67, 99.

Ebenso ist die Zurückdrängung der Polygamie eine globale Erscheinung.[146] Hier werden gleichfalls der gesellschaftliche Bedeutungsverlust der Verwandtschaftsgruppen[147] bzw. der ökonomische Wandel[148] als Ursachen angesehen. Zusammenhänge zwischen der schlechten erbrechtlichen Beteiligung der Ehegatten im Erbfall und der Polygamie bestehen jedoch auch direkt: So liegt soziobiologisch eine Bevorzugung männlicher Nachkommen in polygamen Gesellschaften nahe.[149] Auch wird die Abschaffung der Polygamie ebenso wie die Verbesserung der Witwenerbquoten im Hinblick auf die Gleichstellung der Frau eingefordert (tatsächlich fällt auf, dass Witwern vielfach auch dort ein Ehegattenerbrecht zukommt, wo dies für Witwen nicht der Fall ist[150]).[151] In Ruanda etwa hat ein ausgeprägter parlamentarischer Wille zur Verbesserung der erbrechtlichen Beteiligung der Witwe wie auch zur Abschaffung der Polygamie, jedenfalls nach geltenden Gesetzen, geführt.[152] Möglicherweise beeinflusst durch die Gesetzeslage hat sich die Beteiligung von Frauen am Nachlass auch tatsächlich in einigen Regionen verbessert.[153] Bei den Kikuyu in Kenia korreliert die gute Beteiligung der Witwe am Nachlass immerhin mit dem Umstand, dass bei ihnen die Polygamie seltener als in anderen kenianischen Ethnien vorkommt.[154]

---

146 Staudinger/*Mankowski*, Art. 13 EGBGB S. 235ff.

147 *Ebrahimi*, S. 350; *Seidel*, S. 231; andeutungsweise *Hayase/Liaw*, The Developing Economies 35.3 (1997), 293 (297).

148 *Ebert*, Personalstatut, S. 98; *Hayase/Liaw*, The Developing Economies 35.3 (1997), 293 (293, 296f.); andeutungsweise *Ebrahimi*, S. 351f.

149 *Cowlishaw/Mace*, Ethology and Sociobiology 17 (1996), 87; *Hartung*, Current Anthropology 23 (1982), 1.

150 *Mulla/Desai*, §§ 146 (2), 147, 151 III, 152 (Indien vor 1937); Ferid/Firsching/Dörner/Hausmann/*Nelle*, Burundi Rn. 36; Ferid/Firsching/Dörner/Hausmann/*Nelle*, Mali Rn. 62; Ferid/Firsching/Dörner/Hausmann/*Nelle*, Niger Rn. 55; Ferid/Firsching/Dörner/Hausmann/*Nelle*, Tschad Rn. 62 (Ausführungen zur Erbfolge nach einer Frau sind wohl in mehreren Länderberichten wegen der geringen Bedeutung unterblieben); *Pospíšil*, Anthropologie, S. 396f.; zum klassichen jüdischen Recht *Herman*, S. 172f.; allgemein naheliegend auch aufgrund *UN-Ausschuss für die Beseitigung der Diskriminierung der Frau*, § 35; vgl. auch Koran 4,12f. und oben Fn. 54. Anders dagegen (bezüglich Individualeigentum!) bei den Minangkabau (*Benda-Beckmann*, S. 341) und den Hopi (*Beaglehole*, Iowa Law Review 20 (1935), 304 (307, 314f.); *Ragsdale*, UMKCLRev 55 (1987), 335 (384ff.)).

151 Etwa *Fenrich/Higgins*, Fordham International Law Journal 25 (2001), 259; *UN-Ausschuss für die Beseitigung der Diskriminierung der Frau*, §§ 14, 35.

152 Ferid/Firsching/Dörner/Hausmann/*Nelle*, Ruanda Rn. 13, 25f.

153 Ferid/Firsching/Dörner/Hausmann/*Nelle*, Ruanda Rn. 25.

154 *Hayase/Liaw*, The Developing Economies 35.3 (1997), 293 (305, 311).

5 Ergebnis

Wenn auch eine umfassende Aussage zu sämtlichen die Polygamie erlaubenden ethnospezifischen Rechtsordnungen nicht möglich ist, so ergeben doch die auffindbaren Informationen eine eher schwache Beteiligung der Witwe(n) am Nachlass in diesen. Bedenkt man allerdings, dass auch nahezu alle Sammler- und Jägergesellschaften in der Vergangenheit mit anderen Ökonomien in Kontakt geraten sind,[155] so sind erbrechtliche Vorstellungen ähnlich denen der Cheyenne des 19. Jahrhunderts – auch bei diesen existierte die Polygamie[156] – in einer aktuell polygamen Gesellschaft nicht auszuschließen. Auf den Philippinen etwa leben einige Völker abgelegen, wenn auch nicht ohne ökonomischen Außenkontakte,[157] und „nehmen am modernen Rechtsleben kaum teil",[158] sodass – dort allerdings in Widerspruch zum staatlichen Recht – neben eventuell praktizierter Polygamie vergleichbare Erbpraktiken denkbar sind. Im Rahmen der für dieses Werk vorgenommenen Recherche konnte jedoch keine Beschreibung eines solchen Erbrechts gefunden werden.

IV Fazit

Polygame Rechtsordnungen sehen häufig nur eine schwache Beteiligung der Ehefrau am Nachlass vor, auch die Testierfreiheit ist häufig schwächer ausgeprägt. Schwach ausgeprägt, jedenfalls in Bezug auf Familienfremde, ist die Testierfreiheit – wählt man Deutschland als Vergleichsmaßstab – häufig auch dort, wo Ehegatten stärker als die unilinearen Verwandten am Nachlass beteiligt werden. Zu den bereits genannten Beispielen kann hier das die Polygamie erlaubende[159] geschriebene Recht der Republik Kongo (Brazzaville) hinzugefügt werden, in dem die Witwe(n) neben einem güterrechtlichen Ausgleich einen Nießbrauch am gesamten verbleibenden Nachlass erhält/erhalten,[160]

---

155 *Eder*, Human Ecology 16 (1988), 35 (41, 52 und – zu den philippinischen Batak – passim); *Schrire*, S. 18ff.; von der Nichtexistenz überhaupt von Ethnien ohne jeglichen Kontakt zur Weltgesellschaft geht *Kohl*, S. 173, aus.

156 *Llewellyn/Hoebel*, S. 253, 263.

157 Zu den Batak *Eder*, Human Ecology 16 (1988), 35 (mit einer generellen Einschätzung auf S. 44).

158 Bergmann/Ferid/Henrich/*Cieslar*/*Weishaupt*, S. 11 (Zitat); Ferid/Firsching/Dörner/Hausmann/*Weishaupt*, Philippinen Rn. 602ff.

159 Ferid/Firsching/Dörner/Hausmann/*Weishaupt*, Republik Kongo (Brazzaville) Rn. 119.

160 Ferid/Firsching/Dörner/Hausmann/*Weishaupt*, Republik Kongo (Brazzaville) Rn. 110ff.

wohingegen die Testierfreiheit für die allermeisten Fälle auf 20 % des Nachlasses beschränkt ist[161]. Ähnlich, wenn auch mit meist geringerer Beteiligung der Witwe(n) am Nachlass und schwerer einzuschätzender Testierfreiheit, ist es auch nach der Gesetzeslage in Ghana.[162] In Kamerun ist die Anwendung frankophonen oder – seltener – anglophonen Erbrechts, welche beide eine stärkere Beteiligung des Ehegatten am Nachlass im Intestatfall, aber auch eine stärker ausgeprägte Testierfreiheit als das traditionelle Gewohnheitsrecht vorsehen, auf einen polygamen Erblasser möglich.[163] Im Fall des anglophonen Erbrechts ist die Testierfreiheit nur durch Unterhaltsansprüche begrenzt, sodass in diesem Fall von einer schwach ausgeprägten Testierfreiheit nicht mehr die Rede sein kann.

Dass die Beteiligung der Witwe am Nachlass in Rechtsordnungen, die die Polygamie erlauben, schlechter ist als nach deutschem Erbrecht, lässt sich aktuell nicht generell, aber doch für die allermeisten Fälle, behaupten. Auffälliger ist die weitergehende Einschränkung der Testierfreiheit, die gefundenen Gegenbeispiele sind kaum von Relevanz: Die mögliche weit reichende Testierfreiheit in Kamerun ist nur durch die Vermischung zweier Rechtssysteme möglich, die in der Praxis kaum vorkommt, werden doch erbrechtliche Streitigkeiten regelmäßig der traditionellen Gerichtsbarkeit überlassen[164]. In Bangladesch, dessen oberstes Gericht Muslimen völlige Testierfreiheit einräumt, ist nach einer im gleichen Jahr ergangenen Entscheidung jenes Gerichts die Eingehung einer polygamen Ehe durch einen Muslim kaum noch möglich.[165]

161 Ferid/Firsching/Dörner/Hausmann/*Weishaupt*, Republik Kongo (Brazzaville) Rn. 144f.

162 Ferid/Firsching/Dörner/Hausmann/*Klein*, Ghana Rn. 95ff., 210.

163 Ferid/Firsching/Dörner/Hausmann/*Nelle*, Kamerun Rn. 24, 47ff., 120f., 123, 131, 137.

164 Ferid/Firsching/Dörner/Hausmann/*Nelle*, Kamerun Rn. 25.

165 *Otto*, S. 135f.; *Rohe*, S. 216, 232.

C. Mehrehe und deutsches Recht

I Verfassungsrechtliche Grundlagen

Die Mehrehe ist mit Art. 6 Abs. 1 GG nicht zu vereinbaren.[166] Teilweise wird auch auf Art. 3 GG abgestellt: Das VG Karlsruhe erwog einen Verstoß gegen Art. 3 Abs. 1 GG, da die Polygamie in der dort betrachteten Rechtsordnung nur dem Mann erlaubt war.[167] Ob eine solch formalistische Betrachtung den Kern des Problems trifft, mag bezweifelt werden.[168] Jedenfalls aber stellt das Leben in Polygynie in heutigen Gesellschaften eine emotionale Belastung vor allem für die erste Frau dar,[169] sodass sie der gleichberechtigten Stellung von Mann und Frau widerspricht[170] und somit auch gegen Art. 3 Abs. 2 S. 1 GG[171] verstößt.

Wenngleich feststeht, dass dem Gesetzgeber die Einführung der Polygamie verwehrt ist, so wirft doch der Umgang mit im Ausland nach dortigem Recht gültig geschlossenen Ehen bereits verheirateter Personen schwierigere Fragen auf. Das Zusammenleben der nach ausländischem Recht Verheirateten ließe sich jedenfalls durch eine Erklärung der Ehe als nichtig durch das deutsche Recht nicht verhindern.[172] Auch würde dies der weiteren Ehefrau eines Polygamisten Unterhalts- und güterrechtliche Ansprüchen gegen diesen Polygamisten nehmen, was Polygamisten, die das Interesse an einer solchen Ehefrau verloren haben, nützen, den betroffenen Frauen hingegen schaden würde. Dies spricht für die Anerkennung im Ausland nach dortigem Recht geschlossener Mehrehen als gültig, wo dies als familienrechtliche Vorfrage relevant ist, auch unter Geltung des Bigamieverbots. So unerträglich die Polygamie im Hinblick auf Art. 6 GG auch ist: Die Frage, ob dies auch für Ansprüche der weiteren Ehefrau gegen

---

166 S.o. Fn. 1.

167 VBlBW 2014, 150 (151f.); so wohl tatsächlich VG Freiburg v. 25.3.2010, Az. 6 K 630/09, zit. nach VGH Mannheim FamRZ 2016, 1529 (1532) und VG Karlsruhe a.a.O.

168 Vgl. dazu *Coester-Waltjen/Coester*, FS Hahne, S. 21 (24); *Dethloff*, NJW 2018, 23 (26).

169 *Al-Krenawi*, Contemporary Family Therapy 21 (1999), 417 (vgl. dort aber auch S. 426); *Bove/Valegia*, Social Science and Medicine 68 (2009), 21 (v.a. 25f.); *Coester/Coester-Waltjen*, FS Hahne, S. 21 (31); jeweils m.w.N.

170 So auch BVerwGE 71, 228 (233).

171 So passend OVG Lüneburg AuAS 2006, 74 (76); als zusätzliche Stützung bei BK/*Seiler*, Art. 6 Abs. 1 Rn. 61; erwägend auch Dreier/*Brosius-Gersdorf*, Art. 6 Rn. 79.

172 Vgl. zu einer ähnlichen Konstellation *Coester-Waltjen/Coester*, FS Hahne, S. 21 (22, 31f.).

den Polygamisten gilt, kann unabhängig davon gelöst werden. Andererseits können derlei Ansprüche auch für die erste Ehefrau nachteilig sein, wo ihr Unterhalt vom Ehemann abhängt. Der verfassungsrechtliche Schutz der Einehe determiniert die Frage nach dem Umgang mit der Polygamie jedenfalls nicht vollständig.

Diese Argumentation lässt sich auf bigame Ehen übertragen. Ein Unterschied besteht bei diesen insofern, als einem weiteren Ehegatten einer bereits verheirateten Person in einer monogamen Rechtsordnung zumeist[173] von Anfang an die Illegalität seines Verhältnisses bewusst ist – zumindest, wenn auch die bereits bestehende Ehe bekannt ist. Spricht man einem Ehegatten, dem die bereits bestehende Ehe unbekannt ist, Ansprüche gegen den Bigamisten zu, so leistet man der Eingehung bigamer Ehen keinen Vorschub, andererseits drohen wiederum Nachteile für den ersten Ehegatten. Zudem birgt das Abstellen auf ein schwer nachweisbares subjektives Kriterium die Gefahr, dass Wirkungen der bigamen Ehe zulasten des ersten Ehegatten auch dort eintreten, wo dem weiteren Ehegatten die erste Ehe eben doch bekannt war. Dies zeigt, dass der verfassungsrechtliche Schutz der Einehe auch die Frage nach dem Umgang mit bigamen Ehen nicht vollständig determiniert.[174]

Die polygame Ehe einem wie auch immer gearteten Schutz des Art. 6 Abs. 1 GG zu unterstellen, wie dies in der Literatur mitunter geschieht,[175] ginge jedoch zu weit. Ein solcher Schutz müsste dann auch im Aufenthaltsrecht Beachtung finden und würde in einigen Fällen zur Aufbürdung der Lebenshaltungskosten von Polygamisten auf den deutschen Staat und zur Schaffung eines Anreizes zur Eingehung polygamer Ehen führen. Dies wäre mit dem Schutz der Einehe nicht mehr zu vereinbaren. Auch wäre es widersprüchlich, eine durch ein Verstoß gegen ein verfassungsrechtliches Prinzip zustande gekommene Konstellation dem Schutz ebenjener Verfassung zu unterstellen. Zugunsten der weiteren Ehegatten spricht aber das verfassungsrechtlich gewährleistete[176] Prinzip des Vertrauensschutzes. Inwiefern eine Person von rechtlichen Wirkungen ihrer Ehe ausgehen darf, ist eine Frage, für die in den verschiedenen Rechtsgebieten

173 Vgl. dazu noch Kapitel G.II.4.

174 So auch BSGE 51, 40 (43); a.A. offenbar AG Kempten v. 25.2.2011, Az. 2 F 812/10 (unveröffentlicht, teilweise wiedergegeben in BVerfG v. 25.9.2012, Az. 1 BVL 6/11).

175 Dafür BerlK/*Burgi*, Art. 6 Rn. 19; v. Münch/Kunig/*Coester-Waltjen* Art. 6 Rn. 8; v. Mangoldt/Klein/Starck/*Robbers*, Art. 6 Rn. 42; *Scholz*, Erbrecht, S. 293; dagegen BVerfGE 62, 323 (330); VGH Mannheim FamRZ 2017, 1529 (1532); Sachs/*von Coelln*, Art. 6 Rn. 7; *Jarass*/Pieroth, Art. 6 Rn. 4; *Sodan*, Art. 6 Rn. 3; BeckOK-GG/*Uhle*, Art. 6 Rn. 3; skeptisch BK/*Seiler*, Art. 6 Abs. 1 Rn. 61; unklar BGHZ 149, 357 (361).

176 Maunz/Dürig/*Grzeszick*, Art. 20 VII. Rn. 69 m.w.N.

unterschiedliche Lösungen gefunden werden können. Neben dem Verbot, die Mehrehe im deutschen Recht zu erlauben, lässt sich aus dem Schutz der Einehe jedenfalls noch folgern, dass der Gesetzgeber keine Anreize zur Eingehung von Mehrehen schaffen darf. Eine Analyse des Umgangs mit der Mehrehe in den verschiedenen Rechtsgebieten ergibt eine Tendenz zur Hinnahme von Rechtsfolgen der weiteren Ehe, wo diese Rechtsfolgen für den mehrfach Verheirateten negativ sind, im Übrigen aber zu einer möglichst weitgehenden Verneinung von Rechtsfolgen. Dieser Umgang mit der Mehrehe, der hier – soweit ersichtlich – erstmals ausdrücklich postuliert wird, entspricht dem verfassungsrechtlichen Bigamieverbot.

II Die Mehrehe im Eheschließungsrecht

1 Die Regelung im deutschen Sachrecht

Grundlegend für den Umgang mit der Mehrehe im Zivilrecht ist das Eheschließungsrecht. Die sachrechtlichen Vorschriften dazu sind seit dem Inkrafttreten des BGB mehrfach geändert worden. Zum besseren Verständnis soll vor der Darstellung im Detail zunächst der grobe Verlauf skizziert werden:[177]

Das BGB 1900 schloss die Existenz zweier gültiger Ehen nebeneinander aus. Allerdings musste die Nichtigkeit zu Lebzeiten des Bigamisten in einem gesonderten Verfahren geltend gemacht werden. Bereits damit unterschied sich die eherechtliche Nichtigkeit von der absoluten Nichtigkeit i.S.d. AT des BGB. Seit dem EheG 1938 wurde diese Nichtigkeit zunehmend zu einer bloßen Worthülse. Bereits mit dem EheG 1938 wurde es möglich, dass zwei nebeneinander bestehende Ehen einer einzigen Person endgültig als wirksam zu behandeln waren. So formulierte BGHZ 30, 140 (143): „Während man unter dem Eherecht des Bürgerlichen Gesetzbuches, wie es in den §§ 1326, 1329, 1345, 1347, 1699 ff BGB zum Ausdruck kam, im Hinblick auf § 632 aF ZPO mit gutem Recht davon sprechen konnte, daß die Nichtigkeitserklärung nur die Bedeutung habe, die wahre Beschaffenheit der bigamischen Ehe aufzudecken […], kann diese Auffassung nicht mehr in dieser uneingeschränkten Allgemeinheit aufrechterhalten werden. Vielmehr hat der Gesetzgeber der Ehegesetze von 1938 und 1946 zum Ausdruck gebracht, daß er in der Beseitigung des in Widerspruch mit der Rechts- und Sittenordnung herbeigeführten Zustandes der Doppelehe nicht ein Ziel erblickt, das ohne Rücksicht auf sonstige Interessen und Werte unter allen Umständen durchgesetzt werden müsse. Wird die Nichtigkeitsklage von keiner

177 Für eine Übersicht der Normen vgl. Staudinger-Synopse 2006, S. 651ff., 1195ff.

der dazu legitimierten Personen erhoben, so ist die bigamische Ehe gültig." Das geltende Eherecht ersetzt die Nichtigkeit auch sprachlich durch die Aufhebbarkeit.

a) Die Rechtslage gemäß dem BGB 1900

Die Schöpfer des BGB setzten das Bigamieverbot als selbstverständlich voraus; lediglich die Formulierung des schließlich in § 1309 Abs. 1 S. 1 BGB 1900 kodifizierten Prinzips wurde mehrfach verändert.[178] Den konkreten Rechtsfolgen hingegen widmete bereits die Begründung des Teilentwurfs des Familienrechts ausführliche Überlegungen;[179] sie erfuhren auch im weiteren Verlauf der Gesetzgebung mehrmals Veränderungen[180]. Gemäß § 1326 BGB 1900 war die Ehe nichtig, „wenn einer der Ehegatten zur Zeit der Eheschließung mit einem Dritten in einer gültigen Ehe lebte". Diese Ehenichtigkeit konnte jedoch gemäß § 1329 S. 1 BGB 1900, solange die Ehe noch nicht für nichtig erklärt oder aufgelöst war, „nur im Wege der Nichtigkeitsklage geltend gemacht werden". Eine solche Klage erheben konnten gemäß § 632 Abs. 1 ZPO 1900 Ehegatten der ersten und zweiten Ehe, der Staatsanwalt und i.S.v. § 632 Abs. 1 S. 2 ZPO 1900 betroffene Dritte. Bis dahin war sie als wirksam zu behandeln („relative Nichtigkeit");[181] die Nichtigkeitserklärung wirkte jedoch ex tunc[182]. Ausnahmen galten gemäß § 1344 Abs. 1 BGB 1900 im Verhältnis zu Dritten und für die vermögensrechtlichen Beziehungen untereinander gemäß § 1345 Abs. 1 BGB 1900 zugunsten desjenigen Ehegatten, dem die Nichtigkeit unbekannt war sowie gemäß § 1699 Abs. 1 BGB 1900 im Falle der Gutgläubigkeit wenigstens eines Ehegatten für die aus der Ehe stammenden Kinder.

Für Fälle der unrichtigen Todeserklärung enthielten die §§ 1348ff. BGB 1900 Sonderregelungen. Die Auflösung der ersten Ehe durch Neuverheiratung gemäß § 1348 Abs. 2 S. 1 BGB 1900 trat nur im Fall des § 1348 Abs. 1 BGB 1900 ein, also nicht, wenn beide Partner der zweiten Ehe bösgläubig waren;[183]

---

178 *Planck*, TE-FamR, S. 97f.; zum weiteren Verfahren *Jakobs/Schubert*, IV. 1, S. 24, 42, 52, 60f., 75, 83.

179 *Planck*, TE-FamR, S. 173ff, 181ff.

180 *Jakobs/Schubert*, IV.1, S. 126f., 150ff., 199ff., 206, 211, 217, 223ff., 265f., 270, 275f., 279f., 290; konzis *Schäfer*, S. 120ff., 127ff., 132ff.

181 Staudinger⁹/*Engelmann*, Vorb. VII.b) vor § 1323, § 1329 Anm. 2; Planck/*Unzner*, § 1329 Anm. 10.

182 RG JW 1913, 739 Nr. 9; Staudinger⁹/*Engelmann*, Vorb. VII.b) vor § 1323; Planck/*Unzner*, § 1329 Anm. 13.

183 RG WarnR 1923/24 Nr. 126; Staudinger⁹/*Engelmann*, § 1348 Anm. 4; Planck/*Unzner*, § 1348 Anm. 3; zum EheG 1938 *Volkmar/Antoni/Ficker/Rexroth/Anz*, § 43 Anm. 4; zum

umstritten waren jedoch in diesem Zusammenhang die Folgen von Nichtigkeit und Anfechtbarkeit der zweiten Ehe für den Bestand der ersten[184]. Von Anfang an wirksam, wenn auch in strafbarer Weise eingegangen, war im Übrigen die unter Verletzung von § 1309 Abs. 1 S. 1 BGB 1900 geschlossene weitere Ehe einer in nichtiger Ehe lebenden Person, sobald die erste Ehe für nichtig erklärt worden war.[185]

Dadurch, dass § 1329 S. 1 BGB 1900 den Fall der Auflösung der Ehe ausdrücklich ausschloss, konnte nach dem Tode eines Ehegatten jeder Erbinteressent die Nichtigkeit der Ehe „ohne weiteres geltend machen".[186] Dies galt, jedenfalls gemäß h.M., auch zulasten eines gutgläubigen Ehegatten.[187]

b) *Das EheG*

Der NS-Gesetzgeber gliederte das Eherecht 1938 aus dem BGB in ein eigenständiges Ehegesetz aus.[188] Dabei wurden die §§ 1309 Abs. 1 S. 1, 1326 BGB 1900 nahezu wortgleich in §§ 8, 24 EheG 1938 übernommen. § 27 EheG 1938 wich von § 1329 BGB 1900 insofern ab, als die Nichtigkeit auch nach Auflösung der Ehe nur im Wege der Nichtigkeitsklage geltend gemacht werden konnte. Zudem beschränkte § 28 Abs. 1 S. 2 EheG die Klagebefugnis für den Fall der bereits erfolgten Auflösung der Ehe (etwa durch den Tod eines Ehegatten) auf die Staatsanwaltschaft. Nach dem Tod beider Ehegatten der zweiten Ehe konnte gemäß § 28 Abs. 3 EheG überhaupt keine Nichtigkeitsklage mehr erhoben werden. Eine Erbenstellung zweier oder mehrerer Ehegatten wurde möglich.

§ 43 EheG 1938 unterschied sich kaum mehr als orthographisch von § 1348 BGB 1900, wenn auch die dargestellten Neuregelungen über die Geltendmachung

---

EheG 1946 *Dölle*, FamR, S. 361; *Godin/Godin*, § 38 Anm. 1, 4; *Hoffmann/Stephan*, § 38 Anm. 6, 17; *Johannsen/Henrich*², § 38 EheG Rn. 21 m.w.N.; MüKo³/*Müller-Gindullis*, § 38 EheG Rn. 8; Staudinger¹²/*Klippel*, § 39 EheG Rn. 4; *Schrodt*, JR 1950, 235 (236).

184 Staudinger⁹/*Engelmann*, § 1348 Anm. 5 m.w.N.

185 Staudinger⁹/*Engelmann*, § 1326 Anm. 1.b); Planck/*Unzner*, § 1326 Anm. 1ff.; zum EheG 1938 *Volkmar/Antoni/Ficker/Rexroth/Anz*, § 24 Anm. 2; zum EheG 1946 *Dölle*, FamR, S. 119; *Godin/Godin*, § 20 Anm. 3; *Hoffmann/Stephan*, § 5 Rn. 8f.; *Müller-Freienfels*, JZ 1959, 635 Fn. 11; zum EheG 1976 *Johannsen/Henrich*², § 20 EheG Rn. 5; MüKo³/*Müller-Gindullis*, § 20 EheG Rn. 3; Staudinger¹²/*Strätz*, § 20 EheG Rn. 12f.

186 Planck/*Flad*, § 1931 Anm. 2 (Zitat); Staudinger⁹/*Herzfelder*, § 1931 Anm. 4b).

187 Planck/*Flad*, § 1931 Anm. 2; Staudinger⁹/*Herzfelder*, § 1931 Anm. 4b) m.w.N; a.A. *Frommhold*, S. 15.

188 RGBl. I, S. 807; vgl. zu den Hintergründen *Barth/Wagenitz*, FamRZ 1996, 833 (833); *Knaak*, S. 12ff.

der Nichtigkeit auch in Fällen der anderweitigen Auflösung eine Nichtigerklärung der zweiten Ehe erforderlich werden ließen, um das Bestehen der ersten Ehe geltend zu machen. In der Folge überwog die Ansicht, dass in Fällen der unrichtigen Todeserklärung bis zur Nichtigerklärung der zweiten Ehe die erste als aufgelöst zu betrachten sei.[189] Die Gefahr, dass zwei Ehen zugleich wirksam waren, bestand für Konstellationen unrichtiger Todeserklärungen somit nach erneuter Heirat des Ehegatten des für tot Erklärten auf Basis der h.M. nicht; auch für den Fall der Auflösung der bigamen Ehe durch den Tod konnte sich ja nicht mehr jedermann auf deren Nichtigkeit berufen.[190] Zu einer Auflösung kam es allerdings dann nicht, wenn der irrtümlich für tot erklärte Ehegatte erneut heiratete. Vielmehr war in dieser Konstellation die zweite Ehe relativ nichtig.[191]

Für die nichtige Ehe änderte sich im Übrigen wenig. § 32 EheG 1938 wich von § 1344 Abs. 1 BGB 1900 nur im Satzbau ab, § 31 EheG 1938 schützte weiterhin den Ehegatten, dem die Nichtigkeit nicht bekannt war. Die Geltung als eheliches Kind wurde für Kinder aus wegen Bigamie oder aus anderen nicht durch die Nationalsozialisten selbst kodifizierten Gründen nichtigen Ehen in § 30 Abs. 1 EheG 1938 zum Grundsatz erklärt.

Der Alliierte Kontrollrat hob das EheG 1938 auf und erließ es mit Veränderungen, die vor allem die Beseitigung nationalsozialistischen Unrechts betrafen, als Gesetz Nr. 16 v. 20.2.1946 neu.[192] Dies führte bei den hier interessierenden Vorschriften zu einer Umnummerierung: § 9 EheG 1938 wurde zu § 5 EheG 1946, § 24 EheG 1938 zu § 20 EheG 1946, § 27 EheG 1938 zu § 23 EheG 1946 und § 28 Abs. 3 EheG 1938 zu § 24 Abs. 2 EheG 1946. § 28 Abs. 2 EheG 1938 ging in § 24 Abs. 1 EheG 1946 auf. § 43 EheG 1938 wurde zu § 38 EheG 1946. Der Grundsatz der Nichtigkeit ex tunc blieb gemäß §§ 25ff. EheG 1946 wie auch schon gemäß §§ 30ff. EheG 1938 durchbrochen.

§ 25 Abs. 1 EheG 1946 ging 1961 durch das FamRÄndG in § 1591 Abs. 1 S. 1 Hs. 2 BGB auf. In Bezug auf die vermögensrechtlichen Folgen vollzog das

---

189 *Volkmar/Antoni/Ficker/Rexroth/Anz*, § 43 Anm. 4; zum EheG 1946 *Dölle*, FamR, S. 360; *Hoffmann/Stephan*, § 38 Anm. 20; MüKo[3]/*Müller-Gindullis*, § 38 EheG Rn. 9; a.A. *Godin/Godin*, § 38 Anm. 4f.

190 Zum EheG 1946 *Dölle*, FamR, S. 362; *Hoffmann/Stephan*, § 38 Anm. 19; a.A. *Godin/Godin*, § 38 Anm. 4f.

191 So zu § 38 EheG 1946 BGH FamRZ 1994, 498 m. insoweit zust. Anm. *Bosch*; *Hoffmann/Stephan*, § 38 Anm. 20.

192 *Knaak*, S. 20f; eingehend *Beitzke*, DRZ 1946, 136.

1. EheRG von 1976[193] durch die Neufassung des § 26 EheG eine weitere Abkehr vom Grundsatz der Nichtigkeit ex tunc.

c) Geltendes Recht

Das Gesetz zur Neuordnung des Eheschließungsrechts vom 4.5.1998[194] hat das Eheschließungsrecht und somit auch das Bigamieverbot (nunmehr § 1306 BGB) und seine Folgen (§§ 1313ff. BGB) in das BGB zurückgeführt. Die bigame Ehe ist nun gemäß § 1314 Abs. 1 Nr. 2 BGB lediglich ex nunc[195] aufhebbar. Damit ist das besondere Institut der Ehenichtigkeit vollständig aufgegeben.[196] Dies führt auch dazu, dass, wenn die zuerst geschlossene Ehe unter einem früheren Nichtigkeitsgrund leidet, beide Ehen gleichzeitig als wirksam anzusehen sind. Berechtigt zur Stellung eines Antrages auf Aufhebung wegen Bigamie sind gemäß § 1316 Abs. 1 Nr. 1 BGB die Ehegatten beider Ehen sowie die zuständige Verwaltungsbehörde, die an die Stelle der Staatsanwaltschaft getreten ist. § 1317 Abs. 3 BGB schließt die Stellung des Antrags für den Fall der bereits erfolgten Auflösung der Ehe – also auch für den Fall des Todes eines Ehegatten – aus und umfasst damit die Fälle des § 24 Abs. 1 S. 2, Abs. 2 EheG. Die erbrechtlichen Folgen dieses Umstandes entschärft § 1318 Abs. 5 BGB, der an die Unterscheidung von Nichtigkeit und Aufhebbarkeit gemäß dem EheG 1946 anknüpft – mit dem Unterschied, dass in den Konstellationen der Nichtigkeit nach altem Recht das Erbrecht des bösgläubigen Ehegatten nunmehr ohne Weiteres entfällt, was jedenfalls im Falle des Verstoßes gegen § 1306 BGB überzeugt.[197] Folgen der Aufhebung der zweiten Ehe regeln die anderen Absätze des § 1318 BGB.

Für den Fall der Wiederverheiratung nach unrichtiger Todeserklärung bringt § 1319 Abs. 2 S. 1 BGB klarer als die Vorgängervorschriften zum Ausdruck, dass die frühere Ehe nicht bei Bösgläubigkeit beider Ehegatten der neuen Ehe aufgelöst wird, was jedoch auch vorher unstreitig war[198]. Nur in diesem Fall ist auch die zweite Ehe aufhebbar, §§ 1319 Abs. 1, 1320 Abs. 1 S. 1 BGB. Durch die Abkehr von der Nichtigkeit ist auch der alte Streit[199], inwiefern die Fehlerhaftigkeit der

193 BGBl. I, S. 1421.

194 BGBl. I, S. 833.

195 S.o. Fn. 2.

196 Kritisch dazu *Bosch*, FamRZ 1997, 138 (141f.); *Knaak*, S. 150f. u. passim.

197 Rechtspolitische Kritiken zu § 1318 Abs. 5: *Knaak*, S. 128ff.; *Peter*, S. 14ff.; Staudinger/*Voppel*, § 1318 Rn. 8, 41ff. m.w.N.

198 S.o. Fn. 183.

199 S.o. Fn. 184, 189.

neuen Ehe die Auflösung der ersten Ehe verhindert, hinfällig geworden. Auch ist nun das Bestehen zweier nebeneinander als wirksam zu betrachtender Ehen für den Fall der erneuten Eheschließung des Ehegatten des zu Unrecht für tot Erklärten denkbar. Seit Inkrafttreten des neuen Rechts können wegen Bigamie unabhängig vom Zeitpunkt der Eheschließungen nur noch Eheaufhebungsverfahren eingeleitet werden, Art. 226 Abs. 2, 3 EGBGB.

d) Prozessuale Besonderheiten

Durch Wiedereinsetzung in den vorigen Stand wegen Versäumung der Rechtsmittelfrist (§ 233 ZPO), Wiederaufnahme des Verfahrens (§§ 578ff. ZPO) oder Verfassungsbeschwerde (Art. 93 Abs. 1 Nr. 4a GG, §§ 13 Nr. 8a, 90 BVerfGG) gegen einen Scheidungsbeschluss kann es, wenn in der Zwischenzeit eine neue Ehe eingegangen wurde, auch in reinen Inlandsfällen zu bigamen Ehen kommen.[200] Für den Fall der erst nach Eingehung der weiteren Ehe erfolgenden Rechtskraft des bereits vor Eingehung jener Ehe ergangen Scheidungsurteils über die erste Ehe, der in den Jahren unmittelbar nach dem Inkrafttreten des 1. EheRG aufgrund häufiger unrichtig erteilter Rechtskraftbescheinigungen gelegentlich vorkam,[201] enthält § 1315 Abs. 2 Nr. 1 BGB (zuvor ab 1980 § 20 Abs. 2 EheG) eine Sonderregel, die die Aufhebbarkeit ausschließt.[202] Aber auch dann, wenn in einer der eingangs genannten Konstellationen der Scheidungsbeschluss bestätigt wird, ist die Aufhebung der zweiten Ehe ausgeschlossen.[203]

In den Fällen OLG München FamRZ 1980, 565 und KG FamRZ 1986, 355 kam es aufgrund des Auseinanderfallens von Rechtskraft und Wirksamkeit des Scheidungsurteil gemäß Art. 12 Nr. 7 lit. d) 1. EheRG in seiner ursprünglichen Fassung zu bigamen Ehen. Mit derartigen Fällen ist infolge Zeitablaufs nicht mehr zu rechnen.

Durch das VAStrRefG[204] ist seit dem Jahr 2009 die Relevanz unrichtig erteilter Rechtskraftzeugnisse wieder gestiegen.[205] Die erbrechtliche Relevanz mindert bereits § 1933 BGB.

---

200 Staudinger/*Löhnig*, § 1306 Rn. 14; MüKo/*Wellenhofer*, § 1306 Rn. 4.

201 *Johannsen/Henrich*², § 20 EheG Rn. 2; *Rolland*, § 629a ZPO Rn. 13ff.

202 Vgl. zur Bedeutung im Rahmen von § 1318 Abs. 5 BGB unten G.I.

203 Staudinger/*Löhnig*, § 1306 Rn. 14 m.w.N.; Erman/*Roth*, § 1306 Rn. 3; MüKo/*Wellenhofer*, § 1306 Rn. 6 m.w.N., auch zur Gegenansicht.

204 Gesetz zur Strukturreform des Versorgungsausgleichs vom 3.4.2009, BGBl. I S. 700.

205 Vgl. zum Zusammenhang *Borth*, FamRZ 2016, 2065.

2 Grenzüberschreitende Sachverhalte

In Fällen mit Auslandsberührung wird das Bigamieverbot im Rahmen der über Art. 13 Abs. 1 EGBGB anzuknüpfenden Frage nach der Eheschließungsfähigkeit relevant: Anknüpfungspunkt ist also die Staatsangehörigkeit des jeweiligen Nupturienten. Auch die dem Wortlaut nach nur auf Fälle, in denen wenigstens ein Verlobter Deutscher war, zugeschnittene Vorgängervorschrift wurde in diesem Sinne gehandhabt.[206] Die Anknüpfung über Art. 13 Abs. 1 EGBGB stellt eine Gesamtverweisung i.S.v. Art. 4 Abs. 1 EGBGB dar.[207] Sie bezieht sich umfassend auf die Eheschließungsfähigkeit und bezieht daher bei monogamen Rechtsordnungen auch die Frage nach dem Bestehen einer Vorehe mit ein[208].

Aus § 1306 BGB ergibt sich, dass weder ein bereits verheirateter Deutscher ein zweites Mal heiraten, noch ein lediger Deutscher einen bereits verheirateten Ausländer heiraten darf (zweiseitiges Eheverbot). Lediglich, wenn beide Nupturienten polygamem Ehestatut unterliegen, würde man über Art. 13 EGBGB zur Möglichkeit einer solchen Eheschließung gelangen. Eine Eheschließung in Deutschland ist allerdings unabhängig vom Ehestatut der Nupturienten als Ausfluss des in Art. 6 EGBGB verankerten *ordre public* ausgeschlossen, sobald auch nur ein Verlobter bereits verheiratet ist.[209] Die Tätigkeit eines deutschen Standesbeamten würde einen gravierenden Inlandsbezug bedeuten; auch lässt sich die Entstehung einer nicht monogamen Ehe zu diesem Zeitpunkt noch verhindern.

a) Die Aufhebbarkeit nach Eheschließung im Ausland

Für den Fall, dass es zu einer Eheschließung entgegen dem anwendbaren Bigamieverbot kommt, ist auch das auf die Fehlerfolgen anwendbare Recht Art. 13 Abs. 1 EGBGB zu entnehmen. Führt die Norm zu zwei verschiedenen Rechtsordnungen, ist jeweils das „ärgere Recht“ anzuwenden, also dasjenige Recht, das

206 Vgl. BGHZ 27, 375 (379); BGH FamRZ 1976, 336 (338); LG Hamburg IPRspr 1976 Nr. 32 S. 100; BSGE 43, 238 (241); BFHE 146, 39 (40); Staudinger/*Mankowski*, Art. 13 EGBGB Rn. 37, 48 m.w.N.

207 *Andrae*, § 1 Rn. 104; MüKo/*Coester*, Art. 13 EGBGB Rn. 14; Erman/*Hohloch*, Art. 13 EGBGB Rn. 7a; Staudinger/*Mankowski*, Art. 13 EGBGB Rn. 55 m.w.N.

208 Vgl. dazu Fn. 224.

209 OLG München FamRZ 2015, 2056 (2057); VG Gelsenkirchen FamRZ 1975, 338 (340); MüKo/*Coester*, Art. 13 EGBGB Rn. 68 m.w.N.; Erman/*Hohloch*, Art. 6 EGBGB Rn. 33; Staudinger/*Mankowski*, Art. 13 EGBGB Rn. 252; BeckOK/*Mörsdorf-Schulte*, Art. 13 EGBGB Rn. 33; a.A. *Scholz*, Erbrecht, S. 294f.

die Verbindung mit den schwächsten Rechtsfolgen ausstattet.[210] Eine absolute Nichtigkeit der bigamen Ehe etwa geht daher dem deutschen Recht vor. Eine Aufhebung ist in einer solchen Situation nicht möglich. Aufhebbar ist hingegen unabhängig vom Ort der Eheschließung eine Ehe eines zur Zeit der Eheschließung bereits verheirateten Deutschen[211] oder eines Deutschen mit einer bereits verheirateten Person[212], wenn der andere Ehegatte polygamem Ehestatut unterliegt.

Ob[213] und wann der in Art. 6 GG verankerte Schutz der Einehe zudem die Aufhebung von Ehen unter Ausländern mit polygamem Ehestatut erfordert, ist in Literatur und Rechtsprechung nicht geklärt. Ansatzpunkt ist wiederum der in Art. 6 EGBGB verankerte *ordre public*. Im Gegensatz zu der Konstellation, in der die Möglichkeit der Vornahme der Eheschließung infrage steht, ist hier der dem Monogamieprinzip widersprechende Zustand bereits eingetreten. Als Folge der Aufhebung droht etwa dem einkommensschwächeren Ehegatten ein Verlust von Unterhalts- und anderen Ansprüchen, wenngleich § 1318 BGB einen gewissen Schutz gewährleistet. Den hinreichenden Inlandsbezug nicht vorschnell zu bejahen, dient damit reflexhaft auch der Rechtssicherheit der Beteiligten. Andererseits stellt das Bigamieverbot einen sehr wesentlichen Grundsatz der deutschen Rechtsordnung dar, sodass ein zur von Art. 6 EGBGB geforderten *Offensichtlichkeit* der Unvereinbarkeit des *Ergebnisses* der Rechtsanwendung[214] mit „wesentlichen Grundsätzen des deutschen Rechts" erforderlicher hinreichender Inlandsbezug bei polygamem Ehestatut beider Beteiligter der zweiten Ehe nicht von vornherein ausgeschlossen ist.[215]

---

210 BGH FamRZ 1991, 300 (302f.); OLG Naumburg FamRZ 2015, 2054 (2056); OLG Zweibrücken FamRZ 2004, 950 (951); OLG Frankfurt ZEV 2001, 493 (494) = FamRZ 2002, 705; OLG Düsseldorf FamRZ 1992, 815 (816); LG Hamburg IPRspr 1974 Nr. 50 S. 143f.; AG Warendorf FamRZ 2006, 1377 (1377); AG Hanau FamRZ 2004, 949 (950); *Andrae*, § 1 Rn. 126ff.; Staudinger/*Mankowski*, Art. 13 EGBGB Rn. 438ff. m.w.N.

211 Etwa OLG Frankfurt IPRspr 2005 Nr. 42; AG Offenbach IPRspr 2008 Nr. 56.

212 Etwa OLG Zweibrücken FamRZ 2004, 950; zum alten Recht LG Hamburg IPRspr 1974 Nr. 50; AG Bremen IPRspr 1990 Nr. 69 S. 138; auch das bei VGH München v. 4.5.2005, Az. 5 B 03.1371 erwähnte Urteil des AG Garmisch-Partenkirchen v. 16.12.1994.

213 Grundsätzlich für diese Möglichkeit auch OLG München FamRZ 2015, 2056 (2057); MüKo/*v. Hein*, Art. 6 EGBGB Rn. 257; wohl insgesamt a.A. OLG Hamm IPRspr 1986 Nr. 53; *Cullmann*, S. 104f.; *Jayme*, Methoden, S. 34.

214 Staudinger/*Voltz*, Art. 6 EGBGB Rn. 124 (nicht etwa wird ausländisches Recht abstrakt überprüft).

215 Der hinreichende Inlandsbezug wird häufig als ungeschriebenes Tatbestandsmerkmal bezeichnet, vgl. etwa OLG Frankfurt ZEV 2011, 135 (136); distanziert MüKo/*v.*

Unter Geltung alten Rechts erwog das OVG Münster eine (relative) Nichtigkeit der zweiten Ehe bei hinreichendem Inlandsbezug (im konkreten Fall: wegen der deutschen Staatsangehörigkeit der ersten Ehefrau), konnte sich einer Stellungnahme allerdings enthalten.[216] In FamRZ 2004, 949 (950) begründete das AG Hanau den für die Anwendung von Art. 6 EGBGB erforderlichen Inlandsbezug zwar damit, dass die zweite Ehe im Inland gelebt wurde und auch weiterhin gelebt werden sollte, mit einem langjährigen Aufenthalt des Ehemannes in Inland und seiner im Nachgang erfolgten Einbürgerung, schob dann allerdings die Befürchtung, „dass sich deutsche Ehepartnerinnen andernfalls einer legalen mit ihrem Ehemann verheirateten Zweit-Frau gegenübersehen könnten", hinterher.

Tatsächlich ist es ebenjener Aspekt, der einen hinreichenden Inlandsbezug begründet,[217] wofür auf den Zeitpunkt der weiteren Eheschließung abzustellen ist. In einer solchen Konstellation kann auch die zweite Ehefrau nicht erwarten, dass die monogame Rechtsordnung die zweite Ehe für gültig ansieht. Wer monogamem Ehestatut unterliegt, wird die Monogamie im Laufe seiner Sozialisation zumeist als selbstverständlich erfahren oder sich von einer polygamen Rechts- und Werteordnung im Laufe seines Lebens bewusst abgewandt haben und ist deshalb vor polygamen Ehen des Ehegatten zu schützen. In einer

---

Hein, Art. 6 EGBGB Rn. 184 Fn. 660 m.w.N. dazu; wie hier Erman/*Hohloch*, Art. 6 EGBGB Rn. 16; *Kegel*, S. 378ff.; auf das Tatbestandsmerkmal „Anwendung im Einzelfall" abstellend *Kegel/Schurig*, S. 527. Im Ergebnis wirkt sich die Frage der Herleitung nicht aus.

216 OVG Münster IPRspr 1985 Nr. 2 (S. 4) m. zust. Anm. *Henrich*, IPrax 1985, 351 (351); ebenso *Gaaz*, StAZ 1997, 141 (142f.); *Kegel*, S. 380 und *Spickhoff*, JZ 1991, 323 (327); a.A. OLG Hamm IPRspr 1986 Nr. 53; *Cullmann*, S. 104f.; *Jayme*, Methoden, S. 34. Oft wird die Anerkennung im Ausland geschlossener polygamer Ehen statuiert, ohne Sonderkonstellationen zu erwägen, vgl. etwa MüKo[3]/*Coester*, Art. 13 EGBGB Rn. 45 m.w.N. Bei Stellungnahmen zum alten Recht ist Vorsicht geboten: So bezeichnet auch die oben unter C.II.1. wiedergegebene Formulierung aus BGHZ 30, 140 (143) die „nichtige", aber nicht für nichtig erklärte Ehe als „gültig", ohne sich damit gegen ihre Fehlerhaftigkeit auszusprechen.

217 Ebenso VGH Mannheim FamRZ 2017, 1529 (1531); MüKo/*Coester*, Art. 13 EGBGB Rn. 69; *Scholz*, ZJS 2010, 325 (327); ähnlich zu einem anderen familienrechtlichen Verhältnis BGHZ 60, 68 (79): „Sind alle Beteiligten Ausländer gleicher Staatsangehörigkeit, so ist die Nichtanwendung eines nach ihrem Heimatrecht bestehenden elterlichen Gewaltverhältnisses vom deutschen ordre public her im allgemeinen nicht zu verlangen"; kritisch dazu Staudinger/*Voltz*, Art. 6 EGBGB Rn. 142; vgl. auch KG FamRZ 2016, 1585 (1586 a.E.); a.A. Staudinger/*Mankowski*, Art. 13 EGBGB Rn. 253f.

solchen Konstellation muss der Schutz der ersten Frau überwiegen. Zwar ist es unwahrscheinlich, dass diese staatliche Maßnahme den Ehemann in einem solchen Maße beeindruckt, dass er sich auch emotional wieder seiner ersten Ehefrau zuwendet,[218] doch sollten die rechtlichen Konsequenzen nicht übersehen werden, für die § 1318 BGB den besonderen Schutz des ersten Ehegatten zum Ausdruck bringt. Das Bestehen der aus der Ehe erwachsenen Pflichten des eigenen Ehegatten auch gegenüber einer anderen Frau kann einer Deutschen nicht zugemutet werden. Auch bringen dem Bigamisten die mit der Aufhebung einhergehenden Unannehmlichkeiten, etwa der Gerichtsprozess um die Aufhebung und, falls er etwa die aufenthalts- oder steuerrechtlichen Vorteile einer Ehe für seine zweite Ehefrau und sich nutzen möchte und er zu einer Scheidung der ersten Ehe bereit ist, ebenjene Scheidung und eine erneute Vornahme einer standesamtlichen Eheschließung in „würdiger Form" (§ 14 Abs. 2 PStG) in Deutschland mit der von ihm möglicherweise trotz der Aufhebung als seine Ehefrau betrachteten Frau die Wertungen unserer Rechtsordnung dezidiert zum Ausdruck, sodass eine Internalisierung derselben einsetzen mag. Gute Gründe sprechen dafür, auch ein ausländisches monogames Ehestatut der ersten Ehefrau für die Offensichtlichkeit der Unvereinbarkeit i.S.v. Art. 6 S. 1 EGBGB ausreichen zu lassen.[219]

Mankowski hält, wenn alle drei an der Doppelehe eines Mannes beteiligten Personen polygamem Ehestatut unterliegen, aber ihren gewöhnlichen Aufenthalt in Deutschland haben, beide Ehen für aufhebbar, wobei antragsberechtigt jeweils nur jede Ehefrau für ihre eigene Ehe sein soll.[220] In Hinblick auf die erste Ehe erstaunt dies: Die Schließung einer weiteren Ehe stellt auch nach deutschem Recht keinen Aufhebungsgrund für die erste Ehe dar, ferner passen die §§ 1315ff. BGB überhaupt nicht auf diese Konstellation. Allenfalls ist für den Fall, dass die erste Ehefrau infolge der zweiten Eheschließung ihres Mannes einen Scheidungsantrag stellt, an eine sofortige Zerrüttung i.S.v. § 1565 Abs. 2 BGB zu denken (deutsches Scheidungsrecht wäre bereits gemäß Art. 8 lit. a) VO (EU) Nr. 1259/2010 anwendbar), wie sie *Mankowski* auch für den Fall, dass die erste Ehefrau Deutsche ist, vertritt[221]. In Bezug auf die zweite Ehe passt die Annahme eines solchen Aufhebungsrechts im Hinblick auf § 1318 BGB, der

218 Vgl. zu einer ähnlichen Situation *Coester-Waltjen/Coester*, FS Hahne, S. 21 (22, 31f.).

219 Vgl. zur Thematik des EU-Binnenbezuges MüKo/*v. Hein*, Art. 6 EGBGB Rn. 193 m.w.N.; andeutungsweise OLG Frankfurt ZEV 2011, 135 (136).

220 Staudinger, Art. 13 EGBGB Rn. 255.

221 Staudinger, Art. 13 EGBGB Rn. 254; ebenso Staudinger[12]/*v. Bar*, Art. 13 EGBGB Rn. 89; zum alten Scheidungsrecht (Verschuldensprinzip) *Cullmann*, S. 105f.

ihr eine Hinnahme der Besserstellung der ersten Ehefrau abverlangt, schon eher,[222] wenngleich die Annahme einer Aufhebbarkeit im Hinblick auf § 1318 Abs. 5 BGB zu für die zweite Frau nicht hinnehmbaren Konsequenzen führt. Die grundsätzliche Wertung, bei polygamem Ehestatut aller Beteiligten die weitere Ehe für wirksam zu halten, würde so zu stark ausgehöhlt. Zu denken wäre allenfalls daran, den (mangels Möglichkeit zur Findung einer Ersatzlösung im ausländischen Recht zur Anwendbarkeit deutschen Rechts und damit auch aller in § 1318 BGB vorgesehenen Folgen führenden) hinreichenden Inlandsbezug erst ab Stellung des Aufhebungsantrags zu bejahen, kommt doch in diesem eine Abwendung von der polygamen Rechtsordnung zum Ausdruck. Kommt es nicht zu einem solchen Antrag, ist sie als gültig (also auch nicht durch die Verwaltungsbehörde aufhebbar) zu betrachten. Bis zur Stellung eines Aufhebungsantrages wäre eine solche Ehe dann aber auch nicht aufhebbar i.S.v. § 1318 Abs. 5 BGB. Solche Ehen werden daher auch im Folgenden als polygame Ehen bezeichnet.

Keinen Aufhebungsgrund stellt auch das polygame Heimatrecht eines der Ehegatten *als solches* dar (potentiell polygame Ehen). Im deutschen Recht ist die Anerkennung der Gültigkeit ganz herrschend.[223]

b) *Trotz Bigamieverbots aller beteiligten Rechtsordnungen denkbare Konstellationen*

Die Frage, ob eine bereits geschlossene Ehe eine gültige Eheschließung verhindert, hängt nicht nur von einer früheren Eheschließung, sondern auch von einer möglichen Auflösung oder Nichtigerklärung der früheren Ehe ab. Art. 13 EGBGB verweist für die Frage der Ehefähigkeit insgesamt auf das Heimatrecht des Verlobten. Die Frage nach der Auflösung oder Nichtigerklärung einer früheren Ehe ist daher im Rahmen der Prüfung der Einschlägigkeit eines ausländischen Bigamieverbots ausnahmsweise unselbstständig nach dem über Art. 13 Abs. 1 EGBGB zur Anwendung berufenen Recht anzuknüpfen.[224] Andernfalls

222 Dagegen wohl MüKo/*Coester*, Art. 13 EGBGB Rn. 69 Fn. 244.

223 MüKo/*Coester*, Art. 13 EGBGB Rn. 67; Staudinger/*Mankowski*, Art. 13 EGBGB Rn. 247ff.; jeweils m.w.N.; anders lange Zeit das englische Recht, vgl. LG Hamburg StAZ 1960, 99 m. Anm. *Henrich*; Staudinger/*Mankowski*, Art. 13 EGBGB Rn. 250.

224 BGH FamRZ 1997, 542 (543); 1976, 336 (338); OLG Oldenburg IPRspr 2000 Nr. 45 S. 98; OLG München IPRspr 1987 Nr. 43 S. 110f.; MüKo/*Coester*, Art. 13 EGBGB Rn. 75f.; Johannsen/*Henrich*, Art. 13 EGBGB Rn. 10a; Staudinger/*Mankowski*, Art. 13 EGBGB Rn. 120ff. m.w.N., 261f.; Palandt/*Thorn*, Art. 13 EGBGB Rn. 8; a.A. für den Fall einer Scheidung in Deutschland *Andrae*, § 1 Rn. 60, 106ff. m.w.N. zu beiden

wäre auch Art. 13 Abs. 2 Nr. 3 Hs. 2 EGBGB überflüssig. Im Falle einer Auflösung oder Nichtigerklärung durch eine ausländische Stelle ist zudem eine Anerkennung jener Auflösung oder Nichtigerklärung erforderlich, damit sie im Inland Wirkungen entfaltet. Entfaltet sie lediglich in einem oder mehreren ausländischen Staaten Wirkungen, kann es dazu kommen, dass nach einer erneuten Eheschließung – die nun im Ausland leicht möglich ist – aus deutscher Sicht beide Ehen wirksam sind.

In Deutschland erfordert die Anerkennung gemäß § 107 FamFG (früher: Art. 7 § 1 FamRÄndG) ein förmliches Verfahren. Entbehrlich ist ein solches Verfahren gemäß Art. 21 Brüssel IIa-VO innerhalb der EU mit Ausnahme Dänemarks. Gemäß § 107 Abs. 1 S. 2 FamFG ist es auch für den Fall der Auflösung oder Nichtigerklärung durch den Staat, dem beide Ehegatten angehören, entbehrlich. Diese Normen sind nicht abschließend:[225] So haben das LG Hamburg und das KG in Fällen, in denen die Partner der ersten Ehe Ausländer waren, diese Ehe im Ausland geschlossen und geschieden wurde und zudem die zweite Ehe außerhalb der BRD geschlossen wurde, die Erforderlichkeit eines Anerkennungsverfahrens durch deutsche Stellen verneint, wenn auch mit unterschiedlichen Begründungen (das LG Hamburg hielt die förmliche Anerkennung in Deutschland für entbehrlich, da Art. 13 EGBGB auf ein ausländisches Recht verwies; im Ergebnis wirkte sich dies nicht aus).[226]

Die Anerkennungsfähigkeit hängt in Deutschland gemäß § 109 Abs. 1 Nr. 1 FamFG von der internationalen Zuständigkeit des die Entscheidung aussprechenden Gerichts ab; nach altem Recht ergab sich dies aus § 328 Abs. 1 Nr. 1 ZPO. Da das deutsche Recht gemäß dem „spiegelnd" auch auf den Entscheidungsstaat anzuwendenden § 98 Abs. 1 S. 1 FamFG[227] alternativ auf Staatsangehörigkeit oder gewöhnlichen Aufenthalt abstellt,[228] wobei es in den meisten

---

Ansichten; wohl einen Ausreißer stellt die Formulierung „Danach bestimmt sich die Vorfrage, ob […] der Antragsgegner zu 2 deshalb aus der Sicht des deutschen Rechts an einer Eheschließung mit der Antragsgegnerin zu 1 nicht gehindert war, gemäß Art. 17 Abs. 1 S. 1 EGBGB nach russischem Recht" in BGHZ 149, 357 (359) = FamRZ 2002, 604 dar, dazu MüKo/*Coester*, Art. 13 EGBGB Rn. 75 Fn. 263 und Johannsen/*Henrich*, Art. 13 EGBGB Rn. 10a S. 1403.

225 Staudinger/*Mankowski*, Art. 13 EGBGB Rn. 311ff.; weitergehend MüKo/*Coester*, Art. 13 EGBGB Rn. 77.

226 KG StAZ 1984, 309; LG Hamburg IPRspr 1976 Nr. 32.

227 Zur Relevanz der Brüssel IIa-VO in diesem Zusammenhang MüKo-FamFG/*Rauscher*, § 109 Rn. 12, 16 m.w.N.

228 MüKo-FamFG/*Rauscher*, § 109 Rn. 11.

Fällen genügt, dass diese(r) bei einem der Ehegatten in dem die Scheidung vornehmenden Staat vorliegt, ist die Verneinung der internationalen Zuständigkeit aus deutscher Sicht eine Ausnahmeerscheinung. In der Vergangenheit ereigneten sich gelegentlich solchermaßen nicht anerkennungsfähige Scheidungen in Mexiko.[229] Auch einige weitere Ausschließungsgründe sind in § 109 FamFG enthalten. Häufiger wurden in der Vergangenheit Scheidungen von Staaten, deren Recht Scheidungen insgesamt ablehnte, aber auch von Staaten, die die ausschließliche internationale Scheidungskompetenz über ihre Staatsangehörigen beanspruchten, nicht anerkannt. Beide Konstellationen sind mittlerweile selten geworden.[230] In anderen Staaten werden Scheidungen bei Divergenz der Scheidungsgründe vom eigenen Recht nicht anerkannt.[231] Da – es sei noch einmal erwähnt – Art. 13 Abs. 1 EGBGB umfassend auf die Ehefähigkeit nach dem Heimatrecht der Verlobten abstellt, sind fehlende ausländische Anerkennungen für die Eheschließungsfähigkeit grundsätzlich – und zwar in den Grenzen des Art. 13 Abs. 2 EGBGB – zu beachten. Bei hinreichendem Inlandsbezug i.S.v. § 107 FamFG und der Anwendbarkeit einer ausländischen Rechtsordnung über Art. 13 EGBGB kann also die Anerkennung durch jene Rechtsordnung neben der deutschen Anerkennung erforderlich sein.[232] Fehlt es an einer solchermaßen erforderlichen Anerkennung und kommt es zu einer weiteren aus deutscher Sicht wirksamen Eheschließung etwa in einem Staat, der die vorangegangene Auflösung oder Nichtigerklärung für wirksam erachtet, so ist die weitere Ehe aus Sicht des deutschen Rechts bigamisch.[233] Allerdings wirkt die Anerkennung zurück,[234] sodass ihre Nachholung die Aufhebung der zweiten Ehe ausschließt.

Keine Angelegenheit eines förmlichen Anerkennungsverfahrens ist die in einigen wenigen Rechtsordnungen vorgesehene Privatscheidung ohne jedwede

---

229 So in den Fällen BGHZ 37, 51; BGH StAZ 1975, 338; OLG Düsseldorf FamRZ 1992, 815; BayObLG FamRZ 1976, 700; KG OLGZ 1976, 38; LSG Berlin FamRZ 1976, 349.

230 Zum Ganzen Staudinger/*Mankowski*, Art. 13 EGBGB Rn. 283, Art. 17 EGBGB Rn. 20ff. (die Nennung Maltas dort ist allerdings nicht mehr aktuell, vgl. Bergmann/Ferid/Henrich/*Pietsch*, S. 36f.).

231 Staudinger/*Mankowski*, Art. 13 EGBGB Rn. 286.

232 MüKo/*Coester*, Art. 13 EGBGB Rn. 76; Staudinger/*Mankowski*, Art. 13 EGBGB Rn. 308ff.; jeweils m.w.N.

233 BGHZ 37, 51 (53); BGH FamRZ 2001, 991 (992); OLG München IPRspr 1987 Nr. 43 S. 111; AG Düsseldorf IPrax 1991, 346; LSG Berlin FamRZ 1976, 349 (350); LSG Mainz SozVers 1972, 276 (278); Staudinger/*Mankowski*, Art. 13 EGBGB Rn. 304 m.w.N.; im Ergebnis auch LG Hamburg IPRspr 1975 Nr. 40.

234 *Andrae*, § 1 Rn. 106; MüKo/*Coester*, Art. 13 EGBGB Rn. 77; Johannsen/*Henrich*, Art. 13 EGBGB Rn. 11c; MüKo-FamFG/*Rauscher*, § 107 Rn. 51 m.w.N.

gerichtliche oder behördliche Beteiligung. Hier kann eine Anerkennung inzident in jedem Gerichtsverfahren erfolgen.[235] Probleme entstehen allerdings in Hinblick auf den *ordre public*.[236] Diesem kann etwa der *ṭalāq*, die einseitige Verstoßung der Frau durch den Mann nach islamischem Recht, widersprechen. Viele Gerichte betrachten den *ṭalāq* allerdings dann als wirksam, wenn die Voraussetzungen einer Scheidung auch nach deutschem Recht gegeben waren und die Frau über den Ausspruch informiert war.[237] Zudem lassen viele islamische Länder dieses Rechtsinstitut nicht mehr schrankenlos zu.[238] Auch dies trägt zu einer Reduktion aus deutscher Sicht unwirksamer ausländischer Scheidungen und durch sie verursachter Mehrehen bei.

Ähnlich kann es auch bei Todeserklärungen[239] an der Anerkennung in dem Heimatstaat des Nupturienten oder Deutschland fehlen. Zudem können die über Art. 11,[240] 13 Abs. 4 EGBGB zu ermittelnden Formerfordernisse von denen eines anderen Staates abweichen. Damit kann eine aus deutscher Sicht wirksame Ehe geschlossen werden, die aus Sicht eines anderen Rechts jedoch eine Nichtehe darstellt.[241] Wird dann im Ausland unter Beurteilung der Vorehe nach einem solchen Recht eine weitere Ehe eingegangen, liegt aus deutscher Sicht eine Mehrehe vor.

Auch wenn ein Staat zur Prüfung der Ehefähigkeit überhaupt nicht auf das Heimatrecht der Nupturienten abstellt, kann es zu Mehrehen aus Sicht des deutschen Rechts kommen, etwa, wenn die Ignorierung des Heimatrechts zur Ignorierung des Erfordernisses der Anerkennung einer Scheidung führt. Derlei Eheschließungen erfolgten zumeist in Dänemark, sind aber mittlerweile erschwert worden.[242]

---

235 BGHZ 110, 267 (272f.) m.w.N.; Staudinger/*Mankowski*, Art. 13 EGBGB Rn. 302.

236 Allgemein dazu Staudinger/*Mankowski*, Art. 17 EGBGB Rn. 118.

237 Etwa OLG Hamm FamRZ 2010, 1563; OLG Zweibrücken IPRspr 2001 Nr. 72; vgl. zum Ganzen Staudinger/*Mankowski*, Art. 17 EGBGB Rn. 121ff.; *Rohe*, S. 353ff. m.w.N.

238 Staudinger/*Mankowski*, Art. 17 EGBGB Rn. 65ff.; *Rohe*, S. 216ff.

239 BGHZ 30, 140 (146); Staudinger/*Mankowski*, Art. 13 EGBGB Rn. 321ff.

240 OLG München ZEV 2010, 255 (256) = FamRZ 2010, 1280 m.w.N.; Staudinger/*Mankowski*, Art. 13 EGBGB Rn. 691; im Ergebnis auch AG Oberhausen v. 9.6.2011, Az. 37 C 1060/10.

241 Staudinger/*Mankowski*, Art. 13 EGBGB Rn. 260, 267ff.

242 Staudinger/*Mankowski*, Art. 13 EGBGB Rn. 71, 73.

c) *Rechtsfolgen dieser Sonderkonstellationen*

Allen denkbaren Konstellationen des Vorhandenseins mehrerer Ehen trotz Bigamieverbots der beteiligten Rechtsordnungen ist gemein, dass die erste Ehe aus Sicht der die zweite Eheschließung zulassenden fremden Rechtsordnung nicht (mehr) besteht. Die Fehlerfolgen bestimmen sich grundsätzlich nach dem über Art. 13 EGBGB zur Anwendung berufenen Recht.

Umstritten ist der Umgang mit Fällen, in denen es sich bei dem von der Nichtigkeit oder Auflösung der ersten Ehe ausgehenden und somit den bigamen Charakter der zweiten Ehe verneinenden Recht um das über Art. 13 EGBGB anzuwendende handelt. Das RG ging in einem solchen Fall von der Gültigkeit beider Ehen aus.[243] In der Berliner Rechtsprechung wurde in zwei Entscheidungen aus der Zwischenkriegszeit die erste Ehe nach erfolgter Scheidung im Ausland als durch die zweite Eheschließung aufgelöst angesehen[244] Diese Auffassung wurde jedoch ganz überwiegend abgelehnt.[245] In einem neueren Urteil zu einem Fall, in dem die ursprünglich deutsche (zweite) Ehefrau in den Staat, in dem das Scheidungsurteil über die erste Ehe ergangen war, verzog und dessen Staatsangehörigkeit annahm, ging das KG von einer Heilung der Nichtigkeit der zweiten Ehe durch Bruch mit der deutschen Rechtsordnung aus.[246] Grundsätzlich geht – worauf das KG in der zitierten Entscheidung hinweist – auch der BGH davon aus, dass eine ungültige Ehe durch Statutenwechsel gültig werden kann.[247] Dass er den Fall des KG genau so entschieden hätte, lässt sich daraus allerdings nicht folgern. In der Literatur wurde wegen des übergeordneten Monogamieprinzips die Ungültigkeit der zweiten Ehe auch für den Fall vertreten, dass sich die an ihr Beteiligten bereits vor Scheidung der ersten und Schließung der zweiten Ehe einem im konkreten Fall Scheidung und Wiederheirat erlaubenden Ehestatut unterworfen haben, wenn aus Sicht des deutschen Rechts die erste Ehe nicht aufgelöst ist.[248]

---

243 RGZ 165, 398 m. zust. Anm. *Lauterbach*, DR 1941, 948.

244 KG JW 1925, 2146; LG Berlin StAZ 1936, 300; a.A. LG Berlin StAZ 1937, 300; KG StAZ 1984, 309 geht auf die ältere Auffassung nicht mehr ein.

245 BSGE 43, 238 (241f.); Staudinger/*Mankowski*, Art. 13 EGBGB Rn. 314ff.; *Raape*, S. 313 Fn. 98; beide m.w.N. zu beiden Ansichten.

246 KG IPRspr 1986 Nr. 51.

247 BGHZ 27, 375 (380).

248 Staudinger[10/11]/*Gamillscheg*, Art. 13 EGBGB Rn. 261; Soergel[11]/*Kegel*, Art. 13 EGBGB Rn. 27 m.w.N.

Übertragen auf die heutige Rechtslage wäre die zweite Ehe nur noch aufhebbar. Nach Aufhebung der zweiten Ehe ist der dann ehemalige Bigamist – wenn die ausländische Rechtsordnung die deutsche Aufhebung nicht anerkennt – in dieser überaus seltenen Konstellation zwar aus Sicht zweier betroffener Rechtsordnungen nur einmal verheiratet, jedoch jeweils mit einer anderen Person. Eine solche Aufhebung ist bereits deswegen kaum vorstellbar, weil die internationale Zuständigkeit deutscher Gerichte für eine Aufhebung häufig nicht vorliegen wird.[249] Diese bestimmt sich nach Art. 3 Brüssel IIa-VO. Auf Art. 3 Abs. 1 lit. a) fünfter und sechster Spiegelstrich Brüssel IIa-VO können sich dabei nur Ehegatten der ungültigen Ehe berufen.[250] In den verbleibenden Fällen muss diese eigenartige Konstellation hingenommen werden. Die Existenz des gesonderten Anerkennungsverfahrens jedenfalls für Fälle mit Bezug zu Nicht-EU-Staaten zeigt, dass die Wertungen der deutschen Rechtsordnung in diesen Fällen nicht völlig ignoriert werden dürfen. Wer hinreichende Bezüge zu Deutschland aufrechterhält, muss auch damit rechnen, dass die Wertungen des deutschen Rechts insoweit zur Geltung gebracht werden. Stellt man sich auf den Standpunkt, dass das monogame Ehestatut einer ersten Ehe auf eine weitere Ehe ausstrahlt, so werden auch Ehen, bei denen einer der Verheirateten polygamem Ehestatut unterliegt, in Widerspruch zum ausländischen Recht aufgehoben und hinkende Ehen somit auch in dieser Konstellation hingenommen.

d) *Auf Basis einer unselbstständigen Vorfragenanknüpfung denkbare Konstellationen*

Ebenfalls denkbar ist, dass ein ausländisches Recht von einer Doppelehe ausgeht, aus deutscher Sicht jedoch nur deren eine wirksam ist. Dies ist auf Basis der h.M. kein Problem des inländischen Erbrechtsverkehrs: Deutsche Scheidungsbeschlüsse sind für den innerstaatlichen Rechtsverkehr stets beachtlich[251] und die Vorfrage des Bestehens der Ehe wurde unter Geltung des Art. 25 EGBGB a.F. grundsätzlich selbstständig über Art. 13 EGBGB angeknüpft[252]. Wie bei

249 So die Einschätzung bei Staudinger/*Mankowski*, Art. 13 EGBGB Rn. 315.

250 EuGH FamRZ 2016, 1997.

251 BGH FamRZ 1981, 651 (653); Staudinger/*Dörner*, Art. 25 EGBGB Rn. 151; *Haas*, FamRZ 1993, 610; bei deutscher Staatsangehörigkeit beider Beteiligter KG IPRspr 1973 Nr. 105 S. 273; a.A. BGH FamRZ 1972, 360 (361) m.w.N.; skeptisch OLG Hamm FamRZ 1993, 607 (608).

252 BGH FamRZ 1981, 651 (653); OLG Zweibrücken ZEV 2003, 162 (163) = FamRZ 2003, 1697 m.w.N.; OLG Frankfurt ZEV 2001, 493 (493) = FamRZ 2002, 705; Staudinger/*Dörner*, Art. 25 EGBGB Rn. 150 m.w.N., 590; *Riering*, MittBayNot 2003, 149

Anwendung der EuErbVO Vorfragen angeknüpft werden sollen, ist im Schrifttum umstritten.[253] Das für eine unselbstständige Anknüpfung vorgebrachte Argument, andernfalls sei das Europäische Nachlasszeugnis nicht funktionsfähig, ist jedenfalls zweifelhaft.[254] Auch Art. 1 Abs. 2 lit. a) EuErbVO spricht für eine selbstständige Anknüpfung. Auf Basis einer unselbstständigen Anknüpfung müsste man in erbrechtlichen Fällen, in denen man über die EuErbVO zur Anwendung eines ausländischen Erbrechts gelangt, eine aus Sicht des deutschen, nicht aber des ausländischen Rechts als Nichtehe zu behandelnde Verbindung als wirksam behandeln, im Inland ausgesprochene Scheidungen sogar gegebenenfalls erbrechtlich ignorieren. Ein deutscher Richter hätte jedoch auch auf Basis dieser Ansicht bei der Anwendung *deutschen* Erbrechts deutsches internationales Eheschließungsrecht anzuwenden, sodass der Meinungsstreit für die Aussagekraft von Kapitel D. ohne Bedeutung ist.

3 Unzulässige Rechtsausübung

Dazu, dass zwei Ehen nebeneinander dauerhaft als wirksam zu behandeln waren, konnte es zudem kommen, wenn Nichtigkeitsklagen als unzulässig bzw. rechtsmissbräuchlich abgewiesen wurden. Dies tat der BGH mitunter wegen der Verwerflichkeit der Motive des Klägers.[255] Andere Gerichte wiesen nach Scheidung der ersten Ehe staatsanwaltliche Ehenichtigkeitsklagen bzw. behördliche Aufhebungsanträge als unzulässig ab.[256] Dem stand der BGH stets überaus skeptisch gegenüber und verneinte die Zulässigkeit einer solchen behördlichen

(151); jedenfalls bei „ausgeprägt starke[m] Inlandsbezug" OLG Hamm FamRZ 1993, 607 (608f.) m. insoweit zust. Anm. *Haas*; grundsätzlich auch MüKo[6]/*Dutta*, Art. 25 EGBGB Rn. 81; im Einzelfall mangels Inlandsbezuges für unselbstständige Anknüpfung LG Stuttgart FamRZ 1969, 543.

253 Für selbstständige Anknüpfung bzw. Aufrechterhaltung der nationalen Doktrinen Kroiß/Horn/Solomon/*Köhler*, vor Art. 20 EuErbVO Rn. 20ff.; *Volmer*, ZEV 2014, 129; a.A. *Dörner*, ZEV 2012, 505 (513); MüKo/*Dutta*, vor Art. 20 EuErbVO Rn. 51 m.w.N. zu allen Ansichten.

254 *Volmer*, ZEV 2014, 129.

255 BGHZ 37, 51 (56f.) (im konkreten Fall verneint); BGHZ 30, 140 (144ff.); BGH FamRZ 1964, 418 (419f.) m.w.N. auch zur Gegenansicht (im konkreten Fall offen gelassen); BGH FamRZ 1961, 427.

256 OLG Frankfurt IPRspr 2007 Nr. 60; OLG Nürnberg FamRZ 1998, 1109; KG FamRZ 1986, 355; OLG Karlsruhe IPRspr 1985 Nr. 53; LG Frankfurt NJW 1976, 1096; AG Goslar StAZ 1996, 335.

Prozesshandlung in keinem Fall,[257] auch nicht für die Auflösung der Ehen durch den Tod des Bigamisten, für den das OLG Hamm[258] die Unzulässigkeit bejahte. In einem neuen Fall wies er jedoch den Aufhebungsantrag des ersten Ehegatten einer Bigamistin, deren erste Ehescheidung in Russland vor Eingehung der zweiten Ehe aufgehoben wurde, als unzulässige Rechtsausübung ab, weil über die Ehe der Beteiligten in Russland zwischenzeitlich ein erneutes Scheidungsurteil ergangen war (ein Anerkennungsverfahren über diese Scheidung war gemäß Art. 7 § 1 Abs. 1 S. 3 FamRÄndG nicht erforderlich).[259] Das mangelnde Interesse an der Aufhebung begründete er vor allem damit, dass die Aufhebung ohnehin nur ex nunc wirke. Hingegen spielten die Motive des Antragsstellers in der Argumentation keine Rolle. Sie ist damit auf behördliche Aufhebungsanträge und die anderen Auflösungsgründe übertragbar.[260] Allerdings hob der BGH hervor, dass nicht in jedem Fall eine Auflösung der ersten Ehe die Aufhebung der zweiten ausschließt[261] – die gegenteiligen Auffassung wäre auch mit der engeren Fassung des § 1315 Abs. 2 Nr. 1 BGB[262] nicht vereinbar.

Dass die zuständige Behörde nicht in jedem Fall den Aufhebungsantrag zu stellen hat, ergibt sich aus § 1316 Abs. 3 BGB. Überwiegend wird vertreten, dass sich aus der Norm auch die Unzulässigkeit eines behördlichen Antrages ergeben kann.[263]

III Familienrechtliche Auswirkungen der Mehrehe

Komplikationen bereitet die Mehrehe in nahezu allen familienrechtlichen Teilgebieten. Zu denken ist an das Unterhaltsrecht,[264] das Güterrecht und den Versorgungsausgleich,[265] Hausrat und Ehewohnung,[266] das Namensrecht,[267] die

---

257 BGH FamRZ 2001, 685 (686f.); BGH FamRZ 1994, 498; BGH FamRZ 1986, 879 (881), BGH FamRZ 1975, 332.

258 OLG Hamm FamRZ 1986, 1204.

259 BGHZ 149, 357.

260 So auch *Oehlmann/Stille*, FuR 2003, 494 (498).

261 BGHZ 149, 357 (362).

262 Dazu Soergel/*Heintzmann*, § 1315 Rn. 39; Staudinger/*Voppel*, § 1315 Rn. 35; MüKo/*Wellenhofer*, § 1315 Rn. 17.

263 BGH FamRZ 2012, 940 (941); BeckOK/*Hahn*, § 1316 Rn. 8; Soergel/*Heintzmann*, § 1316 Rn. 16; Staudinger/*Voppel*, § 1316 Rn. 23 m.w.N.

264 OLG Bremen FamRZ 2016, 828; OLG Hamm FamRZ 1987, 947; *Finger*, FuR 2008, 419 (421f.); *Peter*, S. 6ff., 121ff., 137ff.; Staudinger/*Voppel*, § 1318 Rn. 24 m.w.N.

265 Dazu sogleich.

266 § 1318 Abs. 4 BGB.

267 *Peter*, S. 16ff., 117ff.; Erman/*Roth*, § 1318 Rn. 11.

Feststellung der Vaterschaft (wenn eine Frau mehrfach verheiratet ist),[268] die Schlüsselgewalt,[269] die Eigentumsvermutung des § 1362 BGB[270] und die Pflicht zur ehelichen Lebensgemeinschaft[271]. Auch eine adoptionsrechtliche Streitigkeit war bereits maßgeblich durch eine (aus deutscher Sicht möglicherweise unwirksame) Mehrehe geprägt.[272] Kommt es zur Aufhebung, befinden sich verschiedene Sonderregelungen in § 1318 BGB in Bezug auf Unterhalt, Güterrecht und Versorgungsausgleich. Im nachehelichen Unterhaltsrecht bringt § 1318 Abs. 2 S. 1 BGB eine Privilegierung des ersten Ehegatten zum Ausdruck. Zu Zugewinn- und Versorgungsausgleich enthält das Gesetz mit § 1318 Abs. 3 BGB eine sehr offen gestaltete Norm, deren Einzelheiten in Rechtsprechung und Literatur größtenteils ungeklärt sind. In den Grenzen der groben Unbilligkeit, die sich sowohl aus den Umständen bei der Eheschließung als auch den Belangen des ersten Ehegatten ergeben kann, finden Zugewinn- und Versorgungsausgleich auch bei der Aufhebung statt. § 1318 Abs. 3 2. Var. BGB, der auf die Belange des ersten Ehegatten abstellt, ermöglicht lediglich einen Ausschluss bzw. eine Reduzierung der Ansprüche des zweiten Ehegatten, können sich doch aus Ansprüchen des Bigamisten aus der aufgehobenen Ehe für den ersten Ehegatten keine Nachteile ergeben.[273]

1 Ausgleichsansprüche gegen den Bigamisten

Kriterium dafür, ob bzw. wie stark eine solche Reduzierung vorzunehmen ist, ist vor allem die Gut- oder Bösgläubigkeit des zweiten Ehegatten,[274] doch können auch sonstige Gründe zum Ausschluss bzw. zur Reduzierung des Ausgleichsanspruchs führen. In der Tat wird man einem bösgläubigen Ehegatten eines Bigamisten einen solchen Ausgleichsanspruch nur in besonderen Ausnahmefällen zubilligen können. Im Übrigen werden die Belange des ersten Ehegatten – sofern

---

268 OLG Hamburg FamRZ 2014, 1563; OLG Zweibrücken FamRZ 2009, 1923.

269 *Peter*, S. 124ff.

270 *Peter*, S. 135f.

271 *Peter*, S. 116; Staudinger/*Voppel*, § 1313 Rn. 10 m.w.N.; MüKo/*Wellenhofer*, § 1313 Rn. 9.

272 OLG Oldenburg IPrax 1998, 491.

273 OLG Karlsruhe FamRZ 2005, 370 (371); Staudinger/*Voppel*, § 1318 Rn. 37.

274 Erwähnt bei *Borth*, Versorgungsausgleich, Rn. 166; *Finger*, FuR 2008, 419 (423); *Gernhuber/Coester-Waltjen*, § 14 Rn. 19; BeckOK/*Hahn*, § 1318 Rn. 19; Soergel/*Heintzmann*, § 1318 Rn. 32; BeckOGK/*M. Otto*, § 1318 Rn. 9; jurisPK/*Schiefer*, § 1318 Rn. 19; Staudinger/*Voppel*, § 1318 Rn. 37; MüKo/*Wellenhofer*, § 1318 Rn. 12; besonders *Peter*, S. 141; Erman/*Roth*, § 1318 Rn. 7.

dessen Ehe noch besteht – stets eine mehr oder minder starke Reduzierung der Ansprüche des zweiten Ehegatten erfordern, sind diese Belange doch stets betroffen. Die konkrete Kürzung erfolgt dann in dem zur Vermeidung der groben Unbilligkeit erforderlichen Umfang.

In einem älteren Fall hielt der BGH mit Rücksicht auf die Belange des Bigamisten eine Kürzung des Zugewinnausgleichanspruchs der Ehefrau aus der ersten Ehe nach deren Scheidung über § 1381 BGB für denkbar.[275] Das Urteil erscheint bereits im Hinblick auf die damalige Rechtslage fragwürdig.[276] Angesichts der in § 1318 Abs. 3 BGB enthaltenen grundsätzlichen Entscheidung zugunsten der ersten Ehefrau[277] ist nun generell zweifelhaft, ob die zu möglichen weiteren Ausgleichsansprüchen führende Bigamie als Umstand i.S.v. § 1381 BGB zur Begründung einer Kürzung des Ausgleichsanspruchs der ersten Ehefrau herangezogen werden kann.[278] Zu denken ist allenfalls an Ausnahmekonstellationen. Dass der Bigamist im Fall der Auflösung beider Ehen seinen gesamten Zugewinn verlieren könnte,[279] ist jedenfalls ausgeschlossen: Bereits die Entstehung eines Ausgleichsanspruchs mindert das für die Berechnung des zweiten Ausgleichsanspruchs relevante Endvermögen des Bigamisten[280] i.S.v. § 1375 Abs. 1 S. 1 BGB und der Zugewinn des Partners der zuletzt aufgelösten Ehe kann – wie stets[281] – keinen negativen Wert annehmen. Auch wird der zuerst gezahlte Zugewinnausgleich kaum unter § 1375 Abs. 2 BGB fallen können. Ebenso wenig erscheint eine Auflösung beider Zugewinngemeinschaften zum exakt gleichen Zeitpunkt denkbar. Damit verbliebe dem Bigamisten selbst dann, wenn seine beiden Ehepartner keinen Zugewinn erzielt haben, nach Auflösung beider Ehen mindestens ein Viertel seines Zugewinns, beim Bestehen von noch mehr Ehen würde dieser Mindestwert weiter geteilt.

---

275 BGH FamRZ 1980, 768 (769).

276 Vgl. *Görgens*, JR 1981, 117.

277 Palandt/*Brudermüller*, § 1318 Rn. 12; *Finger*, FuR 2008, 419 (422); Johannsen/*Henrich*, § 1318 BGB Rn. 16; jurisPK/*Schiefer*, § 1318 Rn. 19.

278 So aber unter Berufung auf Stellungnahmen zum alten Recht *Peter*, S. 143ff., 148, 150; in jedem Fall gegen Kürzung der Ansprüche aus der ersten Ehe Soergel/*Heintzmann*, § 1318 Rn. 32; Abgrenzungen zur älteren Rspr. enthalten auch die Nachw. in Fn. 277.

279 Auf diese Möglichkeit weisen *Peter*, S. 143, 149, 151 und *Görgens*, JR 1981, 117 (117), hin.

280 Grundlegend BeckOK/*Hahn*, § 1318 Rn. 19; a.A. *Peter*, S. 146f.

281 BGH FamRZ 2011, 25 (28); OLG München FamRZ 1976, 26 (26f.) m.w.N.; Palandt/*Brudermüller*, §1373 Rn. 4; Erman/*Budzikiewicz*, § 1373 Rn. 2 m.w.N.; Staudinger/*Thiele*, § 1373 Rn. 20.

Unbillig ist vielmehr, dass der Bigamist nach Auflösung beider Ehen einen höheren Anteil am Zugewinn behalten kann als derjenige Ehegatte, dessen Ehe zuletzt aufgelöst wird. Daher wird in der Literatur teilweise nach weitergehenden Möglichkeiten zum Zugriff auf das Vermögen des Bigamisten gesucht.[282]

Beim Versorgungsausgleich hingegen würde bei Nichtvorhandensein von grober Unbilligkeit i.S.v. § 1318 Abs. 3 BGB die zeitliche Überschneidung beider Ehen mit der Zeit der Erwerbung sämtlicher Versorgungsanwartschaften dazu führen, dass der Bigamist sämtliche Versorgungsanwartschaften verliert: § 1 Abs. 1 VersAusglG ordnet jeweils eine Abtretung der Hälfte der erworbenen Anrechte an, ohne dass Raum für die Berücksichtigung eines eventuellen Verlusts bleibt. Eine Kürzung der Ansprüche des ersten Ehegatten lässt sich zwar auf § 27 VersAusglG stützen,[283] die Wertung des § 1318 Abs. 3 BGB zu seinen Gunsten sollte dabei jedoch nicht außer Acht gelassen werden. Demgemäß sollte eine Kürzung der Ansprüche des ersten Ehegatten nur ganz ausnahmsweise vorgenommen werden.

Sollte eine bigame Ehe geschieden werden, so sollten Zugewinn- und Versorgungsausgleich ebenso berechnet werden wie bei einer Aufhebung. Die Interessen des ersten Ehegatten bleiben schließlich die gleichen. Mit §§ 1381 BGB, 27 VersAusglG sind auch Normen vorhanden, auf die sich eine solche Berücksichtigung stützen lässt.

2 Ausgleichsansprüche des Bigamisten

Zudem erscheint es unbillig, dass eine in Mehrehe lebende Person hypothetisch mehrfach von Zugewinn- und/oder Versorgungsausgleich profitieren kann.[284] Ein völliger Ausschluss seiner Ausgleichsansprüche wird daher bei Bösgläubigkeit schnell zu bejahen sein.[285] *Heintzmann* vertritt außerdem unabhängig von eventuellen Ausgleichsansprüchen aus der zweiten Ehe[286] für den Fall der Scheidung der ersten Ehe eine Einschränkung der aus dieser resultierenden

282 BeckOK/*Hahn*, § 1318 Rn. 19; Staudinger/*Voppel*, § 1318 Rn. 37.

283 BeckOK/*Hahn*, § 1318 Rn. 20; Erman/*Roth*, § 1318 Rn. 7; MüKo/*Wellenhofer*, § 1318 Rn. 11; nach alter Rechtslage über § 1587c BGB: BGH FamRZ 1982, 475 (476f.); OLG Stuttgart FamRZ 1986, 1006; OLG Zweibrücken FamRZ 1983, 1145 (1146); *Peter*, S. 143ff., 148, 150; unklar Soergel/*Heintzmann*, § 1318 Rn. 32.

284 Generell *Peter*, S. 142f.

285 Vgl. OLG Karlsruhe FamRZ 2005, 370; etwas zurückhaltender oder doch jedenfalls weniger deutlich Soergel/*Heintzmann*, § 1318 Rn. 32; Erman/*Roth*, § 1318 Rn. 6; Staudinger/*Voppel*, § 1318 Rn. 36; MüKo/*Wellenhofer*, § 1318 Rn. 12.

286 Dagegen *Peter*, S. 142.

Ausgleichsansprüche des Bigamisten gegen den Erstehegatten, insbesondere bei Fortbestand der bigamischen Ehe.[287] Normativ verankern lässt sich eine solche Einschränkung in § 1381 BGB bzw. § 27 VersAusglG.

3 Ausgleichsansprüche nach Scheidung polygamer Ehen

§ 1318 BGB gilt nur für die Aufhebung von Ehen, deren Wirksamkeit sich gemäß Art. 13 EGBGB nach deutschem Recht richtet.[288] Auf polygame Ehen ist er nicht anwendbar. Doch kann es in Deutschland zu Scheidungsprozessen über polygame Ehen kommen. Sind an einer solchen nur Staatsangehörige eines einzigen Staates beteiligt, so ist gemäß Art. 15 Abs. 1, 14 Abs. 1 Nr. 1 EGBGB das Güterrecht jenes Staates anwendbar.[289] Regelmäßiger Güterstand die Polygamie erlaubender Rechtsordnungen ist die Gütertrennung,[290] die Wahl deutschen Güterrechts gemäß Art. 15 Abs. 2 EGBGB für eine polygame Ehe ist abwegig. Für eine solche wird also kaum einmal deutsches Güterrecht zur Anwendung gelangen. Sollte dies doch einmal bei einer zu scheidenden Ehe der Fall sein, soll für den Zugewinnausgleich gemäß der einzigen in der Literatur auffindbaren Stellungnahme dennoch § 1318 Abs. 3 BGB „Maßstab“ werden, wenngleich normative Grundlage § 1381 BGB sei.[291] Hiermit würden jedoch die Maßstäbe des deutschen Rechts zu weitgehend zur Anwendung berufen. Die maßgeblichen Entscheidungen sind in der Frage nach der Anwendbarkeit deutschen oder ausländischen Eheschließungsrechts vorzunehmen, insbesondere kann das Wissen der weiteren Ehefrau vom Bestehen der ersten Ehe hier jedenfalls nicht in dem gleichen Maße wie bei bigamen Ehen zur Unbilligkeit von Ausgleichsansprüchen führen. Zudem erfolgt ohnehin schon eine – zur Abwehr der Polygamie allerdings erforderliche – Benachteiligung der zweiten Ehefrau im Aufenthaltsrecht. Wenn die weitere Ehefrau durch Stellung des Aufhebungsantrages wie oben unter II.2.a) dargestellt die §§ 1313ff. BGB selbst zur Anwendung bringt, ist ihr die Privilegierung der ersten Ehefrau im Rahmen der familienrechtlichen Folgen der Aufhebung der Ehe hingegen zuzumuten.

---

287 Soergel/*Heintzmann*, § 1318 Rn. 32.

288 Staudinger/*Voppel*, § 1318 Rn. 54.

289 Art. 26 VO (EU) Nr. 2016/1103 wird gemäß Art. 69 Abs. 3 VO (EU) Nr. 2016/1103 erst für nach dem 29.01.2019 geschlossene Ehen relevant.

290 Vgl. zu islamischen Rechtsordnungen *Yassari*, Brautgabe, S. 197ff., v.a. S. 198: „Einzig zwei islamische Länder, Indonesien und Malaysia, haben für einen anderen gesetzlichen Güterstand, nämlich den der Errungenschaftsgemeinschaft optiert.“ Allgemeiner Staudinger/*Mankowski*, Art. 15 EGBGB Rn. 242.

291 *Finger*, FuR 2008, 419 (426).

Im Unterschied zum Güterstatut, das gemäß Art. 15 Abs. 1 EGBGB mit dem Zeitpunkt der Eheschließung festgelegt und durch einen späteren Statutenwechsel nicht verändert wird,[292] richtet sich der Versorgungsausgleich gemäß Art. 17 Abs. 3 EGBGB, Art. 8 lit. a), b) VO (EU) Nr. 1259/2010 primär nach dem (letzten) gemeinsamen gewöhnlichen Aufenthalt. Der Versorgungsausgleich entfällt jedoch gemäß Art. 17 Abs. 3 S. 1 Hs. 2 a.E. EGBGB, wenn keines der Heimatrechte der Ehegatten ihn kennt. Dass eine polygame Rechtsordnung einen solchen Anspruch kennt, ist angesichts des weitverbreiteten Fehlens eines güterrechtlichen Ausgleichs in den betreffenden Rechtsordnungen und der geringen Verbreitung des Instituts des Versorgungsausgleichs überhaupt[293] unwahrscheinlich. Bei Flüchtlingen und Staatenlosen richtet sich das Personalstatut aufgrund verschiedener normativer Grundlagen, vor allem Art. 12 der Genfer Flüchtlingskonvention v. 28.7.1951[294], § 2 Abs. 1 AsylVfG und Art. 5 Abs. 2 EGBGB, allerdings nach dem (gewöhnlichen) Aufenthalt.[295] Dieser Anknüpfungspunkt ersetzt die Anknüpfung über die Staatsangehörigkeit generell,[296] sodass auch Art. 17 Abs. 3 S. 1 Hs. 2 a.E. EGBGB nicht zum Ausschluss des Versorgungsausgleichs führt[297]. Im Übrigen kann Art. 17 Abs. 3 S. 2 EGBGB in Betracht kommen. Dass es nach Scheidung einer polygamen Ehe zur Anwendung von § 1587 BGB i.V.m. dem VersAusglG kommt, ist damit nicht völlig abwegig. Beim Versorgungsausgleich, der allein auf die während der Ehe erworbenen Versorgungsausgleichsansprüche abstellt und einen nachträglichen Verlust solcher Ansprüche im Rahmen eines sich auf den ganz oder teilweise gleichen Zeitraum beziehenden Ausgleichs daher ohnehin nicht berücksichtigt, drohen die Nachteile für den eventuellen Fall der Auflösung beider Ehen bei Ausgleichsverpflichtung jeweils des Polygamisten nur diesem. Damit erscheint es denkbar, dass der Polygamist sämtliche Versorgungsansprüche verliert. Haben in allen Ehen die Frauen höhere Ausgleichsansprüche erworben, sind Ansprüche des Polygamisten gegen beide Ehefrauen denkbar. Gegebenenfalls müssen Korrekturen über § 27 VersAusglG vorgenommen werden.

---

292 Ausführlich dazu Staudinger/*Mankowski*, Art. 15 EGBGB Rn. 43ff.

293 Vgl. dazu Staudinger/*Mankowski*, Art. 17 Rn. 334f.

294 BGBl. 1953, Teil II, S. 559.

295 Vgl. nur Palandt/*Thorn*, Anh. zu Art. 5 EGBGB, v.a. Rn. 23.

296 Staudinger/*Bausback*, Anh IV zu Art. 5 EGBGB Rn. 65; Palandt/*Thorn*, Anh. zu Art. 5 EGBGB Rn. 2.

297 Ausdrücklich Staudinger/*Mankowski*, Art. 17 EGBGB Rn. 300; MüKo/*Winkler v. Mohrenfels*, Art. 17 EGBGB Rn. 90.

IV Bedeutung in anderen Rechtsgebieten

1 Einleitung

Ob eine Ehe vorliegt, bestimmt sich in allen Rechtsgebieten grundsätzlich nach den zivilrechtlichen Maßstäben. Auch die Strafbarkeit gemäß § 172 StGB betrifft keine unwirksamen Eheschließungen.[298] Die Relevanz von § 172 StGB ist auch deshalb gering, weil die Tat durch die formell gültige Eheschließung vollendet ist und § 7 StGB keine Bestrafung von derartigen Eheschließungen im diese erlaubenden Ausland ermöglicht. Das Leben in Mehrehe in Deutschland genügt hingegen nicht.[299]

In einem frühen Fall unterschied das BSG die Frage der Rentenberechtigung zweier Witwen von der Frage der zivilrechtlichen Wirksamkeit der Ehen[300] – jedoch ohne Not: Bei Zugrundelegung zivilrechtlicher Wertungen ergab sich bereits aus § 23 EheG, dass die zweite Ehe als wirksam zu behandeln war. Schon zuvor hatten Landessozialgerichte auf diese Norm zurückgegriffen.[301] In rentenrechtlichen Fällen werden die Ansprüche auf die Ehefrauen aufgeteilt.[302] Für das Sozialrecht ist dies mittlerweile in § 34 Abs. 2 SGB I normiert.

2 Bedeutung im Staatsangehörigkeitsrecht

Eine besondere Relevanz kommt der Mehrehe im Staatsangehörigkeitsrecht zu. Eine Ehe mit einem deutschen Staatsangehörigen führt über § 9 StAG zu einer Erleichterung der Einbürgerung. Gemäß jener Norm muss allerdings auch eine Einordnung in die deutschen Lebensverhältnisse gewährleistet sein. Daran fehlt es gemäß Nr. 9.1.2 der Allgemeinen Verwaltungsvorschrift zum

---

298 Dies ist Hintergrund der konkreten Formulierung des § 172 S. 1 Nr. 2 StGB, vgl. BT-Drs. 18/5901, S. 25; vgl. ferner LG Hamburg IPRspr 1990 Nr. 65; LK/*Dippel*, § 172 Rn 5ff.; *Fischer*, § 172 Rn. 3; Lackner/*Kühl*, § 172 StGB Rn. 3; Schönke/Schröder/*Lenckner/Bosch*, § 172 Rn. 3ff.; MüKo-StGB/*Ritscher*, § 172 Rn. 12; Satzger/Schluckebier/Widmaier/*Wittig*, § 172 Rn. 4, 7; BeckOK-StGB/*Ziegler*, § 172 Rn. 4.

299 StA München NStZ 1996, 436; LK/*Dippel*, § 172 Rn. 11; Schönke/Schröder/*Lenckner/Bosch*, § 172 Rn. 5.

300 BSGE 43, 238 (242).

301 LSG Berlin FamRZ 1976, 349 (350); LSG Mainz SozVers 1972, 276 (278).

302 Vgl. BGH NVwZ 2013, 1568; BSGE 87, 88; 51, 40; 43, 238; BSG FamRZ 1995, 600; BSG FamRZ 1995, 600; 1985, 384; 1980, 135; LSG Berlin FamRZ 1976, 349; LSG Mainz SozVers 1972, 276, vorausgesetzt auch in BSG HVBG-INFO 1999, 1262; offen gelassen in ArbG Stuttgart AE 2009, 155, juris-Rn. 31; zum Recht des europäischen öffentlichen Dienstes EuGöD v. 1.7.2010, Az. F-45/07.

Staatsangehörigkeitsrecht (StAR-VwV) in Übereinstimmung mit der Rechtsprechung[303] in der Regel, „wenn der Einbürgerungsbewerber die Ehe mit dem deutschen Staatsangehörigen geschlossen hat, obwohl er zu diesem Zeitpunkt bereits verheiratet war, oder nach Eingehung der Ehe mit dem deutschen Staatsangehörigen erneut geheiratet hat." Im Rahmen der Ermesseneinbürgerung gemäß § 8 StAG ist die Einordnung in die deutschen Lebensverhältnisse maßgebliches Ermessenskriterium,[304] sodass das Führen einer Doppelehe wiederum auch ohne eine Verurteilung nach § 172 StGB (dann wäre bereits § 8 Abs. 1 Nr. 2 StAG einschlägig) der Einbürgerung entgegensteht.[305] Die Einordnung in die deutschen Lebensverhältnisse ist auch bei Unwirksamkeit der Mehrehe nicht gewährleistet.[306]

Dem im Rahmen der Anspruchseinbürgerung gemäß § 10 Abs. 1 Nr. 1 lit. a) StAG (früher: § 85 Abs. 1 Nr. 1 AuslG) erforderlichen Bekenntnis zur freiheitlich-demokratischen Grundordnung steht das Führen einer Mehrehe hingegen – jedenfalls nach Auffassung des VGH Mannheim – nicht entgegen.[307] Auch kann die Anspruchseinbürgerung rechtswidrig sein, wenn sich der erforderliche achtjährige Aufenthalt im Bundesgebiet nachträglich wegen Rücknahme der Aufenthaltstitel als nicht i.S.v. § 10 Abs. 1 S. 1 StAG rechtmäßig erweist,[308] etwa, weil die

---

303 VGH München v. 10.3.2011, Az. 5 ZB 10.1170, juris-Rn. 4; OVG Lüneburg StAZ 2008, 110 (112f.); OVG Berlin-Brandenburg v. 19.10.2006, Az. OVG 5 B 15.03, juris-Rn. 15; VGH Kassel AuAS 2002, 76 (77); OVG Münster FamRZ 1997, 1147 (1149f.); VG Darmstadt v. 20.8.2008, Az. 5 E 840/07, juris-Rn. 16; VG Minden v. 5.12.2007, Az. 11 K 812/07, juris-Rn. 34ff. (im Rahmen von § 8 StAG); VG Saarlouis v. 28.10.2005, Az. 12 K 235/04, juris-Rn. 19; VG Berlin v. 4.4.2005, Az. 2 A 32/05, juris-Rn. 6; VG Gießen v. 7.6.2004, Az. 10 E 2666/03, juris-Rn. 27; VG Braunschweig v. 4. 11.2003, Az. 5 A 308/03, juris-Rn. 49; VG Schleswig NordÖR 2001, 315 (316).

304 VG Minden v. 5.12.2007, Az. 11 K 812/07, juris-Rn. 18f.; StAR-VwV Nr. 8.1.2.1.; *Hailbronner*/Maaßen/*Hecker*/Kau, § 8 StAG Rn. 57.

305 VG Minden v. 5.12.2007, Az. 11 K 812/07, juris-Rn. 34ff. (im konkreten Fall zulasten der zweiten Ehefrau); vgl. auch *Hailbronner*/Maaßen/*Hecker*/Kau, § 8 StAG Rn. 63.

306 OVG Berlin-Brandenburg v. 19.10.2006, Az. OVG 5 B 15.03, juris-Rn. 15; VG Minden v. 5.12.2007, Az. 11 K 812/07, juris-Rn. 40f.; VG Saarlouis v. 28.10.2005, Az. 12 K 235/04, juris-Rn. 23f.; VG Braunschweig v. 4. 11.2003, Az. 5 A 308/03, juris-Rn. 47ff.

307 FamRZ 2017, 1529; a.A. VG Gießen, Urt. v. 7.6.2004, Az. 10 E 2666/03, juris-Rn. 23, 27; offen gelassen durch VG Würzburg v. 8.12.2014, Az. W 7 K 13.962, juris-Rn. 17; VG Karlsruhe VBlBW 2014, 150 (151f.).

308 VGH München v. 30.1.2013, Az. 5 BV 12.2314, juris-Rn. 23; OVG Münster IPRspr 2009 Nr. 61, juris-Rn. 172 (jeweils noch zu § 85 AuslG).

Aufenthaltstitel – wie oft in Fällen bi- oder polygamer Anspruchssteller – durch Täuschung über familiäre Verhältnisse erwirkt wurden.

Bereits zuvor bejahten zwei Gerichte die Voraussetzungen der Einbürgerung für ehemalige Bi- oder Polygamisten, deren erste Ehe in der Zwischenzeit geschieden war, nach § 10 Abs. 1 StAG, jedenfalls aufgrund der besonderen Umstände des Falles.[309] Das BVerwG entschied wiederum gegen die Rücknahme einer durch falsche Angaben zur im Ausland geschlossenen Ehe erschlichenen Einbürgerung wegen des zu langen zeitlichen Abstandes zwischen der Aushändigung der Einbürgerungsurkunde und der Rücknahme.[310] Dass Bi- oder Polygamisten die Behörde über ihre familiären Verhältnisse täuschen und ihre Einbürgerung nach Bekanntwerden des Sachverhalts zurückgenommen wird, kommt nicht selten vor.

3 Bedeutung im Aufenthaltsrecht

Im Aufenthaltsrecht regelt § 30 Abs. 4 AufenthG, dass jeweils nur ein Ehegatte eines in Deutschland lebenden Ausländers eine Aufenthaltserlaubnis wegen Ehegattennachzugs erhalten kann. Die Mehrehe steht dem Aufenthaltsrecht weiterer Ehegatten aus anderen Gründen allerdings nicht entgegen.[311] Relevanter für die Frage, inwiefern Polygamisten Aufenthalt in Deutschland nehmen können (was jedenfalls rein faktisch die Bildung eines gewöhnlichen Aufenthalts i.S.d. EuErbVO erleichtert), ist ihre eigene aufenthaltsrechtliche Behandlung. Häufig versuchen Ausländer durch die Ehe mit einem deutschen Staatsangehörigen unter Verschweigung einer bereits bestehenden Ehe Aufenthaltstitel (und in der Folge die deutsche Staatsangehörigkeit) zu erlangen.[312] Zur Eheführung erteilte Aufenthaltstitel knüpfen gemäß § 27 Abs. 1 AufenthG (zuvor: § 17 AuslG) an den Schutzbereich des Art. 6 GG und damit das Prinzip der Einehe an, sodass ein Bi- oder Polygamist (bzw. dessen weiterer Ehegatte) nicht davon profitiert.[313] Auch

---

309 VG Karlsruhe VBlBW 2014, 150 (152); VG Köln v. 13.4.2011, Az. 10 K 201/10, juris-Rn. 52ff. (aus einem anderen Grund geändert durch das OVG Münster v. 14.01.2016, Az. 19 A 1214/11).

310 BVerwGE 130, 209; ebenso OVG Saarlouis v. 3.7.2008, Az. 1 A 396/07; vgl. nunmehr § 35 Abs. 3 StAG.

311 OVG Lüneburg AuAS 2006, 74 (75); auf Basis älterer Rechtslagen BVerwGE 71, 228 (230ff.); OVG Koblenz InfAuslR 2004, 294 (295f.); OVG Lüneburg InfAuslR 1992, 364, juris-Rn. 24ff.; VG Gelsenkirchen FamRZ 1975, 338 m. zust. Anm. *Jayme*.

312 Vgl. dazu schon *Gaaz*, StAZ 1997, 141 (141f.), ferner unten vor Fn. 348.

313 VGH München v. 28.6.2013, Az. 10 B 11.2217, juris-Rn. 50; v. 20.9.2012, Az. 19 ZB 12.1396, juris-Rn. 19; OVG Lüneburg v. 29.6.2010, Az. 11 LA 477/09, juris-Rn. 5ff.; OVG Saarlouis FamFR 2010, 216; OVG Münster IPRspr 2009 Nr. 61 (S. 140f.); VGH

im Rahmen der Prüfung eines Duldungsanspruchs sind bi- und polygame Ehen nicht zu berücksichtigen.[314] Hingegen können Aufenthaltstitel (und Duldungen) mehrfach Verheirateter auf anderen Gründen beruhen: Nicht alle Aufenthaltstitel erfordern die Gewährleistung der Einfügung in die deutschen Lebensverhältnisse, keiner ein Bekenntnis zur freiheitlich-demokratischen Grundordnung.

Mannheim FamRZ 2008, 787; FamRZ 2007, 144 (144); StAZ 2006, 298 (298); VG München v. 8.11.2007, Az. M 24 K 06.3979, juris-Rn. 29ff.; VG Augsburg v. 5.1.2005, 8.3.2005, Az. Au 1 K 04.697, juris-Rn. 29ff. bzw. 27ff.; VG Hamburg v. 9.2.1999, Az. 13 VG 3697/98, juris-Rn. 25; BT-Drs. 11/6321 S. 60; *Hailbronner*, § 27 AufenthG Rn. 24; mit abweichender Begründung VG Dessau v. 7.10.2003, Az. 3 A 76/03, juris-Rn. 27ff.; a.A. ohne auf die in der gleichen Kammer zuvor selbst vertretene h.M. einzugehen VG Augsburg v. 27.1.2009, Az. Au 1 K 08.684, juris-Rn. 26.

314 OVG Münster FamRZ 2009, 1145.

D. Empirische Daten zu Mehrehen in Deutschland

Eine umfassende Statistik zu Mehrehen in Deutschland gibt es nicht. Das Jahrbuch des Statistischen Bundesamtes enthält zwar Zahlen zu Eheaufhebungen, schlüsselt die aufgehobenen Ehen aber nicht nach dem Aufhebungsgrund auf. Gemäß diesem sind etwa 2015 insgesamt 169 Ehen aufgehoben worden.[315] Einen nennenswerten Anteil unter den behördlichen Aufhebungsverfahren stellen Mehrehen wohl dar.[316] Bei wie vielen bigamen Ehen keine solche Aufhebung erfolgt, lässt sich erst recht schwer einschätzen. Eine sehr hohe Anzahl polygamer, aber rein kultisch geschlossener Ehen wird in Deutschland mitunter für einzelne islamische Milieus vermutet.[317] Aus der Sicht des deutschen Rechts liegt eine Ehe nach einer religiösen Trauung jedoch nur dann vor, wenn die Anknüpfung über Art. 11 EGBGB zu einer Rechtsordnung führt, die eine solche Eheform vorsieht. In Deutschland ist gemäß Art. 13 Abs. 4 EGBGB außer in den Fällen des Art. 13 Abs. 4 S. 2 EGBGB stets eine standesamtliche Trauung erforderlich, sodass hier geschlossene „Imam-Ehen“ für diese Statistik außer Betracht bleiben. Vor allem in vielen islamischen Rechtsordnungen sind die Anforderungen an die Form allerdings gering[318] und führt ihre Nichteinhaltung nicht zur Unwirksamkeit[319]. Werden solche Ehen im Ausland geschlossen, so verweist Art. 11 Abs. 1 2. Var. EGBGB auf die dort geltenden Formvorschriften, sodass das jeweilige ausländische Recht anzuwenden ist. Solche Ehen sind dementsprechend auch in vor deutschen Gerichten zu entscheidenden erbrechtlichen Fällen zu beachten.

---

315 *Bundesamt für Statistik*, Statistisches Jahrbuch 2017, S. 59.

316 Laut Auskunft der insoweit auch für die Regierungsbezirke Detmold und Münster zuständigen Bezirksregierung Arnsberg befanden sich unter ca. 85 in den fünf Jahren bis zum Juni 2015 bearbeiteten Fällen ca. 35 unter dem Gesichtspunkt des § 1306 BGB geprüfte Fälle; vgl. auch *Unbekannter Autor*, S. 7 (55 % der in Bayern insgesamt bearbeiteten Fälle).

317 *Wagner*, DIE WELT v. 30.9.2012; weitere Nachweise bei *Amjahid*, DIE ZEIT 09/2017, S. 51, der den in jenen Quellen zitierten Familienhelfer jedoch mit der Aussage zitiert, die anderen Journalisten lögen oder hätten ihn missverstanden (jedenfalls *Wagner* zitiert allerdings noch andere Personen), und die Zahl von 30 % aller arabischen Männer in Berlin anzweifelt.

318 *Ebert*, Personalstatut, S. 89ff.; *Rohe*, S. 214, 84f.

319 *Rohe*, S. 214, zum klassischen Recht S. 87f.

Um wenigstens einen groben Eindruck über wirksame Mehrehen in Deutschland zu erhalten, wurden etwa 200 Fälle (die Sachverhalte mehrerer gerichtlicher Entscheidungen gelten hier als ein einziger Fall, wenn die in Mehrehe lebende(n) Person(en) identisch ist/sind, auch wenn es sich um verschiedene Verfahren handelt) durchgesehen, die eine Recherche nach bis zum 31.12.2015[320] ergangenen Entscheidungen in der Internet-Datenbank Juris zu den Begriffen „Vielehe", „Mehrehe", und „Polygamie" sowie zu §§ 1306 BGB, 5, 20 EheG ergab. Von den bei einer Suche nach „Doppelehe" bzw. „Bigamie" ausgeworfenen Treffern wurden lediglich die gerichtlichen Entscheidungen ab 1985 vollständig durchgesehen: Zu diesen Begriffen ergab eine Recherche bei Juris bereits im Sommer 2015 jeweils 308 Entscheidungen, sodass hier eine Begrenzung geboten erschien, zumal ohnehin nicht alle jemals gefällten Entscheidungen bei Juris dokumentiert sind. Diese Fälle wurden nur berücksichtigt, soweit sie auch eine Suche nach einem der anderen Suchbegriffe auswirft. Eine Grenzziehung bei 1985 bot sich an, weil sich in jenem Jahr erstmals ein oberstes deutsches Bundesgericht zu polygamen Ehen äußerte.[321] Bei diesem kann davon ausgegangen werden, dass es sämtliche zuvor ergangenen Urteile zu polygamen Ehen[322] zitiert, weshalb von einer vollständigen Erfassung wenigstens dieser ausgegangen werden darf. Zudem sind ab Mitte der 1980er Jahre ergangene Urteile bei Juris in höherem Umfang erfasst als in den Vorjahren ergangene Urteile. Nicht zuletzt ist in den Sachverhalten älterer Urteile der Anteil mittlerweile verstorbener Personen höher, sodass sie für eine Einschätzung der aktuellen erbrechtlichen Relevanz von Mehrehen weniger hilfreich sind. Nicht beachtet wurden auch ein Fall, in dem der in dem Sachverhalt genannte Bigamist bereits vor 1945 verstarb,[323] und fünf Fälle mit Sachverhaltsdarstellungen, in denen jedwede in den folgenden Statistiken zu erfassende Informationen fehlen[324]. Um noch weitere Grenzziehungen

---

320 Die Recherche wurde im Sommer 2014 durchgeführt. Danach bis zum 31.12.2015 ergangene Entscheidungen wurden noch hinzugefügt, nachträglich in Juris eingepflegte ältere Entscheidungen hingegen nicht. In den Jahren 2016 und 2017 ergangene Entscheidungen zu diesen Suchkriterien werden noch in einzelnen Fußnoten und unter VII. berücksichtigt und sind als solche gekennzeichnet. Alle vier sind in Anhang A. mit aufgeführt.

321 BVerwGE 71, 228.

322 VG Gelsenkirchen FamRZ 1975, 338; LG Frankfurt FamRZ 1976, 217.

323 VG Köln v. 20.2.2008, Az. 10 K 1056/06 (der Großvater der Klägerin starb 1941).

324 KG FamRZ 1977, 481; OVG Lüneburg StAZ 2005, 146, OVG Münster v. 25.4.2007, Az. 19 A 3047/06, VGH München v. 29.9.2009, Az. 5 ZB 09.1137; VG München v. 4.11.2015, Az. M 7 K 15.3788.

zu verhindern, wurden auch Fälle berücksichtigt, in denen der Bi- oder Polygamist während des gleichzeitigen Bestandes mehr als einer Ehe nicht in Deutschland lebte, solange überhaupt ein Bezug zu Deutschland vorhanden war. Erfasst wurde im Übrigen jeder Fall, in dem mehrere Eheschließungen erfolgten, sofern die Wirksamkeit mehr als einer Ehe aus deutscher Sicht jedenfalls denkbar ist. Keine Treffer ergab eine Recherche nach „Dreifachehe" etc.

I Vorbemerkung zu ausländischem und internationalem Privatrecht

Die für die praktische Relevanz der Mehrehe wichtige Frage, ob die weitere Ehe überhaupt wirksam ist, bestimmt sich in vielen der gefundenen Fälle nach ausländischem Privatrecht. Manch ausländisches Recht wirft dabei Probleme auf: So hat der ägyptische Gesetzgeber die Bezeichnung der rein religiösen Eheschließung als unwirksam vermieden, aber Klagen aus solchen Ehen ausgeschlossen. Ob diese Verbindungen als Ehen im rechtlichen Sinne anzusehen sind, hatte noch kein deutsches Gericht zu entscheiden.[325]

Nach indischem Recht ist die bigamische Ehe eines Hindus absolut nichtig.[326] Aus einer solchen „Ehe" erwächst der Ehefrau allerdings ein Erbrecht.[327] Lebte jemand, dessen Erbfolge sich nach deutschem Recht bestimmt, in einer solchen „Ehe", wird man diese berücksichtigen müssen, da man ansonsten auf die fehlerhafte Ehe nicht das ärgere Recht, sondern nur die Rechtswirkungen, die nach beiden Eherechten bestehen, anwenden würde. Als nichtige Ehen werden sie in dieser Statistik jedoch nicht berücksichtigt.[328] In vielen Sachverhalten mit Bezug zu Indien, meist aufenthalts- oder staatsangehörigkeitsrechtliche Streitigkeiten, fehlt eine Angabe zur Religionszugehörigkeit des Bi- oder Polygamisten. Da das dortige islamische Recht die Polygamie aber erlaubt, besteht in vielen Fällen die Möglichkeit, dass die weitere Ehe einer Person entweder polygam und damit gültig oder aber bigam und damit absolut nichtig ist. Es ist also nicht nur die Einordnung nach polygamem oder monogamem Ehestatut, sondern auch die Wirksamkeit überhaupt zweifelhaft.

325 Vgl. aber *Elwan*, FS Jayme, S. 153; *Rohe*, S. 211f.

326 *Mulla/Desai*, S. 648; ebenso bei einer Ehe nach dem Special Marriages Act (Section 24 (1)), vgl. dazu Bergmann/Ferid/Henrich/*Nelle*, Indien S. 70.

327 So jedenfalls Ferid/Firsching/Dörner/Hausmann/*Kainth*, Indien Rn. 35; die dort zitierte Stelle des Werks von *Mulla* und *Desai* trägt diese Aussage allerdings auch in der dort zitierten Auflage nicht.

328 Eine Übersicht über die gefundenen Fälle befindet sich in Fn. 357.

Hingegen wurde dort, wo die Angehörigkeit zu einem Staat, in dem über 96 % der Bevölkerung polygamem Ehestatut unterliegen, feststeht, davon ausgegangen, dass die Zugehörigkeit zu einer Minderheit erwähnt worden wäre. In vielen Fällen ist eine Ermittlung des Personalstatuts seitens des Gerichts notwendig, weshalb davon ausgegangen wurde, dass das betreffende Gericht die Zugehörigkeit zur Bevölkerungsmehrheit gewissermaßen als Normalfall angesehen und deshalb auf eine ausdrückliche Erwähnung verzichtet oder ein Bewusstsein für die interpersonale Rechtsspaltung gefehlt hat, jedenfalls die betreffende Person der Bevölkerungsmehrheit zuzurechnen ist. Formulierungen wie „Der Kläger [...] ist nach marokkanischem Recht mit zwei Frauen verheiratet" sollen sicherlich die Rechtmäßigkeit der Ehe nach dem Heimatrecht zum Ausdruck bringen. Alle Informationen, die Rückschlüsse auf die anwendbare Teilrechtsordnung ermöglichen, sind in den Sachverhaltszusammenfassungen im chronologisch sortierten[329] Anhang A enthalten.

Zum anwendbaren Ehestatut gelangt man gelegentlich über einen *renvoi*. Vor allem die besonders relevanten islamischen Rechtsordnungen knüpfen allerdings meist selbst über die Staatsangehörigkeit an – sogar die durch das *common law* geprägten südasiatischen Rechtsordnungen korrigieren die grundsätzliche Anknüpfung über das *domicile* insofern, als auf Muslime (der eigenen Staatsangehörigkeit) auch bei fremdem *domicile* islamisches Eherecht angewandt wird.[330] Ein etwas anderes Bild bietet sich in den internationalen Privatrechten Zentral- und Südafrikas, wo manche Rechtsordnungen ohne solche Ausnahmen auf das *domicile* abstellen.[331] Da sich keine der aufgefundenen Entscheidungen dort, wo er eventuell einschlägig sein könnte, zu einem *renvoi* äußert und daher Feststellungen in Bezug auf das *domicile* in den entsprechenden Fällen fehlen, blieb

---

329 Zwecks besserer Auffindbarkeit der Fälle gilt dies auch für die Fußnoten dieses Kapitels.

330 Staudinger/*Hausmann*, Anh. zu Art. 4 EGBGB Rn. 748ff.; Bergmann/Ferid/Henrich/*Lewenton*, Indonesien S. 26ff.; Bergmann/Ferid/Henrich/*Nelle*, Indien S. 50f.; auch Bergmann/Ferid/Henrich/*Wähler/Hecker/Trabzadah*, Afghanistan S. 15; Bergmann/Ferid/Henrich/*Weishaupt*, Bangladesch S. 18; Bergmann/Ferid/Henrich/*Weishaupt*, Pakistan S. 26f.; für deutsch-iranische Fälle gilt Art. 8 Abs. 3 des Niederlassungsabkommens zwischen dem Deutschen Reich und dem Kaiserreich Persien; vgl. auch *Yassari*, Brautgabe, S. 274ff.

331 Vgl. etwa Staudinger/*Hausmann*, Anh. zu Art. 4 EGBGB Rn. 829ff.; Bergmann/Ferid/Henrich/*Nelle*, Kamerun S. 36ff.; *Oppong*, S. 183ff.; Bergmann/Ferid/Henrich/*Tuengertal*, Nigeria, S. 9; Bergmann/Ferid/Henrich/*Wanitzek/Döveling/Omondi/Owino*, Kenia S. 24ff.

der *renvoi* im Rahmen dieser Statistik insgesamt außer Betracht. An geeigneten Stellen wird die Problematik eines eventuellen *renvoi* in den Fußnoten zu den Sachverhaltsdarstellungen in Anhang A aufgegriffen.

Bei Flüchtlingen und Staatenlosen richtet sich das Personalstatut aufgrund verschiedener normativer Grundlagen nach dem (gewöhnlichen) Aufenthalt.[332] Da bei vielen in Betracht kommenden Fällen jedoch insoweit Angaben fehlten und die Erfüllung des Art. 12 der Genfer Flüchtlingskonvention von den Gerichten inzident festzustellen ist,[333] wurden diese Normen auch wegen der einheitlichen Erfassung aufenthaltsrechtlicher Fälle lediglich bei Staatenlosen berücksichtigt. Unter V. wird somit ganz allgemein ein Überblick über die Staatsangehörigkeit der betroffenen Personen gegeben.

II Überblick über die gefundenen Fälle

Insgesamt wurden 123 Sachverhalte erfasst, in denen aus Sicht des deutschen Rechts mehr als eine wirksame Ehe einer Person vorliegt, außerdem 15 im Folgenden als unsicher bezeichnete Fälle, in denen lediglich möglicherweise mehr als eine wirksame Ehe vorliegt. Bei zwei Fällen liegt dies an der dargestellten Problematik in Bezug auf Ägypten, bei anderen an der Unklarheit des Sachverhalts, etwa an fehlenden Angaben zur Religionszugehörigkeit. In dem Fall BSGE 47, 68 (Urt. v. 28.9.1978) ergibt sich die Problematik, dass die erste Ehe zum Zeitpunkt der Eingehung der zweiten Ehe bereits durch den Tod des Ehemannes aufgelöst worden sein könnte; in dem Fall BGH FamRZ 2016, 120 ist die Anerkennungsfähigkeit des ausländischen Scheidungsurteils zweifelhaft (eine Anerkennung würde ex tunc wirken[334]). Zusammenfassungen aller Fälle befinden sich in Anhang A, dabei sind bei den unsicheren Fällen die Überschriften kursiv gedruckt. Gegebenenfalls befinden sich dort auch Hinweise auf den rechtlichen Umgang mit einem Fall. Durchgehend wird davon ausgegangen, dass die Gerichte die Anwendung des ärgeren Rechts beachten und somit keine absolut nichtigen Ehen für nichtig erklären oder aufheben. Scheidungen von Nichtehen finden Beachtung in der Fachpresse.[335] Wo also in einem Sachverhalt von einer Auflösung einer Ehe gesprochen wird, wird davon ausgegangen, dass diese zuvor

332 Vgl. nur Palandt/*Thorn*, Anh. zu Art. 5 EGBGB, v.a. Rn. 23.

333 Palandt/*Thorn*, Anh. zu Art. 5 EGBGB Rn. 22 m.w.N.

334 Vgl. oben Fn. 234.

335 Etwa LG Bonn IPRspr 1985 Nr. 54 (zu einem der Scheidung nachfolgenden Rechtsstreit, wie es zu der Scheidung kommen konnte, wird auch aus den Parallelfundstellen nicht klar).

wirksam war. Die Feststellung des Nichtbestehens einer Ehe[336] ist keine Nichtigerklärung. Zudem wird bei Aufhebungen wegen Doppelehe die Wirksamkeit der ersten Ehe vorausgesetzt. In fast allen Fällen kam exakt eine Person vor, von der exakt zwei Ehen aus Sicht des deutschen Rechts als wirksam zu betrachten sind. Fälle, in denen Anhaltspunkte für die Wirksamkeit mehr als zweier Ehen einer einzigen Person bestehen, gab es nur wenige. In dem Fall OVG Lüneburg v. 21.3.2012, Az. 13 LA 245/11 ist von der Wirksamkeit aller drei Ehen des irakischen Flüchtlings auszugehen. In fünf weiteren Fällen (darunter zwei unsichere) waren die Angaben im Sachverhalt nicht ausreichend, erscheint das Vorliegen mehr als zwei aus deutscher Sicht wirksamer Ehen einer einzigen Person aber – je nach Fall – mehr oder minder denkbar.[337]

Vier Sachverhalte enthalten jeweils zwei Fälle, weil in ihnen jeweils zwei Bigamisten auftauchen.[338] In dem Fall BGHZ 30, 140 erscheint es denkbar, dass die Wiederheirat der Ehefrau mangels Anerkennungsfähigkeit der Todeserklärung durch ein polnisches Gericht nicht zur Auflösung der ersten Ehe geführt hat, jedoch hatte das Gericht zu dieser Frage keine Stellung zu nehmen und liegt auch sonst keine Rechtsprechung vor, die Rückschlüsse darauf ermöglichen könnte, ob die erste Ehe weiterhin als wirksam zu betrachten wäre.[339] Für die weiteren Statistiken wird daher davon ausgegangen, dass die Wiederheirat zu einer Auflösung der ersten Ehe geführt hat.

Insgesamt gelangt man somit – die unsicheren mitgezählt – zu 142 Fällen. Die Entscheidungen entstammen folgenden Jahren, in Klammern jeweils die Anzahl an Fällen, bei denen nicht feststeht, ob tatsächlich mehr als eine Ehe einer einzigen Person vorlag:

1959–1985	**1986–2000**	**2001–2015**	**Insgesamt**
36 (1)	39 (5)	67 (9)	142 (15)

336 So etwa LG Hamburg StAZ 1960, 99.

337 OLG Karlsruhe IPRspr 1985 Nr. 53; BSG FamRZ 1995, 600; BayObLG FamRZ 1996, 694; OVG Münster v. 10.9.1997, Az. 17 A 4727/95; VG Darmstadt NVwZ 2003 Beilage Nr I 3, 23.

338 BGHZ 37, 51; BayObLG FamRZ 1976, 700; BSG HVBG-INFO 1996, 783; OLG Naumburg FamRZ 2015, 2054.

339 Zur Problematik knapp BGHZ 30, 140 (146), ausführlich anhand eines ähnlichen Falls *Bosch*, FamRZ 1994, 499 (500ff.); für Gültigkeit aller Ehen *Müller-Freienfels*, JZ 1959, 635 (637f.).

Der Anstieg der Fälle wird durch die steigende Erfassungsdichte der Datenbank Juris jedenfalls mitverursacht, liegt aber auch an der nur eingeschränkten Berücksichtigung vor 1985 entschiedener Fälle. Die Verteilung wäre außerdem wohl nicht denkbar, wenn nicht in Bezug auf die Mehrehe immer wieder neue juristische Fragen aufgekommen wären. Handelt es sich bei den älteren Fällen häufig um Ehenichtigkeitsklagen, so standen bei den jüngeren Fällen Aufenthalts- und Staatsangehörigkeitsrecht im Mittelpunkt. Auch die Abhängigkeit des Umfangs der Veröffentlichungen bei Juris zu in der Rechtsprechung ungeklärten Fragen steht der Repräsentativität der Ergebnisse entgegen.

In manchen der erfassten Fälle lag zum Zeitpunkt der Entscheidung schon gar keine Mehrehe mehr vor, weil eine aus deutscher Sicht wirksame Scheidung erfolgt oder eine Person gestorben ist. Die Sortierung anhand des Entscheidungsdatums vermag somit kein getreues Bild von der Entwicklung zu geben. Ordnet man solche Fälle bei dem Jahr ein, in dem letztmalig (mindestens) zwei aus deutscher Sicht wirksame Ehen einer Person zugleich vorgelegen haben, ergibt sich folgendes Bild:[340]

bis 1985	**1986–2000**	**2001–2015**
47 (1)	46 (6)	49 (8)

Dabei wird – wie auch für die folgenden Statistiken – so getan, als würden die Ehe auflösende Urteile sofort wirksam;[341] bei ausländischen Urteilen wird auf die Anerkennung abgestellt. Insbesondere eventuell divergierende ausländische Rechtslagen würden eine sinnvolle statistische Erfassung andernfalls nicht ermöglichen. Für die erbrechtliche Relevanz ist wegen § 1933 S. 1 BGB ohnehin oftmals gleichgültig, wann ein Scheidungs- oder Aufhebungsurteil wirksam wird. Falls bereits vor dem erfassten Prozess eine Ehe aufgelöst wurde, so ist das Jahr, in dem zuletzt mehr als eine Ehe des Bi- oder Polygamisten bestand, in der Zusammenfassung des Sachverhalts des Falles in Anhang A grau hinterlegt.

III Gewöhnlicher Aufenthalt und Staatsangehörigkeit

Dass an Verfahren vor deutschen Gerichten beteiligte Personen häufiger ihren gewöhnlichen Aufenthalt in Deutschland haben als eine deutsche

340 Nicht berücksichtigen lässt sich selbstverständlich, wenn Ehen noch über das Gerichtsurteil hinaus Bestand hatten.

341 Tatsächlich ist gemäß §§ 116 Abs. 2, 121 Nr. 1, 2 FamFG, 1564 S. 2 BGB Rechtskraft des Urteils erforderlich; vgl. ferner oben Kapitel C.II.1.d).

Staatsangehörigkeit besitzen, ist angesichts der Vorschriften über die gerichtliche Zuständigkeit nicht überraschend. Andererseits haben auch nicht alle an Verfahren vor deutschen Gerichten beteiligte Personen ihren gewöhnlichen Aufenthalt in Deutschland. Eine grobe Einschätzung anhand der sich in den Gerichtsurteilen enthaltenen Daten gelangt zu folgenden Ergebnissen, wobei jeweils auf den Zeitpunkt unmittelbar vor der letzten gerichtlichen Entscheidung bzw. – falls zu diesem bereits nur noch eine Ehe bestand – auf den Zeitpunkt, in dem zuletzt mehr als eine Ehe bestand, abgestellt wird:

Gewöhnl. Aufenthalt	**bis 1985**	**1986–2000**	**2001–2015**	**Summe**
Deutschland	39 (1)	34 (4)	30 (5)	103 (10)
anderswo	6 (0)	6 (1)	8 (0)	20 (1)
keine Vermutung	2 (0)	6 (1)	11 (3)	19 (4)
Summe	47 (1)	46 (6)	49 (8)	142 (15)

Manche Sachverhalte enthielten so wenige für die Frage relevante Informationen, dass auf eine Vermutung verzichtet wurde. Bei Fällen, in denen für einen grenzüberschreitenden Sachverhalt nichts ersichtlich ist (dies waren immerhin 20, größtenteils ältere Fälle), wurde stets ein gewöhnlicher Aufenthalt in Deutschland vermutet.

Allerdings waren zu dem hier erfassten Zeitpunkt auch viele in Mehrehe lebende Personen deutsche Staatsangehörige, bei 52 dieser Personen steht dies fest (davon drei aus in Bezug auf das Bestehen der Mehrehe unsicheren Fällen), bei weiteren 20 kann dies vermutet werden, etwa weil für einen grenzüberschreitenden Sachverhalt trotz hinreichend langer gerichtlicher Sachverhaltsschilderung nichts ersichtlich ist. Angesichts des Umstandes, dass bei älteren Fällen häufig Auslandsbezüge fehlen, ist davon auszugehen, dass bei einer vollständigen Erfassung der Fälle bis 1985 nur noch mehr deutsche Bigamisten festgestellt worden wären. Einzelheiten ergeben sich aus Anhang A.

IV Dauer der Mehrehe

Interessant zur Einschätzung der Relevanz der Mehrehe für das Erbrecht ist ferner, wie lange mehr als eine Ehe der Bi- oder Polygamisten gleichzeitig bestand. Sind derartige Zeitspannen meist kurz, ist die Wahrscheinlichkeit gering, dass ein Erbfall in diesen eintritt. Tatsächlich sind diese Zeitspannen gerade bei den aktuelleren Fällen eher kurz, so etwa bei Fällen, bei denen die Eingehung einer Ehe der in Mehrehe lebenden Person aufenthalts- und staatsangehörigkeitsrechtliche Vorteile brachte. In derartigen Fällen ist es somit unwahrscheinlich, dass die Mehrehe auch noch zum Todeszeitpunkt vorliegt.

Dauer	1953–1985	1986–2000	2001–2015	Summe
0–2 Jahre	6 (0)	7 (1)	7 (0)	20 (1)
2–4 Jahre	3 (0)	5 (0)	5 (0)	13 (0)
4–6 Jahre	0 (0)	4 (0)	4 (0)	8 (0)
6–8 Jahre	4 (0)	8 (0)	2 (0)	14 (0)
8–10 Jahre	1 (0)	0 (0)	1 (1)	2 (1)
10–20 Jahre	8 (0)	4 (0)	7 (1)	19 (1)
20–30 Jahre	5 (0)	2 (0)	1 (0)	8 (0)
über 30 Jahre	6 (0)	2 (0)	1 (0)	9 (0)
noch nach Prozessende	10 (0)	12 (4)	18 (6)	40 (10)
Dauer unklar	4 (1)	2 (1)	3 (0)	9 (2)

Der Fall BGHZ 159, 370 wurde mangels näherer Angaben in der Sachverhaltsdarstellung in der Kategorie 0–2 Jahre eingeordnet. Dort wurde auch der Fall VG Augsburg v. 5.1.2005, 8.3.2005, Az. Au 1 K 04.697 unter Außerachtlassung der möglicherweise nach dem Tod der ersten Ehefrau dritten eingegangenen Ehe eingeordnet. In dem Fall OLG Zweibrücken FamRZ 2004, 950 wurde die Dauer der zweiten Ehe auf über zwei, in dem Fall BSG HVBG-INFO 1996, 783 (er) auf über acht und in dem Fall BVerwG NVwZ 2011, 1277 auf unter sechs Jahre lediglich geschätzt. In dem Fall VGH Mannheim InfAuslR 1997, 450 konnte die Nichtauflösung der ersten Ehe ebenfalls nur vermutet werden, in dem Fall BSG FamRZ 1995, 600 wurde hingegen die Auflösung der ersten Ehe vermutet. In den Fällen VGH München v. 4.5.2005, 5 B 03.1371; VG München v. 8.11.2007, M 24 K 06.3979 und BSG FamRZ 1975, 336 wurden jeweils die Zeiten bestehender Mehrehen zusammenaddiert. Ein Fall, in dem die Mehrehe exakt 2, 4, 6, 8, 10 oder 20 Jahre dauerte, ist nicht vorhanden. Eine Aufschlüsselung der Tabelle befindet sich in Anhang C.

Die Fälle der längsten Mehrehen waren OLG Zweibrücken ZEV 2003,162 = FamRZ 2003, 1697, in dem der Erblasser 1999 circa 48 Jahre nach Eingehung der zweiten Ehe verstarb, ohne dass zuvor eine Auflösung erfolgt wäre, und OLG Stuttgart FamRZ 1986, 1006, in dem eine bigame Ehe nach über 47 Jahren für nichtig erklärt wurde. Andere Fälle verblieben unter 40 Jahren.

Insgesamt wurde in mindestens 18 Fällen die Mehrehe erst durch den Tod des Bi- oder Polygamisten aufgelöst, darunter sind allerdings lediglich zwei im 21. Jahrhundert spielende Fälle.[342] Hierbei handelt es sich häufig um rentenrechtliche Fälle, auch drei erbrechtliche Fälle sind darunter, in denen es allerdings nicht um das gesetzliche Erb- oder Pflichtteilsrecht eines Ehegatten ging. Andererseits ist auch ein Anstieg der Fälle, in denen noch nach dem Prozessende mehr als eine Ehe vorlag, zu erkennen.

342 EuGöD v. 1.7.2010, Az. F-45/07; BGH NVwZ 2013, 1568. All diese Fälle sind in Anhang C durch weiße Schrift auf schwarzem Grund gekennzeichnet.

V Unterscheidung nach polygamem und monogamem Ehestatut

Zudem ist im Rahmen der Klärung der erbrechtlichen Relevanz, insbesondere der Frage nach den Erb- und Pflichtteilsquoten, die Unterscheidung zwischen polygamem und monogamem Ehestatut wichtig. Angesichts der Umstrittenheit des Umgangs mit der Konstellation, dass nur die Partner der zweiten Ehe polygamem Ehestatut unterliegen, folgt eine Aufschlüsselung unter Berücksichtigung des Ehestatuts sämtlicher Beteiligter, jeweils zum Zeitpunkt der letzten Eheschließung. Unter den oben unter D.I. genannten Prämissen ergeben sich 60 Fälle, in denen mindestens ein Beteiligter polygamem Ehestatut unterlag. In 20 Fällen war dies sowohl für den Ehemann selbst als auch seine Ehefrauen der Fall oder zu vermuten, in 20 galt dies (möglicherweise) nur für die Partner der zweiten Ehe, in 18 nur für die der ersten Ehe. In zwei Fällen unterlag der Ehemann selbst einem Bigamieverbot, jedenfalls die zweite Frau aber nicht. Nicht erfasst wurde das polygame Ehestatut in Fällen, in denen eine Frau mehr als einmal verheiratet war,[343] da auch nach dem Heimatrecht eine solche Ehe nicht gültig wäre.

Unter den seltenen Fällen mit mehr als zwei Ehefrauen liegt in OVG Lüneburg v. 21.3.2012, Az. 13 LA 245/11 (drei Ehefrauen) und in VG Darmstadt NVwZ 2003 Beilage Nr I 3, 23 (vier Ehefrauen) ein polygames Ehestatut aller Beteiligten sehr nahe; in drei weiteren Fällen[344] ist ein polygames Ehestatut nur bei einigen der Ehefrauen denkbar, der Mann war hingegen jeweils Deutscher oder Belgier.

Angesichts dessen, dass in manchen gerichtlichen Sachverhaltsdarstellungen auch Angaben zur Staatsangehörigkeit von Beteiligten fehlen, wurde in den Fällen, in denen feststeht, dass entweder der Ehemann oder mindestens eine der Ehefrauen polygamem Ehestatut unterliegt, für andere Beteiligte ein polygames Personalstatut vermutet, wo dieses aufgrund anderer Angaben im Sachverhalt naheliegt.[345] Bei wie vielen der Fälle die Einordnung in die jeweilige Kategorie auf einer bloß vermuteten Staatsangehörigkeit basiert, wird jeweils in eckigen

---

343 Vgl. zu solchen Fällen noch Fn. 359ff.

344 OLG Karlsruhe IPRspr 1985 Nr. 53; BayObLG FamRZ 1996, 694; OVG Münster v. 10.9.1997, Az. 17 A 4727/95.

345 Derlei Vermutungen liegen auch in manchen Fällen sehr nahe, in denen ein polygames Ehestatut für keinen der Partner **feststeht**, zu denken ist etwa an die in Fn. 342 zitierten oder die Fälle mit Bezug zu Algerien. Da diese allerdings nicht in die erste Kategorie eingeordnet werden konnten und sich wegen der mehreren Ehefrauen die Tabelle nur weiter verkompliziert hätte, wurden diese Fälle insgesamt in die Kategorie „Unklar“ eingeordnet.

Klammern angezeigt, diese Fälle sind in den Tabellen in Anhang B durch eine grauen Hintergrund gekennzeichnet.

Polygames Ehestatut	1953–1985	1986–2000	2001–2015	Summe
Alle Beteiligten	6 (0) [2 (0)]	5 (0) [4 (0)]	9 (2) [5 (2)]	20 (2) [11 (2)]
Beide Partner der zweiten Ehe	2 (0) [0 (0)]	9 (2) [2 (0)]	9 (1) [4 (1)]	20 (3) [6 (1)]
Beide Partner der ersten Ehe	1 (0) [0 (0)]	8 (0) [1 (0)]	9 (1) [4 (1)]	18 (1) [5 (1)]
Jedenfalls zweite Ehefrau	0 (0)	0 (0)	2 (0)	2 (0)
Unklar, ob überhaupt gegeben	2 (0)	5 (3)	8 (2)	15 (5)
Summe	11 (0)	27 (5)	37 (6)	75 (11)
Kein Beteiligter oder irrelevant	36 (1)	19 (1)	12 (2)	67 (4)

Dass Fälle von Mehrehen, an denen nur einem monogamen Ehestatut unterworfene Personen beteiligt sind, absolut und relativ zu anderen Fällen tatsächlich stark abgenommen haben, darf vermutet wurden. Für die Zeit bis 1985 hätte man bei vollständiger Erfassung aller bei Juris auffindbaren Fälle nur bzw. ganz überwiegend für diese Kategorie weitere Fälle gefunden. Angesichts zunehmender Migrationsbewegungen, die durch den globalen Bedeutungsverlust der Polygamie wohl nicht ausgeglichen werden, ist auch eine Zunahme der Fälle, in denen Personen mit polygamem Ehestatut vorkommen, nicht abwegig. Ob die Anzahl der Fälle, in denen alle Beteiligten polygamem Ehestatut unterliegen, tatsächlich in etwa konstant geblieben ist, ist weniger sicher. Ein Großteil der in dieser Kategorie erfassten Polygamisten ist nach Deutschland gelangt, als noch mit verschiedenen Staaten, unter denen sich mit Marokko auch ein die Polygamie erlaubender befand,[346] Anwerbeabkommen für ausländische Arbeitnehmer bestanden. Unter den so angeworbenen Arbeitnehmern war es üblich, sich regelmäßig für längere Zeiträume in ihren Heimatländern aufzuhalten – eine Rückkehr nach Deutschland war zunächst noch leicht möglich. So konnten persönliche Bindungen zu den Heimatländern aufrechterhalten werden, weshalb Ehen mit Frauen aus den Heimatländern so häufig vorkamen. Erst infolge des Anwerbestopps 1973 verfestigten sich dann die Bleibeabsichten.[347] Auch einige der jüngeren Fälle (etwa BGH NVwZ 2013, 1568) erfassen noch Polygamisten, die in dieser Zeit nach Deutschland gekommen sind.

Hingegen sprechen bei vielen der jüngeren Fälle, in denen ausländische Männer eine Ehe mit einer Deutschen neben der Ehe in ihrem Heimatstaat führten, gewichtige Indizien (etwa die Betreibung der Scheidung kurz nach der Einbürgerung) für aufenthalts- oder staatsangehörigkeitsrechtliche Gründe für diese Ehe

346 *Oltmer*, S. 10f.
347 *Oltmer*, S. 12.

(in diesen Fällen würde die Einschätzung, ob die Person unter die Genfer Flüchtlingskonvention fällt, besonders schwer fallen),[348] wohingegen polygame Ehen, bei denen die eheliche Lebensgemeinschaft im Vordergrund steht, vielfach rein kultisch geschlossen werden[349] und daher in dieser Statistik überhaupt nicht auftauchen. Allerdings haben in einigen jüngst veröffentlichten Fällen wieder alle Beteiligten ein polygames Ehestatut.[350] In diesen Fällen war offenbar eine Flucht Ursache der Immigration nach Deutschland. Wenn sämtliche Ehen vor der Flucht geschlossen wurden,[351] sind auch die oben erwähnten abweichenden Kollisionsnormen auf diese Ehen nicht anwendbar und sie damit gültig. Markante Ergebnisse liefert auch die Aufschlüsselung nach Staatsangehörigkeiten zum Zeitpunkt der letzten Eheschließung, hier zunächst für die 60 Fälle mit (unter den gemachten Einschränkungen in Bezug auf *renvoi* und Sonderanknüpfungen für Flüchtlinge) feststehendem polygamem Ehestatut mindestens eines Beteiligten:

	1953–1985	**1986–2000**	**2001–2015**	**Summe**
Pakistan	1 (0)	12 (0)	10 (0)	23 (0)
Marokko	2 (0)	6 (0)	5 (0)	13 (0)
Jordanien	5 (0)	1 (0)	1 (0)	7 (0)
Irak	0 (0)	0 (0)	4 (1)	4 (1)
Ägypten	0 (0)	2 (2)	1 (0)	3 (2)
Syrien	1 (0)	1 (0)	0 (0)	2 (0)
Afghanistan	0 (0)	0 (0)	2 (0)	2 (0)
Iran[352]	0 (0)	0 (0)	2 (1)	2 (1)
Libanon	0 (0)	0 (0)	2 (1)	2 (1)
Indonesien	1 (0)	0 (0)	0 (0)	1 (0)
Kamerun	0 (0)	0 (0)	1 (0)	1 (0)
Nigeria	0 (0)	0 (0)	1 (1)	1 (1)
Summe	10 (0)	22 (2)	29 (4)	61 (6)

348 Vgl. dazu auch *Gaaz*, StAZ 1997, 141 (141f.)

349 *Coester-Waltjen/Coester*, FS Hahne, S. 21 (21f., 31f.).

350 Etwa VG Würzburg v. 8.12.2014, W 7 K 13.962; VG Berlin v. 16.6.2016, Az. 33 L 171.16 V; VG Karlsruhe v. 6.4.2017, Az. A 2 K 2941/16 (die beiden Letzteren sind wegen des Datums in diesem Kapitel im Übrigen nicht erfasst); wohl auch VG Berlin AuAS 2015, 146.

351 So wohl in allen vier zitierten Fällen.

352 Der Vollständigkeit halber sei noch LG Hamburg IPRspr 1974 Nr. 50 erwähnt, der nicht aufgrund der oben genannten Suchkritierien, sondern zufällig im Rahmen der Arbeiten an dieser Dissertation gefunden wurde. In jenem Fall war aufgrund der deutschen Staatsangehörigkeit der zweiten Ehefrau § 20 EheG anwendbar. Im Übrigen enthält auch *Elwan/Menhofer/Otto* noch mindestens einen hier nicht erfassten Fall zu Pakistan.

Die Summe von 61 kommt dadurch zustande, dass der Fall LG Frankfurt FamRZ 1976, 217 wegen des jordanischen Ehemannes und der indonesischen Ehefrau doppelt auftaucht (daher auch die Summe von 10 in der Spalte bis 1985). In allen anderen Fällen war jeweils nur ein Staat mit einer polygamen Rechtsordnung betroffen. Zahlen dazu, welche Konstellationen einen Bezug zu welchem Staat haben, lassen sich Anhang B entnehmen. Auffällig ist vor allem, dass nahezu alle Fälle, in denen alle Beteiligten polygamem Ehestatut unterliegen, Marokkaner betreffen. Personen dieser Nationalität gelangten besonders früh nach Deutschland, weshalb Polygamisten dieser Nationalität in Deutschland die im Steuer- und Rentenrecht bedeutsamen Gerichtsentscheidungen hervorgerufen haben. Dass es sich bei in Deutschland lebenden Marokkanern besonders häufig um Polygamisten handeln würde, lässt sich jedenfalls nicht schlussfolgern. Dass so viele Fälle einen Bezug zu Pakistan aufweisen, wird wohl auch darauf beruhen, dass wegen der geringen Relevanz des dortigen Personenstandswesens eine Verdeckung der bereits bestehenden Ehe und die Erschleichung von Aufenthaltstiteln und/oder Staatsangehörigkeit durch Eingehung einer weiteren Ehe mit einer Deutschen häufiger versucht wird.

Es weisen also fast alle Fälle einen Bezug zu einer islamisch geprägten Rechtsordnung auf. Eine Berücksichtigung der zehn bzw. 15 Fälle (bei fünf Fällen ist die Wirksamkeit aus Sicht des deutschen Rechts unklar) von Mehrehen, in denen lediglich möglicherweise ein polygames Ehestatut vorliegt, ergibt nur ein geringfügig anderes Ergebnis. Vier haben einen Bezug zu (mindestens) einem zentral- bzw. südafrikanischen Staat, doch waren die gerichtlichen Sachverhaltsdarstellungen überwiegend recht dünn. So fehlten teilweise Angaben zur Staats- und fast immer Angaben zur konkreten Stammesangehörigkeit der Ehefrauen. Bedenkt man allerdings, dass in diesen Staaten sehr viele Stammesgewohnheitsrechte die Polygamie erlauben, so werden doch mehrere Personen mit einem nicht islamischen polygamen Ehestatut erfasst worden sein. Insgesamt überwiegen Fälle mit Bezug zu islamischen Rechtsordnungen allerdings in einem solchen Maße, dass trotz der geringen Repräsentativität der durchgeführten Recherche davon auszugehen ist, dass ein polygames Ehestatut in Deutschland lebender Personen in den meisten Fällen ein islamisches ist.[353] So ist in zwei der

353 Die Berücksichtigung in den Jahren 2016 und 2017 ergangener Entscheidungen stützt dieses Ergebnis weiter (KG FamRZ 2016, 1585; VG Berlin v. 16.6.2016, Az. 33 L 171.16 V; VG Karlsruhe v. 6.4.2017, Az. A 2 K 2941/16; VGH Mannheim FamRZ 2017, 1529): Alle diese Entscheidungen haben einen Bezug zu mindestens einer islamischen Rechtsordnung (drei Mal Syrien, je einmal Afghanistan und Marokko).

15 Fälle, in denen lediglich möglicherweise ein polygames Ehestatut vorliegt, eine algerische Staatsangehörigkeit des in Mehrehe lebenden Mannes wahrscheinlich, in einem eine pakistanische (mindestens) der zweiten Ehefrau. Vier dieser Fälle haben einen Bezug zu Indien, einer einen zu den Philippinen, einer zu Äthiopien. In diesen drei Staaten ist nur Muslimen die Polygamie erlaubt und würde bei abweichender Religionszugehörigkeit eine Nichtehe vorliegen. Der recht dunkle Fall LG Frankfurt NJW 1976, 1096 hat immerhin einen Bezug zu zwei islamischen Staaten, für den noch dunkleren Fall des OVG Münster v. 11.12.2006, Az. 19 B 883/06 steht hingegen nur fest, dass er keinen reinen Inlandsfall darstellt. In keinem der Fälle mit Bezug zu Pakistan ließ sich auch nur ein geringes Indiz für die Zugehörigkeit des Polygamisten zum Hinduismus finden.

Zudem wurden sechs Fälle gefunden, in denen das Personalstatut eines Bigamisten indisches Hindu-Recht ist,[354] gemäß dem trotz der absoluten Nichtigkeit offenbar[355] ein Erbrecht aus der bigamischen Ehe besteht. Zumeist handelt es sich um aufenthaltsrechtliche Fälle, deren Grundstruktur der der meisten Sachverhalte mit Bezug zu Indien oder Pakistan entspricht.

VI Anzahl Kinder

Aus erbrechtlicher Sicht ist zudem die Anzahl der Kinder interessant. Viele gerichtliche Entscheidungen enthalten über diese keine Feststellungen. Das Klischee des kinderreichen Bi- oder Polygamisten kann die Sachverhaltsdurchsicht nicht bestätigen, vielmehr spricht mehr dafür, dass dieses Klischee (jedenfalls in Fällen der Wirksamkeit der mehreren Ehen aus staatlicher Sicht) nicht zutrifft. Sollte dieses Klischee bzw. die sich daraus ergebende Befürchtung überaus geringfügiger Erbquoten der Kinder unterschwellig Hintergrund der h.M. sein, so kann dieser Befürchtung hier entgegengetreten werden. In die Sachverhaltszusammenfassungen in Anhang A flossen alle Hinweise zu der Thematik ein. Nur in 14 Fällen[356] ist von mehr als vier Kindern die Rede:

354 VG Berlin v. 2.6.2004, Az. 13 A 201.02; VG Düsseldorf v. 18.11.2004, Az. 24 K 2720/03; VGH Mannheim v. 11.1.2006, Az. 13 S 2345/05; OLG München FamRZ 2008, 1772; OVG Münster IPRspr 2009 Nr. 61; OVG Saarlouis FamFR 2010, 216; wahrscheinlich ist dies auch in dem Fall OVG Lüneburg FamRZ 2015, 429.

355 Vgl. oben Fn. 327.

356 Ein weiterer Sachverhalt mit fünf Kindern liegt dem jüngeren Beschluss des VG Berlin v. 16.6.2016, Az. 33 L 171.16 V zugrunde.

In den Fällen BFHE 152, 537 v. 25.3.1988, VG Gießen v. 7.6.2004, Az. 10 E 2666/03, VG Berlin v. 4.4.2005, Az. 2 A 32.05, VG Köln v. 13.4.2011, 10 K 201/10 und BVerwG NVwZ 2011, 1277 geht das Gericht von exakt fünf Kindern aus, wobei in den Fällen des VG Berlin und des VG Köln jeweils ein Kind erst nach der Scheidung der zweiten Ehe geboren wurde. In dem Fall BSG FamRZ 1980, 135 sind wohl jedenfalls gemäß der Aussage der zweiten Ehefrau fünf Kinder vorhanden. Mindestens fünf Kinder sind in dem Fall FG Kassel EFG 1996, 315 vorhanden.

Sechs Kinder sind in den Fällen BayObLG FamRZ 1996, 694, BVerwG v. 26.7.2006, Az. 1 B 25/06 (1 C 15/06) und BVerwGE 139, 337 (Urteil v. 19.4.2011) vorhanden. In den Fällen BGH FamRZ 2001, 685, OLG Frankfurt IPRspr 2005 Nr. 42 und VG Saarlouis v. 28.10.2005, Az. 12 K 235/04 waren jeweils sieben Kinder vorhanden. Neun Kinder sind schließlich in dem Fall VG Berlin v. 11.3.2005 und 16.8.2005, Az. 2 A 161.04, elf in dem Fall des VG Würzburg v. 8.12.2014, Az. W 7 K 13.962 vorhanden.

Von „mehreren" Kindern ist zudem in den Fällen OLG Stuttgart FamRZ 1986, 1006 und VG Berlin AuAS 2015, 146 die Rede. Auch in dem Fall des OVG Lüneburg v. 21.3.2012, Az. 13 LA 245/11 liegt das Vorhandensein von mehr als vier Kindern jedenfalls nahe.

VII Sonstige soziologisch interessante Daten

Angesichts des Umstandes, dass eine umfassende Studie zu Mehrehen in Deutschland bislang nicht existiert, sollen hier noch kurz einige weitere Daten aufgeführt werden: Dass ein Bi- oder Polygamist tatsächlich mit seinen Ehefrauen in einem gemeinsamen Haushalt in Deutschland lebt, stellt wohl eher einen Ausnahmefall dar. Unter den in die obigen Statistiken eingeflossenen Sachverhalten ergibt sich dies lediglich bei den Fällen VG Gelsenkirchen FamRZ 1975, 338, BVerwGE 71, 228 v. 30.4.1985, FG Münster EFG 1993, 380, StA München NStZ 1996, 436, OLG Oldenburg IPrax 1998, 491, OVG Koblenz InfAuslR 2004, 294 und BVerwG v. 26.7.2006, Az. 1 B 25/06 (1 C 15/06) aus den gerichtlichen Sachverhaltsdarstellungen (Fälle mit Bezug zu Jordanien, Marokko, Syrien, Ägypten, dem Irak und dem Libanon). In dem Fall FG Köln EFG 1988, 361 lebte der Polygamist mit seinen Ehefrauen in Marokko in einem gemeinsamen Haushalt. Zudem ist in weiteren Fällen das Zusammenleben in einem Haushalt doch recht wahrscheinlich, so etwa in dem Fall des OVG Lüneburg v. 21.3.2012, Az. 13 LA 245/11. Gerade in jüngeren Fällen von Polygamie lebten jedoch beide Ehefrauen in verschiedenen Ländern und wusste möglicherweise jedenfalls eine der beiden nichts von der anderen. Bei Ehen, die lediglich aus aufenthaltsrechtlichen

Gründen geschlossen wurden, ist es zudem denkbar, dass alle drei Ehegatten getrennt voneinander leben. In dem Sachverhalt des jüngeren Urteils des VG Karlsruhe v. 06.04.2017, Az. A 2 K 2941/16 ist davon auszugehen, dass die Beteiligten zusammen in einem Haushalt gelebt haben, falls die Art der Unterkunft in Deutschland dies ermöglicht hat, in dem Sachverhalt des jüngeren Beschlusses des VG Berlin v. 16.6.2016, Az. 33 L 171.16 V war ein solches Zusammenleben beabsichtigt (Fälle mit Bezug zu Afghanistan und Syrien).

Im Rahmen der Entscheidungsdurchsicht wurden zudem 28 Fälle absolut nichtiger Ehen gefunden.[357] Darunter waren auch Fälle, die möglicherweise der in *Amjahids* und *Wagners* zu Beginn dieses Kapitels zitierten Artikeln (Fn. 317) dargestellten sozialen Problematik entspringen.[358] Die gewählte Methode lässt allerdings keine Rückschlüsse auf die Häufigkeit dieses Phänomens in Deutschland zu. In Bezug auf die Kinderzahl waren drei recht markante Fälle dabei: In dem Fall des VG Freiburg v. 14.11.2007, Az. 7 K 1854/05 waren 17 Kinder vorhanden, in den Fällen VG Frankfurt v. 7.10.2002, Az. 1 G 2703/02 und OVG Münster FamRZ 1982, 372 jeweils acht. In den Fällen des VG Freiburg und des VG Frankfurt wurde zudem tatsächlich in einem Haushalt gelebt, dies gilt auch für den Fall des VG Minden v. 5.12.2007, Az. 11 K 812/07.

Auffällig ist ferner, dass es nur selten Frauen sind, die bigamische Ehen schließen. Von den Fällen, in denen die Wirksamkeit der Ehen feststeht, sind

---

357 LG Hamburg StAZ 1960, 99; OVG Münster FamRZ 1982, 372; OLG Hamburg IPRspr 1987 Nr 45; LG Hamburg IPRspr 1990 Nr 65; BayObLG StAZ 1994, 9; OLG Koblenz IPrax 1996, 278; VG Würzburg v. 8.11.1999, Az. W 7 K 99.15; OVG Lüneburg InfAuslR 2001, 333; OLG Frankfurt ZEV 2001, 493 = FamRZ 2002, 705; VG Frankfurt v. 7.10.2002, Az. 1 G 2703/02; VG Berlin v. 2.6.2004, Az. 13 A 201.02; VG Düsseldorf v. 18.11.2004, Az. 24 K 2720/03; VGH Mannheim FamRZ 2007, 144; AG Warendorf FamRZ 2006, 1377 (es wird hier davon ausgegangen, dass es sich bei dem Mullah nicht um einen Richter handelte; vgl. zum Libanon noch Fn. 634); VG Freiburg v. 14.11.2007, Az. 7 K 1854/05; VG Minden v. 5.12.2007, Az. 11 K 812/07; OVG Magdeburg v. 6.12.2007, Az. 2 M 303/07; OLG München FamRZ 2008, 1772; OVG Saarlouis v. 3.7.2008, Az. 1 A 396/07; VG Karlsruhe AuAS 2009, 218; OLG Frankfurt FamRZ 2010, 1560; OVG Münster IPRspr 2009 Nr. 61; OVG Saarlouis FamFR 2010, 216; AG Oberhausen v. 9.6.2011, Az. 37 C 1060/10; OVG Berlin-Brandenburg v. 18.12.2012, Az. OVG 3 B 18.11; SG Aachen ZFSH/SGB 2014, 301; OVG Lüneburg FamRZ 2015, 429; OLG Bremen FamRZ 2016, 828 (dazu enthält das Urteil zwar keine Feststellungen; vgl. aber zur Nichtigkeit einer biandrischen Ehe im Islam Bergmann/Ferid/Henrich, Religiöse Eherechte – Islam, S. 14; *Fyzee*, S. 112).

358 Etwa SG Aachen ZFSH/SGB 2014, 301.

dies 16[359] oder 17 Fälle (in dem Fall OLG Düsseldorf FamRZ 1992, 961 ist unklar, ob die Frau oder der Mann bereits verheiratet war). In dem Fall BSGE 47, 68 v. 28.9.1978 lebte die Frau in Mehrehe, falls der Ehemann 1947 tatsächlich noch gelebt haben sollte, in dem Fall BGH FamRZ 2016, 120, falls das Scheidungsurteil nicht anerkennungsfähig ist. Möglicherweise ist auch der Fall BGHZ 30, 140 hinzu zu zählen.[360] Auch unter den 28 als absolut nichtig feststehenden Doppelehen waren lediglich drei von Frauen geschlossen worden.[361]

359 BGHZ 37, 51 (neben dem Mann); BayObLG FamRZ 1976, 700 (neben dem Mann); OLG Hamm FamRZ 1987, 947; OLG Düsseldorf FamRZ 1992, 815; BSG HVBG-INFO 1996, 783 (neben dem Mann); AG Goslar StAZ 1996, 335; VG Hamburg v. 2.4.1998, Az. 18 VG 867/98; BGH FamRZ 2001, 991; BGHZ 149, 357 v. 9.1.2002; BGHZ 159, 370 v. 23.6.2004; OLG Karlsruhe FamRZ 2005, 370; OLG Zweibrücken FamRZ 2009, 1923; EuGöD v. 1.7.2010, Az. F-45/07; BVerfG v. 25.9.2012, Az. 1 BvL 6/11; VGH München v. 25.6.2013, Az. 10 B 11.2217; OLG Hamburg FamRZ 2014, 1563.

360 S.o. Fn. 339.

361 OVG Koblenz IPrax 1996, 278; VG Würzburg v. 8.11.1999, Az. W 7 K 99.15; OLG Bremen FamRZ 2016, 828.

E. Internationalprivatrechtliche Anwendbarkeit deutschen Erbrechts

Da vor allem Polygamisten die Frage nach der erbrechtlichen Behandlung der Mehrehe aufwerfen, diese allerdings zumindest zum Zeitpunkt der Eingehung der Ehe eine ausländische Staatsangehörigkeit haben mussten, um ein polygames Recht zur Anwendung zu bringen, wird an dieser Stelle auch ein Blick auf die internationalprivatrechtliche Anwendbarkeit deutschen Erbrechts geworfen. Bis zum 16. August 2015 war gemäß Art. 25 Abs. 1 EGBGB die Staatsangehörigkeit des Erblassers der Anknüpfungspunkt für die Anwendbarkeit deutschen Erbrechts. Die deutsche Staatsangehörigkeit können Polygamisten aber kaum erlangen.[362] Auch knüpfen viele polygame Rechtsordnungen das Erbrecht (gelegentlich mit Ausnahmen für Immobilien) über die Staatsangehörigkeit an,[363] sodass ein *renvoi* auf deutsches Erbrecht unwahrscheinlich war. Sieht man von Flüchtlingen ab, deren Personal- und somit auch Erbstatut sich aufgrund verschiedener normativer Grundlagen nach dem (gewöhnlichen) Aufenthalt richtet,[364] konnte sich die Nachlassverteilung eines polygamen Erblassers daher kaum einmal nach deutschem Erbrecht richten.

Für seit dem 17. August 2015 Verstorbene (Art. 83 Abs. 1 EuErbVO) wird nun gemäß Art. 21 Abs. 1 EuErbVO das Erbstatut primär über den gewöhnlichen Aufenthalt des Erblassers angeknüpft, was die praktische Relevanz der Frage, wie sich das deutsche Erbrecht zur Mehrehe verhalten soll, erhöht. Eine Definition des Begriffs „gewöhnlicher Aufenthalt" enthält die EuErbVO nicht, wenn die Erwägungsgründe 23f. einer solchen auch nahekommen. Zu dessen Bestimmung ist entsprechend dem Begriff des gewöhnlichen Aufenthalts nach der Rechtsprechung des EuGH zur Brüssel IIa-VO eine „Betrachtung aller

---

362 S.o. C.IV.2.

363 Staudinger/*Hausmann*, Anh. zu Art. 4 EGBGB Rn. 748ff.; Ferid/Firsching/Dörner/Hausmann/*Kainth*, Indien Rn. 20; Ferid/Firsching/Dörner/Hausmann/*Trabzadah*, Afghanistan Rn. 13; Bergmann/Ferid/Henrich/*Weishaupt*, Bangladesch S. 18; Bergmann/Ferid/Henrich/*Weishaupt*, Pakistan S. 26f.; angesichts von Bergmann/Ferid/Henrich/*Lewenton*, S. 26, erscheint ein *renvoi* aus Indonesien gleichfalls kaum vertretbar; vgl. auch *Yassari*, Brautgabe, S. 274ff.; vgl. aber auch *Oppong*, S. 278ff., insb. S. 290ff.

364 Staudinger/Dörner, Art. 25 EGBGB Rn. 482ff.; Palandt/*Thorn*, Anh. zu Art. 5 EGBGB, v.a. Rn. 23.

Umstände des Einzelfalls, insbesondere der persönlichen und familiären Eingliederung des Erblassers in den (Aufenthalts-)Mitgliedstaat" unter Berücksichtigung der „Erwägungsgründe 23 und 24 der EuErbVO" vorzunehmen.[365] Obwohl bereits im Rahmen der Feststellung des gewöhnlichen Aufenthalts „eine Gesamtbeurteilung der Lebensumstände" des Erblassers vorgenommen werden „sollte" (so Erwägungsgrund 23), ermöglicht Art. 21 Abs. 2 EuErbVO ein Ausweichen auf eine offensichtlich engere Verbindung zu einem anderen Staat, was in Erwägungsgrund 25 begründet wird. Art. 22 EuErbVO ermöglicht zudem eine Rechtswahl des Erblassers zugunsten der Rechtsordnung des Staates, dem er angehört.

Da Art. 75 Abs. 1 EuErbVO bereits bestehenden internationalen Abkommen den Vorrang vor den Normen der EuErbVO einräumt, bleiben aus deutscher Sicht im Verhältnis zur Türkei, zu einigen Nachfolgestaaten der Union der sozialistischen Sowjetrepubliken und – für die Frage der erbrechtlichen Relevanz der Mehrehe bedeutsam – zum Iran die in den vorhandenen Abkommen enthaltenen Normen vorrangig anwendbar.[366] Gemäß Art. 8 Abs. 3 des Niederlassungsabkommens zwischen dem Deutschen Reich und dem Kaiserreich Persien wird auf die Staatsangehörigkeit des Erblassers abgestellt. Die Staatsangehörigkeit anderer Beteiligter ist – anders als im Familienrecht – ohne Relevanz.[367] Auf einen deutsch-iranischen Erblasser ist Art. 8 Abs. 3 des Niederlassungsabkommens nach h.M. überhaupt nicht anwendbar,[368] sodass es bei Art. 21f. EuErbVO verbleibt.

---

365 So KG ZEV 2016, 514 = FamRZ 2016, 1203; ausführlich zum gewöhnlichen Aufenthalt i.S.d. EuErbVO *Kränzle*, S. 220ff.

366 MüKo/*Dutta*, Art. 75 EuErbVO Rn. 7ff.

367 Staudinger/*Dörner*, vor Art. 25 EGBGB Rn. 156; MüKo/*Dutta*, Art. 75 EuErbVO Rn. 10; Ferid/Firsching/Dörner/Hausmann/*Yassari*, Iran Rn. 10; als selbstverständlich vorausgesetzt in OLG Hamm FamRZ 1993, 111 (zur deutschen Staatsangehörigkeit der Ehefrau dort S. 115 oben links).

368 OLG München ZEV 2010, 255 (255) = FamRZ 2010, 1280; MüKo/*Dutta*, Art. 75 EuErbVO Rn. 10; Staudinger/*Mankowski*, Art. 14 Rn. 5a m.w.N.; a.A. Staudinger/*Dörner*, vor Art. 25 EGBGB Rn. 157, der auf die effektive Staatsangehörigkeit abstellt, was jedoch kaum zu anderen Ergebnissen führen kann.

F. Einschätzung der praktischen Relevanz der Mehrehe im Erbrecht

Berücksichtigt man die lange Dauer von Mehrehen und die häufige deutsche Staatsangehörigkeit von Bigamisten in der Vergangenheit, so mag das Fehlen veröffentlichter Rechtsprechung zu Erb- und Pflichtteilsquoten erstaunen – lediglich das KG äußerte sich in einer verfahrensrechtlichen Entscheidung zu einem Sachverhalt, in dem die Vorehen aber wohl alle aufgelöst waren, zur gesetzlichen Erbfolge für den Fall des Vorhandenseins von zwei Witwen.[369] Erklären lässt sich dies dadurch, dass nach dem Tod eines Bigamisten gemäß § 28 Abs. 2 S. 2 EheG 1938 bzw. § 24 Abs. 1 S. 2 EheG 1946 noch immer eine Nichtigkeitsklage durch den Staatsanwalt möglich war und erst das Versterben beider Ehegatten gemäß § 28 Abs. 3 EheG 1938 bzw. § 24 Abs. 2 EheG 1946 zur endgültigen Wirksamkeit beider Ehen führte. Der BGH bejahte die Möglichkeit der postmortalen Nichtigerklärung bigamischer Ehen stets. Die Nichtigkeitsklage soll auch fast immer erhoben worden sein,[370] wofür allerdings in vielen der durchgesehenen Sachverhalte kein Hinweis vorhanden ist – möglicherweise erfolgte die Klage erst nach den bei Juris aufgefundenen Entscheidungen. In Fällen der endgültigen Wirksamkeit der zweiten Ehe wegen Unzulässigkeit der Nichtigkeitsklage wiederum wird es häufig zur Scheidung der Erstehe gekommen sein. Unter den 18 erfassten Fällen, in denen das Bestehen mehr als einer Ehe zum Todeszeitpunkt der mehrfach verheirateten Person feststeht, war bei acht der Sachverhalt bis zum Tod nicht aufgeklärt worden, bei vieren war eine ausländische Scheidung nicht anerkannt und bei dreien unterlag der Verstorbene polygamem Ehestatut.

Die Nichtanerkennung ausländischer Scheidungen ist mittlerweile selten geworden, doch sind in den häufiger werdenden grenzüberschreitenden Fällen bei im Ausland erfolgten Eheschließungen eine Verschleierung der bereits bestehenden Ehe durch den Ehegatten wie auch ein polygames Ehestatut als Ursachen von Mehrehen denkbar. Nunmehr führt wegen § 1317 Abs. 3 BGB eine Aufklärung des Sachverhalts erst nach dem Tode des Bigamisten bei Anwendbarkeit deutschen Rechts stets zur endgültigen Wirksamkeit der zweiten Ehe und somit in den Grenzen von §§ 1318 Abs. 5, 1933 S. 2 BGB auch zu einer erbrechtlichen Berücksichtigung des zweiten Ehegatten. Dass für die

369 FamRZ 1977, 481.

370 So jedenfalls *Muscheler*, JZ 1997, 1142 (1148).

Erbfolge nach einem Bigamisten zwei Ehen zu berücksichtigen sind, ist damit etwas wahrscheinlicher geworden.

Die geringe Relevanz des deutschen Erbrechts für Polygamisten lässt sich hingegen für die Vergangenheit in erster Linie damit erklären, dass diese kaum einmal die deutsche Staatsangehörigkeit erhalten können, sodass unter Geltung des Art. 25 EGBGB a.F. deutsches Erbrecht (mit Ausnahme der in Art. 26 EGBGB a.F. geregelten Formvorschriften für Verfügungen von Todes wegen) nur im Rahmen des Art. 25 Abs. 2 EGBGB a.F. und der Ausnahmeregeln für Flüchtlinge und Staatenlose anwendbar sein konnte. Hier ist unter Geltung der EuErbVO mit einem Anstieg der praktischen Relevanz zu rechnen.

Den jüngsten Fall des Vorliegens mehr als einer Ehe noch zum Todeszeitpunkt behandelt BGH NVwZ 2013, 1568. Dort ging es um die Witwenrente eines im Juni 2005 verstorbenen Marokkaners; die Erbfolge richtete sich damals gemäß Art. 25 Abs. 1 EGBGB a.F. nach dem Heimatrecht, 10 Jahre und drei Monate später wäre wohl gemäß Art. 21 Abs. 1 EuErbVO deutsches Recht anwendbar gewesen. Doch sind unter den jüngeren Fällen mehrere, in denen der mehrfach Verheiratete in aufenthaltsrechtliche Gerichtsprozesse verwickelt war und sich die Lebensphase, in der er seinen gewöhnlichen Aufenthalt in Deutschland hat, nur über eine Teilphase seines Lebens erstreckte. Gerade die Sachverhalte der aufenthalts- und staatsangehörigkeitsrechtlichen Streitigkeiten weisen häufig das identische Grundmuster auf, dass die Person, deren Aufenthaltsrecht oder Staatsangehörigkeit Streitgegenstand ist, sowohl mit einer Person, die über die deutsche, als auch mit einer Person, die über eine ausländische Staatsangehörigkeit verfügt, verheiratet war. Unklar ist, wie häufig solche Fälle aufgedeckt werden.[371] Die Wahrscheinlichkeit, dass eine solche Konstellation zu einem erbrechtlichen Fall führt, ist jedoch eher gering, zu denken wäre an einen unerwartet frühen Tod des Bigamisten oder ein Festhalten an beiden Ehen auch durch die deutsche Ehefrau. Auch wird der Wert des Nachlasses häufig, wenn auch nicht immer,[372] gering sein, sodass der ausländische Ehegatte kaum ein Interesse an einem Erbschein entwickeln und der Sachverhalt im Dunkeln bleiben wird.

371 Dazu auch *Gaaz*, StAZ 1997, 141 (141f.).

372 Der Kläger in dem Fall VG Karlsruhe VBlBW 2014, 150 ist Diplom-Ingenieur. Auch, wenn der Fall einer staatsangehörigkeitsrechtlichen Streitigkeit entspringt, ist er wohl eher untypisch. Möglicherweise war das Aufenthaltsrecht des Klägers niemals problematisch. Als Iraner unterliegt der Kläger zudem dem deutsch-iranischen Niederlassungsabkommen, sodass Art. 21f. EuErbVO ohnehin nicht anwendbar wären.

Auch im Rahmen der jüngeren Flüchtlingsbewegungen, vor allem seit 2015,[373] sind Polygamisten nach Deutschland gekommen, wenngleich deren Zahl kaum einzuschätzen ist. In Syrien soll der Anteil der mit einem Polygamisten verheirateten Frauen 1998 (wohl: unter den insgesamt verheirateten Frauen) 5,1 % betragen haben,[374] für andere arabische Staaten wurde der Anteil der polygamen Ehen (wobei wohl jeweils der Anteil mit Polygamisten verheirateter Frauen an insgesamt verheirateten Frauen gemeint ist) in der jüngeren Vergangenheit auf 2–12 % geschätzt[375]. Ob deren Nachlassabwicklungen zu gerichtlichen Streitigkeiten in Deutschland führen werden, hängt auch von Faktoren wie Remigrationen und den zu erwartenden Nachlassumfängen ab.

Wenn die praktische Relevanz der Mehrehe für das Erbrecht somit seit dem August 2015 gestiegen ist, ist doch keineswegs mit einer Explosion erbrechtlicher Streitigkeiten über den Nachlass von Mehrehen führenden Personen zu rechnen. Im Übrigen hat es Streitigkeiten über den Nachlass mehrfach Verheirateter in der Vergangenheit bereits gegeben. Ein Prozess auf Zahlung eines Pflichtteils nach einer Bigamistin wird in der Sachverhaltsdarstellung des Urteils des EuGöD v. 1.7.2010, Az. F-45/07 erwähnt. In dem Beschluss BGH FamRZ 2016, 120 bzw. (insoweit ausführlicher) OLG Schleswig FamRZ 2015, 76 wird eine erbrechtliche Streitigkeit im Sachverhalt erwähnt, in der um das Erbrecht einer möglichen Bigamistin unter dem Gesichtspunkt des § 1318 Abs. 5 BGB gestritten wird. Vier weitere Entscheidungen erwähnen Mehrehen führende Personen, die letztwillige Verfügungen errichtet hatten,[376] zwei davon behandeln die Frage der Gültigkeit solcher Verfügungen. Somit bleibt es verwunderlich, dass bislang außer dem erwähnten Beschluss des KG keine Entscheidungen zu

373 In unter den Kriterien von Kapitel D. auffindbaren Gerichtsentscheidungen hat sich der Anstieg der Flüchtlingszahlen seit 2015 bislang kaum niedergeschlagen; auffindbar nur VG Berlin v. 16.6.2016, Az. 33 L 171.16 V (Einreise am 1.2.2015) und VG Karlsruhe v. 6.4.2017, Az. A 2 K 2941/16.

374 *Taha*, Cahiers de la Méditerranée 81 (2010), 305 Fn. 45; auch *de Bel Air*, S. 130, nannte 1994 eine Relation von 103,3 verheirateten Frauen zu 100 verheirateten Männern, woraus sich ein Anteil von 4,4 % (wegen der Höchstzahl von vier Ehefrauen) bis zu 6,6 % der mit einem Polygamisten verheirateten Frauen an den insgesamt verheirateten Frauen ergäbe.

375 Nachweise größtenteils aus den 1990er Jahren bei *Ebert*, Personalstatut, S. 98 (auf diesen verweist auch *Rohe*, S. 215), und Staudinger/*Mankowski*, Art. 13 EGBGB Rn. 238; zu den Golfstaaten *Möller*, S. 129; aktuell zu Marokko *Schweizerische Eidgenossenschaft*, S. 15f.

376 BFHE 148, 322 v. 22.10.1986; BayObLG FamRZ 1996, 694; FamRZ 2002, 1227; OLG Zweibrücken ZEV 2003, 162 = FamRZ 2003, 1697.

Erb- und Pflichtteilsrechten nach bi- oder polygamen Erblassern, deren Ehen auch aus Sicht des deutschen Rechts wirksam sind,[377] veröffentlicht worden sind.

§ 1318 Abs. 5 BGB schließt das gesetzliche Erbrecht eines weiteren Ehegatten bei dessen Kenntnis von der Aufhebbarkeit ebenso wie § 1933 S. 2 BGB bei Stellung eines Scheidungs- oder Aufhebungsantrages von vornherein aus. Die praktische Relevanz der Inhalte der Kapitel H., I. und J. ist daher auch im Lichte der nun folgenden Ausführungen zu sehen.

377 Um Nichtehen ging es in den Fällen OLG Frankfurt ZEV 2001, 493 = FamRZ 2002, 705 und AG Oberhausen v. 9.6.2011, Az. 37 C 1060/10.

G. Einschlägigkeit des § 1318 Abs. 5 BGB

I Anwendbarkeit des § 1318 Abs. 5 BGB

§ 1318 Abs. 5 BGB ist auf aufhebbare Ehen anzuwenden. Damit kann die Frage, ob eine Ehe aus Sicht des deutschen Rechts aufhebbar ist, auch in Fällen, in denen kein deutsches Gericht gemäß Art. 3 Brüssel IIa-VO für die Aufhebung international zuständig wäre, Bedeutung erlangen. Zu denken ist etwa daran, dass für die Erbstreitigkeiten eines deutschen Erblassers, der nach Schließung der bigamen Ehe einen gewöhnlichen Aufenthalt außerhalb der EU begründet und Vermögen in Deutschland hinterlassen hat, über Art. 10 Abs. 1 lit. a) EuErbVO ein deutsches Gericht zuständig wird. Sollte § 1318 Abs. 5 BGB erbrechtlich zu qualifizieren sein, müsste außerdem deutsches Erbrecht anwendbar sein. Tatsächlich wird gelegentlich darauf hingewiesen, dass sich § 1318 Abs. 5 BGB an der systematisch falschen Stelle befinde.[378] Dass die Norm erst im Erbfall relevant wird, lässt sich nicht bezweifeln. Jedoch ist Zweck des § 1318 Abs. 5 BGB, die sich durch die bloße Aufhebbarkeit im Vergleich zur Nichtigkeit ergebende Besserstellung der bigamischen Ehe einzuschränken. Andere Rechtsordnungen lösen die Frage der erbrechtlichen Behandlung einer bigamischen oder sonst fehlerhaften Ehe bereits durch die Qualifizierung derselben als nichtig oder wirksam. Auch würde eine erbrechtliche Qualifikation Probleme bei der Substitution der Aufhebbarkeit i.S.v. § 1318 BGB durch ausländische Rechtsinstitute hervorrufen. § 1318 Abs. 5 BGB ist daher eherechtlich zu qualifizieren.

Wenn eine Eheaufhebung gemäß § 1315 Abs. 2 Nr. 1 BGB nicht mehr möglich ist, so ist auch § 1318 Abs. 5 BGB nicht mehr anwendbar.[379] Zwar ergibt sich aus dem Wortlaut der Norm kein Tatbestandsmerkmal der noch bestehenden Aufhebbarkeit der Ehe, sodass hierzu eine teleologische Reduktion erforderlich ist. Ein Ausschluss des Erbrechts in Konstellationen, in denen die Ehe nicht mehr aufgehoben werden könnte, würde einen nicht begründbaren Wertungswiderspruch darstellen. Dass der Gesetzgeber diese Konstellation nicht bedacht hat, zeigt auch die auf § 1318 Abs. 5 BGB nicht recht passende Überschrift. In Fällen, in denen die Aufhebung wegen § 1316 Abs. 3 BGB unzulässig wäre, bleibt § 1318

---

378 *Gernhuber/Coester-Waltjen*, § 14 Rn. 7; BeckOGK/*M. Otto*, § 1318 Rn. 11; Erman/*Roth*, § 1318 Rn. 9a; Staudinger/*Voppel*, § 1318 Rn. 41.

379 Soergel/*Heintzmann*, § 1318 Rn. 40; Erman/*Roth*, § 1318 Rn. 10; Staudinger/*Voppel*, § 1318 Rn. 45 m.w.N.; MüKo/*Wellenhofer*, § 1318 Rn. 14.

Abs. 5 BGB allerdings anwendbar. Eine schwere Härte für einen von vornherein bösgläubigen Ehegatten ist jedoch kaum vorstellbar. Wenn der Antrag auf Aufhebung mit Rücksicht auf die Belange der aus der Ehe hervorgegangen Kinder unterblieben ist, spricht dies ohnehin nicht dagegen, dem bösgläubigen Ehegatten das Erbrecht zu verwehren.

II Kenntnis der Aufhebbarkeit

§ 1318 Abs. 5 BGB schließt das Erbrecht eines Ehegatten für den Fall aus, dass er „die Aufhebbarkeit der Ehe bei der Eheschließung gekannt hat." Der Ehegatte eines Bigamisten, dem die frühere Ehe zum Zeitpunkt der Eheschließung unbekannt war, beerbt den Ehegatten somit ohne Weiteres. Genügt aber die Kenntnis der früheren Ehe zum Ausschluss des Erbrechts oder erfordert § 1318 Abs. 5 BGB auch eine rechtliche Würdigung?

Darüber, dass das Merkmal der Kenntnis der Aufhebbarkeit in § 1318 Abs. 5 BGB ebenso zu verstehen ist wie in § 1318 Abs. 2 S. 1 BGB, besteht Konsens.[380] Ob aber Kenntnis der den Aufhebungsgrund bildenden Umstände genügt[381] oder auch ein wenigstens vages Bewusstsein der rechtlichen Bedeutung erforderlich ist,[382] ist umstritten. *Voppel* und *Finger* weisen darauf hin, dass es allgemeinen Grundsätzen entspreche, keine juristische Bewertung zu verlangen.[383] Dieses Argument bedarf einer Überprüfung.

1 Der Rechtsirrtums bei anderen Kenntnistatbeständen des BGB

„Kenntnistatbestände", Kenntnis eines bestimmten rechtlichen Umstandes als Tatbestandsvoraussetzung enthaltende Normen,[384] befinden sich über das gesamte BGB verstreut. Unter Hinweis darauf, dass der Beweis der Kenntnis als einer inneren Tatsache (man wird ergänzen müssen: in den meisten Fällen)

380 Soergel/*Heintzmann*, § 1318 Rn. 39; Staudinger/*Voppel*, § 1318 Rn. 43; MüKo/*Wellenhofer*, § 1318 Rn. 14.

381 So OLG Bremen FamRZ 2016, 828 (829); Palandt/*Brudermüller*, § 1318 Rn. 2; NK-BGB/*Finger*, § 1318 Rn. 4; Prütting/Wegen/Weinreich/*Friederici*, § 1318 Rn. 4; Johannsen/*Henrich*, § 1318 BGB Rn. 3; BeckOGK/*M. Otto*, § 1318 Rn. 6; Weinreich/Klein/*Pieper*, § 1318 BGB Rn. 4; *Wagenitz/Bornhofen*, S. 197.

382 So Soergel/*Heintzmann*, § 1318 Rn. 11; Staudinger/*Voppel*, § 1318 Rn. 15 m.w.N.; wohl auch RGRK/*Lohmann*, § 1318 Rn. 6.

383 NK-BGB/*Finger*, § 1318 Rn. 4; Staudinger/*Voppel*, § 1318 Rn. 15; vorsichtiger *Gernhuber/Coester-Waltjen*, § 14 Rn. 23.

384 So die Terminologie bei *Bauer*, GS Schultz, S. 21.

ohnehin nur über Indizien möglich ist, ostentative Nachlässigkeit allerdings nicht belohnt werden solle, postuliert *Bauer* – methodisch über eine teleologische Reduktion der Kenntnistatbestände – Informationsobliegenheiten, deren Nichtbeachtung eine Berufung auf den Rechtsirrtum ausschließen soll. In concreto obliegen diese dem Bürger in Bezug auf „die Grundration von Rechtskenntnissen für den Alltag, (…) die auch zum Grundstock der sozialethischen Normen gehören, über die noch ein Konsens erzielt werden kann" und auf Normen, die die ausgeübte „berufliche Tätigkeit insgesamt oder in ihren einzelnen Aspekten bestimmen".[385] *Mayer-Maly* vertrat eine identische Behandlung von Rechtsirrtum und Irrtum über Tatsachen im Rahmen des gesamten BGB und ließ im Rahmen von § 142 Abs. 2 BGB Kenntnis der Tatsachen genügen.[386] *Jörg Mayer*[387] lehnte *Mayer-Malys* radikale Gleichbehandlung zwar ab,[388] empfahl aber, an die „Unterscheidung keine zu unterschiedliche rechtliche Behandlung zu knüpfen", ohne eine umfassende Lehre zur Behandlung des Rechtsirrtums zu vertreten. Auch in Bezug auf Normen, die auf Kenntnis oder Kennenmüssen bestimmter Umstände abstellen, sprach er sich für keine einheitliche Behandlung aus.

Nach Erscheinen von *J. Mayers* Werk ebbte die generelle Diskussion zum Rechtsirrtum im Zivilrecht völlig ab, auch auf die Streitstände zu einzelnen Normen haben die zitierten Werke keinen spürbaren Einfluss entfaltet. Bei den §§ 674[389], 814[390], 892[391], 932 Abs. 2[392] (auf den auch in den §§ 932a ff. abgestellt wird[393]), 937 Abs. 2[394],

385 GS Schultz, S. 21 (28ff., v.a. 36f., das Zitat befindet sich auf S. 31); skeptisch dazu *J. Mayer*, Rechtsirrtum, S. 232.

386 AcP 170 (1970), 133 (179); MüKo[1], § 142 Rn. 21; MüKo[2-4], § 142 Rn. 19.

387 Rechtsirrtum, S. 12 (Zitat), 71, 291ff. u. passim.

388 So auch *Rittner*, FS Hippel, S. 391 (421f.).

389 Staudinger/*Martinek/Omlor*, § 674 Rn. 8; BeckOGK/*Riesenhuber*, § 674 Rn. 9; RGRK/*Steffen*, § 674 Rn. 6.

390 BGH NJW 2016, 1391 (1392); Staudinger/*Lorenz*, § 814 Rn. 4; MüKo/*Schwab*, § 814 Rn. 16f.; jeweils m.w.N.

391 BGH WM 1970, 476 (476; zum besseren Verständnis noch unten Fn. 442); Staudinger/*Gursky*, § 892 Rn. 146; MüKo/*Kohler*, § 892 Rn. 48; jeweils m.w.N.; a.A. *Ratz*, AcP 128 (1928), 309 (321ff.).

392 BGH NJW 1961, 777; MüKo/*Oechsler*, § 932 Rn. 38; Staudinger/*Wiegand*, § 932 Rn. 41; jeweils m.w.N.

393 MüKo/*Oechsler*, § 932a Rn. 4, § 934 Rn. 5, § 936 Rn. 11; Staudinger/*Wiegand*, § 932a Rn. 1, § 933 Rn. 29, § 934 Rn. 8 und 15, § 936 Rn. 7.

394 BeckOGK/*Buchwitz*, § 937 Rn. 42; Staudinger/*Wiegand*, § 937 Rn. 9.

990 Abs. 1[395], 1698a[396], 1944 Abs. 2 S. 1[397], 2079 S. 2[398], 2366[399], 2370 Abs. 1[400] und wohl auch bei §§ 851[401], 1007[402], 1949 Abs. 2 (jedenfalls aber bei Abs. 1)[403] BGB liegt die jeweilige Kenntnis gemäß überwiegender Ansicht nur bei einer zutreffenden rechtlichen Würdigung vor. Bei § 819 BGB stellt jedenfalls die Rechtsprechung „verbal [...] mehrheitlich" auf die rechtliche Würdigung ab, modifiziert diesen Grundsatz allerdings nicht unerheblich; in der Literatur besteht nicht einmal Konsens darüber, ob es zu einzelnen Punkten einen Konsens gibt.[404]

Keine rechtliche Würdigung wird hingegen jedenfalls überwiegend bei §§ 121 Abs. 1 S. 1[405], 122 Abs. 2[406], 169[407], 199[408], 311a Abs. 2[409], 314 Abs. 3[410], 370[411], 406f. (jedenfalls grundsätzlich)[412], 626 Abs. 2 S. 2[413], 729[414],

395 BGH NJW 1977, 31 (34); BGHZ 26, 256 (258f.); MüKo/*Baldus*, § 990 Rn. 4; Staudinger/*Gursky*, § 990 Rn. 11, 31 m.w.N.

396 Staudinger/*Coester*, § 1698a Rn. 5; *Gernhuber/Coester-Waltjen* § 64 Rn. 29; Soergel/*Löhnig*, § 1698a Rn. 7; Soergel/*Strätz*, § 1698a Rn. 2 m.w.N.

397 BGH ZEV 2000, 401 (401) = FamRZ 2000, 1504; MüKo/*Leipold*, § 1944 Rn. 13 m.w.N.; wohl auch Staudinger/*Otte*, § 1944 Rn. 7, 11.

398 Staudinger/*Otte*, § 2079 Rn. 4; a.A. MüKo/*Leipold*, § 2079 Rn. 10; jeweils m.w.N. zur überwiegenden Ansicht.

399 Staudinger/*Herzog*, § 2366 Rn. 11; MüKo/*Grziwotz*, § 2366 Rn. 28 m.w.N.

400 Staudinger/*Herzog*, § 2370 Rn. 8; MüKo/*Grziwotz*, § 2370 Rn. 4 m.w.N.

401 Soergel/*Krause*, § 851 Rn. 4; Staudinger/*Vieweg*, § 851 Rn. 9; MüKo/*Wagner*, § 851 Rn. 6 (verweisen auf § 932).

402 MüKo/*Baldus*, § 1007 Rn. 31; Staudinger/*Gursky*, § 1007 Rn. 14, 17; BeckOGK/*Sponheimer*, § 1007 Rn. 23.

403 RG Recht 1923 Nr. 52; MüKo/*Leipold*, § 1949 Rn. 2 m.w.N.; Staudinger/*Otte*, § 1949 Rn. 6; beide ausdrücklich nur zu § 1949 Abs. 1 BGB.

404 Staudinger/*Lorenz*, § 819 Rn. 6ff. (Zitat); MüKo/*Schwab*, § 819 Rn. 2ff.; jeweils m.w.N.

405 BGH WM 1973, 750 (751); MüKo/*Armbrüster*, § 121 Rn. 5; Staudinger/*Singer*, § 121 Rn. 5, 7 m.w.N.

406 MüKo/*Armbrüster*, § 122 Rn. 22, Staudinger/*Singer*, § 122 Rn. 17.

407 Staudinger/*Schilken*, § 169 Rn. 3 m.w.N.; MüKo/*Schubert*, § 169 Rn. 6.

408 BGH NJW 2014, 3713 (3715); MüKo/*Grothe*, § 199 Rn. 29; Staudinger/*Peters/Jacoby*, § 199 Rn. 62; jeweils m.w.N.

409 MüKo/*Ernst*, § 311a Rn. 44; BeckOGK/*Herresthal*, § 311a Rn. 104.

410 MüKo/*Gaier*, § 314 Rn. 21; NK-BGB/*Krebs/Jung*, § 314 Rn. 51.

411 MüKo/*Fetzer*, § 370 Rn. 6; Staudinger/*Olzen*, § 370 Rn. 10 m.w.N.

412 RGZ 102, 385 (387); OLG Oldenburg WM 1986, 1277 (1278); Staudinger/*Busche*, § 406 Rn. 24, § 407 Rn. 31 m.w.N.; MüKo/*Roth/Kieninger*, § 406 Rn. 9, § 407 Rn. 14.

413 BGH NJW 1996, 1403; MüKo/*Henssler*, § 626 Rn. 297; Staudinger/*Preis*, § 626 Rn. 289.

414 Staudinger/*Habermaier*, § 729 Rn. 7; MüKo/*Schäfer*, § 729 Rn. 9; BeckOK/*Schöne*, § 729 Rn. 5; Erman/*H.P. Westermann*, § 729 Rn. 1.

858 Abs. 2 S. 2[415], 1954 Abs. 2 S. 1[416], 1980[417], 2019 Abs. 2[418], 2082 Abs. 2 S. 1[419] und 2283 Abs. 2 S. 1[420] BGB verlangt.

Eine rechtliche Würdigung ansatzweise verlangende oder zumindest missverständliche Formulierungen befinden sich auch in den Kommentierungen zu § 442 BGB,[421] wohingegen bei den ähnlich formulierten §§ 536b, 640 BGB das Erfordernis einer rechtlichen Würdigung zur Erfüllung des Tatbestandsmerkmals „Kenntnis des Mangels" beim Sachmangel ausdrücklich abgelehnt[422] oder überhaupt nicht erwogen[423] wird. Ihren Ursprung mögen diese Unklarheiten in der Formulierung RG Gruchot 50, 368 (372) haben, wo mit der Kenntnis der „rechtlichen Bedeutung" jedoch lediglich (in Abgrenzung zur Kenntnis nur „der äußeren Fehler") die Kenntnis des Umstandes, dass „der Wert oder die Tauglichkeit der Sache zu dem gewöhnlichen oder nach dem Vertrage vorausgesetzten Gebrauch aufgehoben oder gemindert ist", gemeint ist[424] und eine juristische Bewertung nicht verlangt wird. Der Schutzzweck der Norm erfordert auch keine Kenntnis des kaufrechtlichen Mangelbegriffs und seiner Einschlägigkeit im

---

415 Palandt/*Herrler*, § 858 Rn. 7; Staudinger/*Gutzeit*, § 858 Rn. 62; RGRK/*Kregel*, § 858 Rn. 14; Soergel/*Stadler*, § 858 Rn. 18.

416 BayObLG NJW-RR 1993, 780 (781) = FamRZ 1993, 1367 (insoweit dort nicht wiedergegeben); OLG Hamm FamRZ 1985, 1185 (1186f.); *Kraiß*, BWNotZ 1992, 31 (35); Soergel/*Stein*, § 1954 Rn. 10.

417 Erman/*Horn*, § 1980 Rn. 4; MüKo/*Küpper*, § 1980 Rn. 8; Palandt/*Weidlich*, § 1980 Rn. 6.

418 Staudinger/*Gursky*, § 2019 Rn. 28 m.w.N.; MüKo/*Helms*, § 2019 Rn. 17.

419 BGH FamRZ 1970, 79 (80f.); MüKo/*Leipold*, § 2082 Rn. 5; weitergehend Staudinger/*Otte*, § 2082 Rn. 7ff.; beide m.w.N. zu verschiedenen Ansichten.

420 BGH ZEV 2011, 422 = FamRZ 2011, 1224; Staudinger/*Kanzleiter*, § 2283 Rn. 8a m.w.N.; MüKo/*Musielak*, § 2283 Rn. 3f.

421 Jauernig/*Berger*, § 442 Rn. 3; *von Tuhr*, § 49 Fn. 21; Palandt/*Weidenkaff*, § 442 Rn. 7; deutlich MüKo/*H.P. Westermann*, § 442 Rn. 4 („es genügt, dass der Käufer weiß, dass er die Sache so nicht abnehmen muss"); a.A. BeckOK/*Faust*, § 442 Rn. 15; Erman/*Grunewald*, § 442 Rn. 4; Staudinger/*Matusche-Beckmann*, § 442 Rn. 6 (S. 2 dort lässt keinen Zweifel daran, was sie unter „Erkenntnis des Mangels in seiner rechtlichen Bedeutung" versteht); keine Behandlung in BGH NJW 1981, 2640 (2641); NJW 1961, 1860.

422 LG Krefeld NJW 2013, 401; Staudinger/*Emmerich*, § 536b Rn. 9.

423 Zu § 536b BeckOK/*Ehlert*, § 536b Rn. 4; MüKo/*Häublein*, § 536b Rn. 4; Soergel/*Heintzmann*, § 536b Rn. 2; Erman/*Lützenkirchen*, § 536b Rn. 4; zu § 640 RGZ 149, 401 (402f.); MüKo/*Busche*, § 640 Rn. 36; Staudinger/*Peters/Jacoby*, § 640 Rn. 58; Erman/*Schwenker/Rodemann*, § 640 Rn. 21; Soergel[12]/*Teichmann*, § 640 Rn. 18.

424 Die gleiche Begriffsbedeutung taucht auch in RGZ 149, 401 (402f.) auf.

konkreten Fall, vielmehr soll der Schutz des Gewährleistungsrechts entfallen, wenn dem Käufer die Mangelhaftigkeit des Kaufgegenstandes in dem Sinne, wie sie auch das Gesetz versteht, tatsächlich bewusst ist.

Bei vielen anderen Normen ist selbst in dem durch Julius v. Staudinger begründeten und in dem Münchener Kommentar zum BGB keine Stellungnahme zur Erforderlichkeit der rechtlichen Würdigung zu finden. So ist es etwa bei den Normen, in denen auf die Kenntnis vom Tod einer Person abgestellt wird (etwa § 580 BGB). Grundsätzlich ist auch der Tod ein Rechtsbegriff,[425] doch besteht in den meisten Fällen kein Zweifel über dessen Eintritt, sodass die Frage des Rechtsirrtums im Rahmen jener Norm von geringer Relevanz ist.

2 Gutgläubigkeit und Kenntnis von Vernichtungsgründen

Ein allgemeiner Grundsatz dazu, ob eine rechtliche Würdigung erforderlich ist, besteht somit jedenfalls nicht in Bezug auf sämtliche Vorschriften des BGB, in denen auf Kennen oder Kennenmüssen bestimmter Umstände abgestellt wird. Auffällig sind jedoch die vielen Normen, bei denen sich die Kenntnis oder das Kennenmüssen auf die Vernichtbarkeit eines Rechtsgeschäfts bezieht. Besonders ähnlich sind die Formulierungen des § 1318 BGB mit der des § 142 Abs. 2 BGB. In § 1318 Abs. 5 BGB (ähnlich in § 1318 Abs. 2 BGB) ist ein Nachteil für den, der „die Aufhebbarkeit [...] gekannt hat", in § 142 Abs. 2 BGB ein Nachteil für den, der „die Anfechtbarkeit kannte oder kennen musste", statuiert. Hingegen wird in den §§ 121 Abs. 1 S. 1, 122 Abs. 2, 314 Abs. 3, 1954 Abs. 2 S. 1, 2082 Abs. 2 S. 1, 2283 Abs. 2 S. 1 BGB auf Kenntnis (bei § 122 Abs. 2 BGB: und Kennenmüssen) des Anfechtungs- bzw. Kündigungs*grundes* abgestellt, in § 626 Abs. 2 S. 2 BGB gar auf die *für die Kündigung maßgebenden Tatsachen*. Wenngleich die Formulierungen, in denen der Wortbestandteil „Grund" vorkommt und erst recht die Formulierung in § 626 Abs. 2 S. 2 BGB in sehr viel höherem Maße nahelegen, Kenntnis der tatsächlichen Umstände genügen zu lassen und somit für § 142 Abs. 2 BGB ein Umkehrschluss naheläge, so entspricht dies doch auch bei § 142 Abs. 2 BGB der ganz herrschenden Meinung.[426] Dass in Bezug auf die

---

425 Zur Frage, wann dieser vorliegt, vgl. etwa Staudinger/*Habermann* vor § 1 VerschG Rn. 3ff.; MüKo/*Schmitt*, § 1 Rn. 20ff.

426 BGH NJW-RR 1987, 1456 (1457); LM § 142 BGB Nr. 1 Bl. 52; Erman/*Arnold*, § 142 Rn. 8; BeckOGK/*Beurskens*, § 142 Rn. 50; MüKo/*Busche*, § 142 Rn. 21 m.w.N.; *Frede*, S. 54 m.w.N.; Soergel/*Hefermehl*, § 142 Rn. 14; jurisPK/*Ilmer*, § 142 Rn. 10 m.w.N.; RGRK/*Krüger-Nieland/Zöller*, § 142 Rn. 31; Staudinger/*Roth*, § 142 Rn. 41 m.w.N.; skeptisch *Rittner*, FS Hippel, S. 391 (407); a.A. Enneccerus/*Nipperdey*, § 203 Fn. 6 mit Verweis auf Stellungnahmen zu anderen Normen.

Vernichtbarkeit eines Rechtsgeschäfts im Rahmen des BGB Kenntnis der tatsächlichen Umstände genügt, entspricht somit tatsächlich allgemeinen Grundsätzen. Allerdings widersprach dies bei § 26 Abs. 2 EheG (Nichtigkeit i.S.v. Vernichtbarkeit) – anders als bei § 37 Abs. 2 EheG (Aufhebbarkeit) – der h.M.[427] § 140 BGB als einzige auf eine Kenntnis der Nichtigkeit abstellende Norm des BGB kann in den Vergleich wegen der unterschiedlichen Zweckrichtung nicht miteinbezogen werden: Ein Abstellen auf bloße Tatsachenkenntnis (die in vielen Fällen vorliegen wird) würde meist nicht zu dem bloß hypothetischen Willen, der im Rahmen des § 140 BGB zu ermitteln ist, führen, wohingegen die §§ 121 Abs. 1 S. 1, 122 Abs. 2, 142 Abs. 2, 314 Abs. 3, 1954 Abs. 2 S. 1, 2082 Abs. 2 S. 1, 2283 Abs. 2 S. 1 BGB ebenso wie § 1318 Abs. 2, 5 BGB Nachteile des Kennenden begründen und sich somit für einen Vergleich eignen.

Wenn im Rahmen von § 1318 BGB vielfach die Erforderlichkeit wenigstens eines vagen Bewusstseins der rechtlichen Folgen vertreten wird, so wird dies mitunter damit begründet, dass nicht alle Aufhebungsgründe allgemein bekannt seien. *Coester-Waltjen* weist darauf, dass die Aufhebungsgründe „in ihrer allgemeinen Bekanntheit sehr unterschiedlich" seien, und – wie auch *A. Roth* – im Speziellen auf die unter §§ 1318 Abs. 2 S. 1 Nr. 1, 1303 Abs. 2 BGB gefallene Konstellation des zur Zeit der mit Zustimmung des gesetzlichen Vertreters, aber ohne gerichtliche Genehmigung vorgenommenen Eheschließung Eheunmündigen hin.[428] Eine solche Ehe wäre vor Inkrafttreten des Gesetzes zur Neuordnung des Eheschließungsrechts vom 4.5.1998 gültig gewesen. Allgemein weist auch *Voppel* auf „deutliche Unterschiede der Aufhebungsgründe" hin.[429] *A. Roth* und *Hahn* argumentieren grundsätzlich mit dem durch die Norm bezweckten Vertrauensschutz.[430]

Hingegen wird in den Konstellationen des § 142 Abs. 2 BGB offenbar als selbstverständlich vorausgesetzt – jedenfalls fallen sämtliche Stellungnahmen zu der Problematik sehr knapp aus, eine Begründung fehlt meist völlig –, dass derjenige, der weiß, dass Irrtum, Täuschung, Drohung oder falsche Übermittlung für eine konkrete Willenserklärung ursächlich waren, nicht auf deren Wirksamkeit vertrauen kann oder dass ein solches Vertrauen jedenfalls nicht schutzwürdig

---

427 RGRK/*Lohmann*, § 1318 Rn. 6 m.w.N.; zu den Hintergründen *A. Roth*, FS Schwab, S. 687 (689f.).

428 *Gernhuber/Coester-Waltjen*, § 14 Rn. 23; *A. Roth*, FS Schwab, S. 687 (690); § 1303 Abs. 2 BGB ist zwischenzeitlich dem „Gesetz zur Bekämpfung von Kinderehen" v. 17.7.2017 (BGBl. I S. 2429) zum Opfer gefallen.

429 Staudinger/*Voppel*, § 1318 Rn. 15.

430 BeckOK/*Hahn*, § 1318 Rn. 3; *A. Roth*, FS Schwab, S. 687 (690).

ist. Jedoch läuft wenigstens die Irrtumsanfechtung dem Rechtsbewusstsein – verstanden sowohl im Sinne von Rechtskenntnis als auch im Sinne von Gerechtigkeitsempfinden – der Bevölkerung zuwider.[431] Anders als bei § 1318 BGB wird der Bekanntheitsgrad der Anfechtungsgründe im Rahmen von § 142 Abs. 2 BGB jedoch überhaupt nicht thematisiert. Der der Handhabung vieler anderer Normen entsprechende Weg, aufgrund eines Erfahrungssatzes Kenntnis der Rechtslage zu vermuten,[432] ist jedenfalls versperrt.

Wer den bloßen Irrtum kennt oder lediglich aus Fahrlässigkeit nicht kennt, weiß allerdings oder muss wissen, dass die zur Willenserklärung führende Willensbildung fehlerhaft verlaufen ist, und hat damit wenigstens billigend in Kauf genommen, dass der Erklärende bei Kenntnis der Sachlage die Erklärung so nicht abgegeben hätte, und einen möglichen Irrtum des Erklärenden zu seinem Vorteil ausgenutzt. Dass aber die Selbstbestimmung tragender Grund der Geltung einer Willenserklärung ist, ist ein solch elementarer Ausfluss der unserem Wirtschaftsleben zugrunde liegenden Privatautonomie,[433] dass der diesen Irrtum Kennende nicht schutzwürdig ist.[434] Die Existenz der Irrtumsanfechtung mag grundsätzlich unbekannt sein, doch stellt die Kenntnis der maßgeblichen Tatsachen *als solche* einen vorwerfbaren Umstand dar, der dem Kennenden oder lediglich aus Fahrlässigkeit nicht Kennenden die Schutzwürdigkeit nimmt. Die – geht man von *Goltz*' recht plausiblen Ausführungen aus – dem Gerechtigkeitsempfinden der Bevölkerung entsprechende Risikoverteilung liegt dann auch § 122 BGB zugrunde. Tatsächlich fordern auch Kritiker des geltenden Anfechtungsrechts ein Anfechtungsrecht für den Fall, dass der Erklärungsempfänger den Irrtum veranlasst oder erkannt hat oder hätte erkennen können.[435] Der den Irrtum Kennende kann jedenfalls nicht darauf vertrauen, dass die Risikoverteilung zuungunsten des Irrenden stattfindet. Die h.M. zu § 142 Abs. 2 BGB liegt am äußersten Rand der Wortbedeutung. Sie trifft jedoch zu, weil andernfalls ein nicht nur nach den Wertungen des Anfechtungsrechts, sondern auch nach grundlegenden ethischen Wertungen nicht Schutzwürdiger geschützt würde.[436] Für die Anfechtungsgründe der Täuschung und Drohung kann natürlich auch

---

431 *Goltz*, S. 173; *J. Mayer*, Rechtsirrtum, S. 160, v.a. Fn. 14; interessant auch *Weyers/Sujbert/Eckensberger*, S. 40f.

432 Vgl. die Nachweise bei *Bauer*, GS Schultz, S. 21 (23ff.) und *J. Mayer*, Rechtsirrtum, S. 62ff., 71, 95, 232f., 244.

433 Staudinger/*Singer*, § 119 Rn. 1.

434 Vgl. auch RGRK/*Krüger-Nieland*, § 122 Rn. 4; Staudinger/*Singer*, § 122 Rn. 17.

435 Nachweise bei Staudinger/*Singer*, § 119 Rn. 3.

436 Vgl. auch die Argumentation bei *Bauer*, GS Schultz, S. 21 (36).

nach der allgemeinen Lebenserfahrung davon ausgegangen werden, dass diese Anfechtungsgründe dem Dritten bekannt sind.

3 Schlussfolgerungen für den Umgang mit § 1318 Abs. 2, 5 BGB

Was lässt sich aus dieser Begründung für den Umgang mit dem Rechtsirrtum im Rahmen von § 1318 BGB lernen? Lässt sich der Ausschluss vom Erbrecht und gegebenenfalls vom Unterhalt (§ 1318 Abs. 2 S. 1 Nr. 1 BGB) auch mit der Kenntnis vom jeweiligen Umstand *als solcher* rechtfertigen? In der Tat lässt sich das Verhalten des Bigamisten selbst als verfassungswidrig bezeichnen.[437] Auch ein einen Verstoß gegen § 1304 BGB seitens des anderen Ehegatten kennender Volljähriger lässt sich wohl kaum als schutzwürdig bezeichnen. Für das in § 1318 Abs. 2 BGB relevante Gegenbeispiel der Zustimmung der Eltern bei Verstoß gegen § 1303 Abs. 2 BGB 1998, welches vor Inkrafttreten des Gesetzes zur Neuordnung des Eheschließungsrechts vom 4.5.1998 zu einer gültigen Ehe geführt hätte, ließ sich Selbiges – jedenfalls bei Eheschließungen in zeitlicher Nähe zu jenem Änderungsgesetz – allerdings kaum behaupten; ebenso ist es bei § 1311 BGB jedenfalls für den (schwer vorstellbaren) Fall, dass ein Verstoß gegen jene Norm ohne Täuschung des Standesbeamten stattgefunden hat. Nicht einleuchtend wäre es allerdings, die Formulierung „gekannt hat" abhängig vom Aufhebungsgrund gespalten auszulegen – für ein solches Vorgehen müssten schon gravierende rechtssystematische Gründe sprechen,[438] die sich hier nicht behaupten lassen.

Kenntnis der tatsächlichen Umstände genügen zu lassen, würde sicherlich zum äußeren Begriffshof[439] der „Kenntnis der Aufhebbarkeit" gehören. Auch die Systematik des BGB, das an anderen Stellen Formulierungen wie „Kenntnis des Anfechtungsgrundes" etc. enthält, spricht dagegen, Tatsachenkenntnis genügen zu lassen. Dem lässt sich auch nicht entgegnen, dass der sehr ähnlich formulierte § 142 Abs. 2 BGB keine rechtliche Würdigung verlangt: Jene Norm stellt einen durch die mangelnde Schutzwürdigkeit des den Irrtum etc. Kennenden begründeten Sonderfall dar. Hingegen spricht das dem Konzept der Aufhebbarkeit im Gegensatz zur Nichtigkeit zugrunde liegende *telos* des besonderen Schutzes des gutgläubigen Ehegatten dagegen, den Begriff der Kenntnis der Aufhebbarkeit weit zu verstehen. Dass sich der Gesetzgeber zu der Frage der Erforderlichkeit

---

437 Vgl. OVG Münster v. 25.4.2007, Az. 19 A 3047/06, juris-Rn. 7: „eine verfassungswidrige und gegen § 1306 BGB verstoßende Doppelehe geführt".

438 Vgl. dazu die Nachweise bei *Mayer/Schürnbrand*, JZ 2004, 545 (549 Fn. 45).

439 Vgl. dazu *Looschelders/Roth*, S. 134 m.w.N.

eines Rechtsirrtums Gedanken gemacht hat, liegt eher fern. Die Gesetzesbegründung zu § 1318 Abs. 2, 5 BGB enthält dazu jedenfalls nichts.[440] Aus einem solchen Schweigen zu folgern, dass er die h.M. zur Vorgängervorschrift billigt, spricht angesichts der h.M. zu § 26 EheG, da § 1318 Abs. 5 BGB allein, § 1318 Abs. 2 BGB überwiegend ehemalige Nichtigkeitsgründe enthält, ebenfalls eher für das Erfordernis einer rechtlichen Würdigung. Hierbei handelt es sich dann allerdings nur noch um ein sehr schwaches, zusätzliches Argument. Vor allem sind es das grammatikalische und das systematische Argument, die zu dem Ergebnis führen, dass eine rechtliche Würdigung zur Erfüllung des Tatbestandmerkmals „Kenntnis der Aufhebbarkeit" erforderlich ist.

Die Gegenansicht widerspricht diesem Ergebnis mit dem Argument, dass sich eine solche Kenntnis häufig nicht nachweisen lasse.[441] Tatsächlich lässt es sich, verlangt man eine zutreffende rechtliche Würdigung, in den meisten Fällen nicht vermeiden, mit Erfahrungssätzen zu arbeiten. Eine Behandlung im Rahmen der Beweiswürdigung entspricht auch – worauf bereits *Bauer* hingewiesen hat – der gesetzgeberischen Konzeption zu §§ 892, 2366 BGB.[442] Einen Rechtsirrtum von vornherein für unbeachtlich zu halten, ginge jedenfalls zu weit.

4 Arbeit mit Erfahrungsregeln und teleologische Reduktionen

Was die hier interessierende Mehrehe angeht, so handelt es sich bei ihr um einen Aufhebungsgrund, der in einem solchen Maße allgemein bekannt ist,[443] dass die Arbeit mit einer Regelvermutung aufgrund allgemeiner Lebenserfahrung jedenfalls bei Deutschen unproblematisch ist. Wer nennenswerte Teile seiner Sozialisation in Deutschland erfahren hat, kennt auch das Bigamieverbot. Auch wer nach Deutschland einwandert, wird das Bigamieverbot schnell in Erfahrung bringen, wenn es ihm nicht schon vorher bekannt war. Spätestens die Einbürgerung setzt eine Einordnung in die deutschen Lebensverhältnisse bzw. deren Gewährleistung (im Falle der §§ 8f. StAG[444]), zumindest aber Kenntnisse der Rechts- und Gesellschaftsordnung und der Lebensverhältnisse in Deutschland (im Falle des § 10 StAG) voraus. Gegebenenfalls wird ein Einbürgerungstest durchgeführt, dessen Fragenkatalog, in welchem die sich auf das Bigamieverbot beziehenden

---

440 Vgl. BT-Drs. 13/9416 S. 27, 29; BT-Drs. 13/4898 S. 21 verweist auf §§ 26, 37 EheG gleichermaßen.

441 Johannsen/*Henrich*, § 1318 BGB Rn. 3.

442 *Bauer*, GS Schultz, S. 21 (21f.); *Mugdan* Bd. III, S. 547.

443 *Gernhuber/Coester-Waltjen*, § 14 Rn. 23.

444 Zu § 8 StAG vgl. die Nachweise in Fn. 304.

Fragen[445] sicherlich zu den einfachsten zählen, im Internet durchgesehen werden kann. Auch in dem – allerdings selbst im Rahmen von § 10 (Abs. 5 S. 2 Hs. 2) StAG nur fakultativen – Einbürgerungskurs wird Art. 6 GG thematisiert.[446] Dass das Bigamieverbot nicht kennende Personen eingebürgert werden könnten, ist somit abwegig. Man darf somit auch von einer Zumutbarkeit dieser Kenntnis im Sinne *Bauers* ausgehen. Lediglich in dem überaus unwahrscheinlichen[447] Fall, dass ein Deutscher von der Geburt bis zum Zeitpunkt der Eheschließung ohne Kenntnis der deutschen Rechtsordnung in einer völlig abgelegenen Gegend gelebt hat, in der die Polygamie eine alltägliche Erscheinung darstellt, lässt sich von einer Kenntnis der Aufhebbarkeit nicht einfach ausgehen.

Selbiges gilt für Beteiligte, die selbst polygamem Ehestatut unterliegen. Das Problem besteht bei Eheschließungen in Deutschland wegen Art. 13 Abs. 4 EGBGB und der Prüfpflicht des Standesamtes (§ 13 PStG), die die Eingehung einer bi- oder polygamen Ehe in Deutschland ohne Täuschung des Standesbeamten weitestgehend ausschließt, eher nicht. Bei Eheschließungen im Ausland allerdings erscheint denkbar, dass etwa der weiteren Ehefrau das deutsche Bigamieverbot unbekannt sein mag.

Auch genügt für die von § 1318 Abs. 5 BGB geforderte Kenntnis der Aufhebbarkeit die Kenntnis vom deutschen Bigamieverbot *als solchem* nicht. Vielmehr stellt die Norm auf die Kenntnis der Ungültigkeit der konkret infrage stehenden Ehe ab. Wenngleich die meisten Ehegatten in derartigen Fällen ahnen werden, dass die deutsche Rechtsordnung eine solche Ehe nicht als gültig ansieht, so steht nicht einmal dies in allen denkbaren Konstellationen fest. Denkbar, aber angesichts des Umstandes, dass beispielsweise nahezu alle islamischen Staaten über eine eherechtliche Gesetzgebung verfügen,[448] nicht übermäßig wahrscheinlich ist sogar, dass ein Beteiligter mit der Existenz eines unabhängig von der Religionszugehörigkeit anwendbaren Eherechts eines Staates überhaupt nicht rechnet, weil dieses Phänomen in seiner Umwelt nicht existiert. In Saudi-Arabien etwa war das Zivilrecht bis in die jüngste Vergangenheit hinein unter nur geringer staatlicher Einflussnahme Angelegenheit der religiösen Gerichte, mittlerweile

---

445 Vgl. Anlage 1.I Fragen 252 und 272 der Verordnung zu Einbürgerungstest und Einbürgerungskurs vom 5. August 2008 (BGBl. I S. 1649), geändert durch Artikel 1 der Verordnung vom 18. März 2013 (BGBl. I S. 585).

446 Vgl. Anlage 2.III Modul II Teil 2 lit. a) der Verordnung zu Einbürgerungstest und Einbürgerungskurs vom 5. August 2008 (BGBl. I S. 1649), geändert durch Artikel 1 der Verordnung vom 18. März 2013 (BGBl. I S. 585).

447 Vgl. auch § 4 Abs. 4 StAG.

448 Vgl. allgemein zum Familienrecht *Yassari*, Brautgabe, S. 15f.

wird allerdings sogar über eine Kodifikation des Familienrechts nachgedacht.[449] In anderen Gegenden erlangt staatliches Recht kaum Relevanz,[450] sodass manchem Bewohner die Idee eines staatlichen Eherechts unbekannt bleiben mag, zumal die Ehe in Gegenden, in denen nichteheliche Lebensgemeinschaften nicht vorkommen, wohl weniger juristisch konnotiert, sondern schlechterdings als von staatlichem Handeln unbeeinflusstes soziales Phänomen wahrgenommen werden mag. Damit kann nicht völlig ausgeschlossen werden, dass Beteiligte – insbesondere, wenn ein Zugang zu Bildung fehlt und sie etwa nicht wissen, dass andere muslimische Staaten die Polygamie abgeschafft haben – bei der Eheschließung die Wertungen des deutschen Rechts nicht auch nur erahnen werden. In sehr viel mehr Fällen mag eine Kenntnis beider Ehegatten vom deutschen Bigamieverbot überaus nahe liegen, schlechterdings von ihr ausgehen darf man deswegen aber nicht. Erst recht lässt sich die Kenntnis der für das Wissen um die Aufhebbarkeit erforderlichen internationalprivatrechtlichen Wertungen nicht erwarten; eine diesbezügliche Beweisvermutung scheidet jedenfalls aus. Allein schon deswegen wird in vielen grenzüberschreitenden Sachverhalten von der Kenntnis i.S.v. § 1318 Abs. 5 BGB nicht ausgegangen werden können.

Auch der „Grundstock der sozialethischen Normen“ im Sinne *Bauers* gerät in diesen Konstellationen an seine Grenzen. Internationalprivatrechtliche Wertungen lassen sich einem solchen Grundstock jedenfalls nicht zurechnen und wenn man das Bigamieverbot selbst zu einem solchen zählt (in Fällen mit Bezug zu polygamen Rechtsordnungen etwa über einen naturrechtlichen Ansatz), muss man sich dennoch die Frage stellen, ob die weitere Ehefrau in der weiteren Ehe überhaupt ein die erste Ehe verletzendes Unrecht erblicken konnte. Bedenkt man, dass die konkreten Wertvorstellungen der betreffenden Frau von ihrem jeweiligen Umfeld geprägt sein werden (wobei in einem patriarchalisch geprägten Umfeld auch eine Ignoranz gegenüber dem emotionalen Leid der ersten Ehefrau denkbar ist), so wird sich dies nicht in allen Fällen behaupten lassen.

Eine andere teleologische Reduktion kommt jedoch in Betracht: Wer sich der Kenntnis der Fehlerhaftigkeit verschließt, obwohl sie sich ihm aufdrängen musste, ist so zu behandeln, als wüsste er von ihr. Diese Einschränkung, die oft vertreten, allerdings nie als teleologische Reduktion (teils jedoch als Analogie

449 *Krüger*, FS Geimer, S. 485 (v.a. 490f.); *Mathieu*, Revue internationale de droit comparé 2008, 447 (450f., 454f.); *Nerz*, S. 55ff.; aktuell *Yassari*, Brautgabe, S. 15 Fn. 97.

450 Zu pakistanischen Stammesgebieten *Orywal*, S. 118f.; vgl. ferner *Kohl*, S. 173 und oben Fn. 158; vgl. ferner zu ländlichen Gegenden in Syrien *van Eijk*, S. 135.

zu § 162 BGB) bezeichnet wird,[451] ist notwendig, um den Rechtsblinden nicht zu belohnen. Wer an der Rechtmäßigkeit seines tatsächlich rechtswidrigen Verhaltens zweifelt, wird sich häufig der Einsicht in die Rechtswidrigkeit verweigern und ihm offenstehende, zur Einsicht in die Rechtmäßigkeit führende Wege nicht beschreiten. Oft wird er hoffen, dass der Sachverhalt nicht aufgedeckt und alles „gut gehen" wird. Derjenige, der solchen Zweifeln nachgeht, darf aber nicht schlechter gestellt werden als derjenige, der seine Zweifel verdrängt.

Auch hiervon darf allerdings nicht leichtfertig ausgegangen werden. Bei in Deutschland lebenden Personen kann sich aus dem Vorverhalten ergeben, dass sie Wertungen des deutschen Rechts schon vor der Eheschließung bedacht haben (etwa, wenn der aufenthaltsrechtliche Schutz der Ehe in Anspruch genommen werden sollte) und deswegen eine Ungültigkeit jedenfalls für möglich halten mussten, sich der Einsicht in diese Ungültigkeit aber verschlossen haben. Im Übrigen ist zu bedenken, dass sich ein Beteiligter bei der Eheschließung überhaupt keine Gedanken über die Wertungen des deutschen Rechts gemacht haben mag, zumal rechtliche Wertungen meist erst da relevant werden, wo es Konflikte zwischen den Ehegatten gibt. Selbstverständlich können Partner einer solchen Ehe nicht erwarten, dass das deutsche Recht ihre Ehe als gültig betrachtet. Kenntnis von der Aufhebbarkeit bzw. sich der Einsicht in die Aufhebbarkeit zu verschließen ist aber etwas anderes als das bloße Fehlen eines schutzwürdigen Vertrauens.

5 Inhalt der erforderlichen Kenntnis der Aufhebbarkeit

Wenn in den vorangegangenen Ausführungen von Kenntnis der Aufhebbarkeit bei Nichtjuristen die Rede war, so ist damit keine exakte juristische Bewertung gemeint. Dies entspräche dem Begriffskern der Wendung „Kenntnis der Aufhebbarkeit", doch stellt auch die Gesetzesbegründung allgemein auf eine Bösgläubigkeit des Ehegatten ab. Auf den Bestand der Ehe vertrauen kann aber auch der nicht, dem allgemein bewusst ist, dass die deutsche Rechtsordnung die weitere Ehe nicht hinnimmt, wohingegen die konkrete Ausgestaltung der Aufhebbarkeit (Auflösung der Ehe ex nunc, Rechtsfolgen) nur Juristen geläufig sein kann.

451 Eingehend Staudinger/*Gursky*, § 892 Rn. 162, § 990 Rn. 31 m.w.N.; MüKo/*Kohler*, § 892 Rn. 48 m.w.N.; MüKo/*Leipold*, § 1944 Rn. 13. Die Nachweise beziehen jeweils auch die Rechtsprechung mit ein. Die Formulierung taucht auch in der Diskussion zu § 819 BGB auf, vgl. Staudinger/*Lorenz*, § 819 Rn. 6. Funktional ähnlich ist auch die bei MüKo/*Gaier*, § 314 Rn. 21 m.w.N. beschriebene Obliegenheit; vgl auch MüKo/*Armbrüster*, § 121 Rn. 6 m.w.N.; Staudinger/*Singer*, § 121 Rn. 5f. m.w.N.

Wollte man die exakte juristische Bewertung verlangen, wären zudem Personen, deren Vorstellungen über die rechtliche Behandlung der Bigamie eher der absoluten Nichtigkeit ähneln – was möglicherweise häufig der Fall ist –, gegenüber denjenigen, die von immerhin schwachen Rechtsfolgen ausgehen, privilegiert. Kenntnisse weiter Teile der Bevölkerung von solchen Regelungen sind abwegig; wer bösgläubig eine bigame Ehe eingeht, wird zudem ohnehin meist darauf vertrauen, dass der Sachverhalt nicht aufgedeckt wird.

Es muss daher genügen, wenn dem Ehegatten bewusst ist, dass die Eheschließung „so nicht geht", ihm die Fehlerhaftigkeit also in irgendeiner Form bewusst ist. Dies verlangen auch die meisten derjenigen Stellungnahmen aus der Literatur, die eine bloße Kenntnis der zur Aufhebbarkeit führenden tatsächlichen Umstände nicht genügen lassen. So wird „die Wertung in der Laiensphäre, dass bei der Eheschließung etwas ‚nicht in Ordnung' war"[452], „eine Ahnung von rechtlichen Konsequenzen"[453] oder die Kenntnis der „Bedeutung als Aufhebungsgrund"[454] gefordert. Recht bedenklich sind hingegen Stellungnahmen, die „laienhafte Kenntnis der Rechtsfolgen"[455] verlangen. Diese Formulierung lässt sich immerhin so verstehen, dass auch eine vage Vorstellung davon verlangt wird, dass die Aufhebung nur ex nunc wirkt, jedenfalls aber irgendwelche Rechtsfolgen nach sich zieht – ob die Autoren dies tatsächlich meinen, ist allerdings unklar.[456] Kenntnis der Aufhebbarkeit i.S.v. § 1318 Abs. 5 BGB liegt zudem nur dann vor, wenn die einen der in § 1318 Abs. 5 BGB genannten Aufhebungsgründe begründenden Umstände bekannt sind. Es genügt also beispielsweise nicht, dass ein Ehegatte um den Charakter einer Ehe als Scheinehe (aufhebbar gemäß § 1314 Abs. 2 Nr. 5 BGB) weiß, ihm eine bereits bestehenden Ehe des anderen Partners hingegen unbekannt ist. Nur für die in § 1318 Abs. 5 BGB ausdrücklich genannten Fällen erklärt das Gesetz den Ehegatten schließlich für nicht schutzwürdig.

6 Die zur Aufhebbarkeit führenden Umstände

Unter allen Konstellationen, in denen ein Ehegatte bei Verstoß gegen § 1306 BGB die Aufhebbarkeit nicht gekannt hat, mag es die wahrscheinlichste sein, dass die erste Ehe in einem Staat, in dem dies möglich ist, ohne standesamtliche

---

452 Soergel/*Heintzmann*, § 1318 Rn. 39, 11; ähnlich Göppinger/Wax/*Maurer* Rn. 1211.
453 *A. Roth*, FS Schwab, S. 687 (690).
454 Erman/*A. Roth*, § 1318 Rn. 4.
455 MüKo/*Wellenhofer*, § 1318 Rn. 4; ähnlich Staudinger/*Voppel*, § 1318 Rn. 15.
456 Vgl. auch die Kritik bei Soergel/*Heintzmann*, § 1318 Rn. 11.

Registrierung geschlossen wurde und dem zweiten Ehegatten des Bigamisten deswegen unbekannt bleiben konnte. Vorkommen mag es aber ebenfalls, dass die erste Ehe nach einer Auflösung im Ausland für aufgelöst gehalten wird, die Auflösung jedoch nicht anerkannt ist. Auch die Unkenntnis der Erforderlichkeit eines Anerkennungsverfahrens stellt einen Rechtsirrtum dar. Häufig wird davon ausgegangen werden können, dass der im Rahmen des Auflösungsverfahrens im Ausland mandatierte Anwalt seine Mandanten über die Anerkennungsbedürftigkeit aufklärt, doch auch die Qualität anwaltlicher Beratung und das Erfordernis, überhaupt einen Anwalt einzuschalten, variieren von Staat zu Staat. Mitunter ergeben sich allerdings auch Situationen, in denen deutsche Behörden über die Anerkennungsbedürftigkeit aufklären.[457]

7 Fazit

Die gemäß § 1318 Abs. 5 BGB zum Ausschluss des Erbrechts führende Kenntnis der Aufhebbarkeit der Ehe ist nicht bereits dann gegeben, wenn dem Erbprätendenten die zur Aufhebbarkeit führenden Umstände bekannt sind, vielmehr ist auch eine rechtliche Würdigung erforderlich, die allerdings nicht in einer exakten juristischen Subsumtion bestehen muss. Wenngleich diese in manchen Fällen nach der Lebenserfahrung vermutet werden kann und in anderen Fällen, soweit sich der Ehegatte der Einsicht in die Aufhebbarkeit verschließt, eine teleologische Reduktion angebracht ist, verbleiben also Fälle, in denen einem Ehegatten trotz Kenntnis der zur Aufhebbarkeit führenden Umstände ein Erbrecht zusteht. Außerhalb von Sachverhalten mit Bezug zu polygamen Rechtsordnungen ist dies allerdings kaum vorstellbar.

Die dargestellten Grundsätze gelten für einen weiteren Ehegatten wie auch für Bigamisten selbst. Bei Letzteren ist die Wahrscheinlichkeit der Bösgläubigkeit i.S.v. § 1318 Abs. 5 BGB jedoch sehr hoch.

457 Vgl. OLG Hamburg FamRZ 2014, 1563 (1563 unten rechts = juris-Rn. 11).

H. Intestaterbquoten der überlebenden Ehegatten

Nach dem Tod von Bi- oder Polygamisten können mehrere Ehegatten erbberechtigt sein. Für bigame Ehen lässt § 1318 Abs. 5 BGB bzw. der Umkehrschluss aus diesem daran keinen Zweifel mehr zu, ein Ausschluss des Erbrechts des ersten Ehegatten[458] ist ohnehin abwegig. Polygame Ehen grundsätzlich erbrechtlich zu ignorieren, würde daher – wenngleich mit Art. 6 EGBGB eine normative Stütze für ein derartiges Vorgehen vorhanden wäre – einen Wertungswiderspruch darstellen: Ehen, die einer Rechtsordnung entspringen, die diese gerade erlauben, würden schlechter gestellt als nach dem BGB für fehlerhafte bigame Ehen vorgesehen. Vielmehr ist zunächst der Anwendungsbereich des § 1318 BGB unter Berücksichtigung der unter C.II.2.a) dargestellten Grundsätze auch auf Ehen unter Personen mit polygamem Ehestatut anzuwenden, wenn der erste Ehegatte Deutscher ist. Damit gelangt man zu einer Reduzierung polygamer Ehen und zur häufigeren Anwendbarkeit von § 1318 Abs. 5 BGB. Die „Kenntnis" i.S.v. § 1318 Abs. 5 BGB wird hier angesichts der Umstrittenheit der unter C.II.2.a) im zweiten Absatz vertretenen Ansicht allerdings besonders selten vorliegen. Man wird hier die Annahme, dass sich die Ehegatten der zweiten Ehe der Einsicht in die Ungültigkeit verschließen, nicht all zu restriktiv anwenden dürfen.

§ 1931 BGB, der das gesetzliche Erbrecht des Ehegatten regelt, spricht jedoch lediglich von „dem" Ehegatten. Meint diese Formulierung für den Fall des Vorhandenseins mehrerer Ehegatten diese insgesamt oder jeden einzelnen Ehegatten? Im ersten Fall erhielte etwa im Fall zweier Ehen in Gütertrennung jeder Ehegatte lediglich ein Achtel, wohingegen die Zuerkennung der Ehegattenerbquote in Höhe von einem Viertel an jeden einzelnen Ehegatten bereits die Hälfte des Nachlasses erschöpfen würde. Das BGB regelt diese Frage nicht, in der Fassung des BGB 1900 war eine Regelung auch entbehrlich.[459]

---

458 So aber *Müller-Freienfels*, JZ 1959, 635 (638). Die Ansicht beruht auf der Rechtsprechung zur Unzulässigkeit der Rechtsausübung, die dazu führte, dass sich ein Bigamist unter Umständen an seiner zweiten, dem Gesetzeswortlaut nach nichtigen Ehe, festhalten lassen musste und somit auch das Erbrecht aus der zweiten Ehe bestehen blieb. Einen Anhaltspunkt im Gesetz hatte sie schon damals nicht.

459 S.o. C.II.1.a; an polygame Ehen in internationalen Erbfällen ist sicherlich nicht gedacht worden.

I Herausbildung der heutigen h.M.

Dass die Einschränkung der Möglichkeit, die Ehenichtigkeit geltend zu machen, durch das EheG 1938 die Frage nach dem Erbrecht zweier Ehegatten aufwarf, wurde im Schrifttum schnell bemerkt, wobei *Dölle* und *Lange* eine Erbenstellung beider Ehegatten bejahten[460] und *Kanka*[461] in einer vereinzelt gebliebenen Stellungnahme die Erbenstellung des Ehegatten aus der immerhin durch das Gesetz noch als nichtig bezeichneten Ehe ablehnte. In der wohl ersten Stellungnahme nach dem Krieg wurde dann eine Aufteilung „der" Witwenerbquote unter beiden Ehegatten befürwortet.[462] In der Folge wurde diese Ansicht zur ganz herrschenden.[463] Beachtung verdient jedoch *Langes* bereits erwähnte Stellungnahme: „So können zwei gesetzliche Ehegattenerbteile zur Verteilung kommen".[464] Hier liegt offensichtlich die Vorstellung, dass jeder Ehegatte eigenständig den vollen Ehegattenerbteil erhalten solle, zugrunde. Dennoch ist sie später der gegenteiligen Ansicht zugerechnet worden.[465]

Die methodische Fundierung der h.M. ist seit ihrer Entstehung ungeklärt geblieben. *Epple*[466] wollte die Aufteilung der einzelnen Ehegattenerbquote auf zwei Ehegatten mit der von *Ferid*[467] allein für den Fall des Vorhandenseins einer Zugewinngemeinschaft neben Kindern aus einer Ehe, in der Gütertrennung galt, angewandten Analogie zu § 2090 BGB begründen. Ausdrücklich abgelehnt hat

460 *Dölle*, ZAkfDR 1939, 155 (156); *Lange*, AcP 145 (1939), 129 (165).

461 DR 1939, 1369; dagegen *Beitzke*, FamR, S. 30; *Erdsiek*, NJW 1961, 2246 (2248); *Schrodt*, JR 1950, 235 (235); vgl. aber auch Kapitel H.II.4.

462 *Godin/Godin*, § 20 Anm. 6 (ebenso in der ersten Aufl. von 1947).

463 KG FamRZ 1977, 481 (481); *Bosch*, FamRZ 1986, 1205 (1206); Soergel/*Dieckmann*, § 2303 Rn. 27; *Epple*, FamRZ 1964, 184 (184); *Ferid*, FamRZ 1963, 410; Burandt/Rojahn/*Große-Boymann*, § 1931 BGB Rn. 5; *Johannsen/Henrich*², § 23 EheG Rn. 19; RGRK/*Kregel*, § 1931 Rn. 2; MüKo/*Leipold*, § 1931 Rn. 11; BeckOK/*Müller-Christmann*, § 1931 Rn. 6; *Müller-Freienfels*, JZ 1959, 635 (638); *Muscheler*, Erbrecht, Rn. 1433f.; Frieser/*Scholz Löhnig*, § 1931 BGB Rn. 7; BeckOGK/*Tegelkamp*, § 1931 Rn. 40; Palandt/*Weidlich*, § 1931 Rn. 14; Staudinger/*Werner*, § 1931 Rn. 13; Große-Willde/Ouart/*Zecher*, § 1931 Rn. 14; wohl auch *Knaak*, S. 131 und (mit rechtspolitischer Kritik daran) *Erdsiek*, NJW 1961, 2246 (2248); für den Regelfall auch Staudinger/*Otte*, § 2303 Rn. 16; nur eingeschränkt AK-BGB/*Derleder*, § 1931 Rn. 3.

464 AcP 145 (1939), 129 (165).

465 *Müller-Freienfels*, JZ 1959, 635 Fn. 33; *Peter*, S. 167 Fn. 119; wohl („kommt nach wie vor eigentlich nur eine Teilung (...) in Frage") auch *Dölle*, FamR, S. 285 Fn. 73 unter Rückprojizierung jener Aussage auch in seinen eigenen Aufsatz von 1939.

466 FamRZ 1964, 184 (184).

467 FamRZ 1963, 410 (411).

eine solche Analogiebildung allein *Otte*,[468] andere Autoren äußern sich zu der sich aufdrängenden Frage der methodischen Herleitung ihres Ergebnisses überhaupt nicht.

II Darstellung grundlegender Argumente

1 Mehrfache Erfüllung eines im Singular gehaltenen Tatbestandsmerkmals

Die Rechtsfolge des § 1931 BGB lediglich den Ehegatten insgesamt zuzusprechen, versteht sich jedoch keineswegs von selbst. Immerhin erfüllt jeder einzelne Ehegatte den jeweils einschlägigen Tatbestand des § 1931 BGB (für den Fall des Vorhandenseins von Abkömmlingen etwa § 1931 Abs. 1 S. 1 1. Var. BGB). Wenn aber eine Person einen Tatbestand erfüllt, so ist auch deren Rechtsfolge auf sie anzuwenden.

Auch andere Normen des BGB werden dergestalt gehandhabt. Im Singular gehaltene Tatbestandsmerkmale sehr vieler Normen des BGB können durch mehr als eine Person erfüllt werden, wenngleich bei den meisten dieser Normen das Vorhandensein von Personenmehrheiten keine der Mehrehe vergleichbare Regelwidrigkeit darstellt. So sprechen etwa § 323 BGB nur von Gläubiger und Schuldner, die §§ 433ff. BGB von Käufer und Verkäufer, die §§ 491ff. von Darlehensnehmer und Darlehensgeber, die §§ 535ff. BGB von Mieter und Vermieter und die §§ 310 Abs. 3, 312a Abs. 3 S. 1, 312h BGB sogar explizit von „einem" Verbraucher und „einem" Unternehmer, obwohl auf beiden Seiten mehr als ein Vertragspartner stehen kann[469]. Ähnlich spricht auch § 823 BGB lediglich von dem Recht „eines" anderen und § 985 BGB nur von „de[m] Eigentümer" und „dem Besitzer". Ferner sprechen verschiedenste erbrechtliche Vorschriften ebenfalls lediglich von „dem" Erben, obwohl jeweils mehr als eine Person gemeint sein kann.[470]

Bei manchen dieser Normen stellt sich die Frage, ob bei Erfüllung des Tatbestandes durch mehr als eine Person die Rechtsfolge für jede einzelne Person oder für alle Personen gemeinsam eintritt, mangels Teilbarkeit der Rechtsfolge überhaupt nicht; so etwa bei §§ 310 Abs. 3, 312a Abs. 3 S. 1, 312h BGB. Für deliktische Schuldverhältnisse ist in § 840 BGB eine Sondernorm vorhanden, die §§ 420ff. BGB sind überwiegend als Zweifelsregeln ausgestaltet, sodass Raum

468 Staudinger, § 2090 Rn. 4.
469 Vgl. etwa Staudinger/*Schlosser*, § 310 Rn. 49 m.w.N. (für den Verbraucher).
470 Vgl. zu § 1937 BGB MüKo/*Leipold*, § 1937 Rn. 45; Staudinger/*Otte*, § 1937 Rn. 5.

für eine Auslegung der jeweiligen Schuldverhältnisse im Einzelfall verbleibt. Ein Beispiel für eine nicht geregelte Konstellation der Erfüllung des Tatbestandes einer nicht dispositiven Norm durch mehrere Personen gibt es jedoch auch im Schuldrecht: Treten mehrere Personen als Mitkreditnehmer auf, so gelten die §§ 491ff. BGB für jeden einzelnen unter ihnen.[471]

Das Sachenrecht enthält etwa mit der Miteigentümerschaft oder dem Mitbesitz verschiedene Institute, die einen Vergleich mit der Konstellation zweier nebeneinander bestehender Ehen im Rahmen von § 1931 BGB ausschließen. Es verbleibt die umstrittene[472] Figur des Nebenbesitzes, die von ihren Befürwortern dort angenommen wird, wo ein unmittelbarer Besitzer zwei verschiedenen Personen unabhängig voneinander den Besitz mittelt.

Befürworter des Nebenbesitzes sprechen sich überwiegend dafür aus, im Verhältnis zu Dritten jeden einzelnen Nebenbesitzer als mittelbaren Besitzer anzusehen.[473] *Medicus* hingegen möchte § 1006 Abs. 3 BGB auch im Verhältnis zu Dritten überhaupt nicht auf Nebenbesitzer anwenden.[474] *Gursky* lehnt die Lehre vom Nebenbesitz zwar ab, erachtet es aber als Konsequenz derselben, die Eigentumsvermutung des § 1006 Abs. 3 BGB im Verhältnis zu Dritten entweder zugunsten jedes einzelnen oder keines Besitzers anzuwenden.[475] Jedenfalls wird nirgends erwogen, die Nebenbesitzer im Rahmen einzelner Normen lediglich gemeinsam als Besitzer zu behandeln. Eine Aufgabe der Figur des Nebenbesitzes zugunsten des Mitbesitzes würde dies nicht darstellen: Ihre Relevanz für § 934 BGB, der Norm, zu der sie entwickelt wurde,[476] behält sie unabhängig davon, wie mit ihr im Rahmen anderer Normen umgegangen wird.

Auch im Erbrecht wird regelmäßig nur im Singular von „dem" Erben gesprochen, wenngleich in der Wirklichkeit meist[477] mehrere Personen erben. Für die §§ 1967ff., 2303 Abs. 1 S. 1 BGB enthalten die §§ 2058ff. BGB Sondervorschriften. Für die §§ 2018ff. BGB regelt § 2039 BGB das Vorhandensein mehrerer Erben.[478] In § 2194 BGB hat der Gesetzgeber durch Aufnahme des Begriffs „Miterbe" ausdrücklich geregelt, dass für den Fall des Vorhandenseins mehrerer

---

471 Staudinger/*Kessal-Wulf*, § 491 Rn. 20; MüKo/*Schürnbrand*, § 491 Rn. 14; zu § 495 BGB auch BGH NJW 2017, 243 (244f.).

472 Vgl. BeckOK/*Fritzsche*, § 868 Rn. 40ff.; Staudinger/*Gutzeit*, § 868 Rn. 9; jeweils m.w.N.

473 *Brem*, S. 101ff.; *Wessels*, S. 59ff.; *H. Westermann*, § 19 II.4.b.

474 FS Hübner, S. 611 (615) unter Erwägung dieser Position auch zu § 869 BGB.

475 *Westermann/Gursky/Eickmann*, S. 139.

476 *Medicus*, FS Hübner, S. 611.

477 So auch MüKo/*Gergen*, vor § 2032 Rn. 1; Staudinger/*Löhnig*, vor § 2032 Rn. 1.

478 Vgl. Staudinger/*Gursky*, § 2018 Rn. 1 m.w.N.

Erben jeder einzelne die Vollziehung der Auflage verlangen kann. Dass im Rahmen von § 2353 BGB für den Fall des Vorhandenseins mehrerer Erben sowohl jeder einzelne Erbe als auch die Erbengemeinschaft antragsberechtigt ist, ergibt sich aus § 352a Abs. 1 S. 2, Abs. 3 S. 1 FamFG. Für andere Normen gilt § 1922 Abs. 2 BGB, weshalb manche Normen bei mehreren Erben sowohl für jeden einzelnen Erben als auch die Erbengemeinschaft gelten. Zu denken ist etwa an §§ 1942ff.[479], 2318ff., 2362 Abs. 1, 2371ff. BGB (vgl. zu Letzteren auch § 2033ff. BGB). Auf §§ 2314 Abs. 1, 2231a BGB passt § 1922 BGB allerdings nicht. Dennoch ist bei § 2314 Abs. 1 S. 1 BGB anerkannt, dass für den Fall des Vorhandenseins mehrerer Erben jeder einzelne Erbe zur Auskunft über den gesamten Nachlass verpflichtet ist,[480] und besteht bei § 2331a BGB Konsens, dass jeder einzelne Erbe die Stundung beantragen kann, wohingegen eine Antragsstellung durch die Erbengemeinschaft insgesamt entweder abgelehnt oder überhaupt nicht angesprochen wird.[481] Im Rahmen von § 2314 BGB ist zudem anerkannt, dass der Auskunftsanspruch jedem einzelnen Pflichtteilsberechtigten zusteht.[482]

Im Familienrecht enthält § 1318 BGB wie gesehen einige Sonderregelungen für Mehrehen. In Bezug auf die Schlüsselgewalt, die in § 1318 BGB nicht angesprochen wird, wird im Grundsatz davon ausgegangen, dass diese jedem einzelnen Ehegatten zukommt.[483] Bei anderen Normen, die einen Ehegatten berechtigen oder verpflichten, stellt sich die Frage mangels Teilbarkeit der jeweiligen Rechtsfolge nicht. So wirft die Mutterschaft einer Bigamistin selbstverständlich die Frage nach dem Umgang mit § 1592 Nr. 1 BGB auf, doch lässt sich diese nicht auf die Entscheidung zwischen „jedem einzelnen Ehemann“ und „den Ehemännern insgesamt“ zuspitzen.

Dass eine im Singular gehaltene Norm für den Fall des Vorhandenseins mehrerer den Tatbestand erfüllender Personen in dem Sinne angewandt werden solle, dass den Personen auch dort, wo dies nicht gesondert angeordnet ist, lediglich insgesamt ein Recht oder eine Pflicht zukommt, wird bei anderen Normen jedenfalls nicht vertreten. Vielmehr werden in solchen Konstellationen die jeweiligen Normen auf jede einzelne Person, die diese erfüllen, angewandt; lediglich bei § 1931 BGB bestand bislang Konsens über das Gegenteil. Nun enthält § 1318 Abs. 5 BGB allerdings eine erbrechtliche Sondernorm für Fälle von

479 Staudinger/*Kunz*, § 1922 Rn. 664; MüKo/*Leipold*, § 1922 Rn. 162; jeweils mit weiteren Beispielen.

480 Staudinger/*Herzog*, § 2314 Rn. 47 m.w.N.

481 Staudinger/*Olshausen*, § 2331a Rn. 10 m.w.N.

482 KG OLGRspr 4 Nr. 103; Staudinger/*Herzog*, § 2314 Rn. 36 m.w.N.

483 *Peter*, S. 124; auf Basis des BGB 1900 Planck/*Unzner*, § 1329 Anm. 10.d).

Bigamie. Diese stellt die einzige das Vorhandensein mehr als eines Ehegatten besonders regelnde erbrechtliche Norm des BGB dar. Daher ist sie grundsätzlich als abschließende Regelung dieser Sonderkonstellation zu verstehen.

2 Argumentation der h.M.

Wie gelangt nun die h.M. zu ihrer Einschränkung des Ehegattenerbrechts? Aus §§ 1922 Abs. 2, 2058ff. BGB lässt sich für § 1931 BGB nichts herleiten, eine solche Argumentation wird auch nirgends erwogen. Das Argument der Freiherren von *Godin*[484] als mutmaßlichen Begründern der h.M. ist, dass bei Fehlen sonstiger Erben ebenfalls die (in jenem Fall 100 % betragende) Quote auf die Ehegatten aufgeteilt werden müsse und für den Fall einer geringeren Quote nichts anderes gelten könne. *Ferid*[485] als Verfasser der für lange Zeit ausführlichsten Stellungnahme machte feste Gesamterbquoten der Ehegatten einerseits und der Verwandtschaft andererseits zum Ausgangspunkt seiner Betrachtung, ohne diese Ausgangsposition näher zu begründen. Auf Basis dieses dem BGB fremden Konzepts von „Erbengruppen“[486] ergab sich dann wie von selbst die Erforderlichkeit der Reduzierung der Ehegattenerbquoten. *Epple* begründete die Ansicht nach der Einführung der Zugewinngemeinschaft als gesetzlichem Güterstand damit, dass andernfalls das Erbrecht der Verwandten de facto ausgeschlossen werden könne. Zudem begründet er die Aufteilung mit „der gesamten Erbrechtsregelung“, dem „Grundsatz[…] der Monogamie“ und einer „gerechte[n] Abwägung der Interessen der Ehegatten und der Kinder“.[487] In aktuellen Stellungnahmen findet sich allein das Argument, dass das Erbrecht der Verwandten bzw. der Abkömmlinge nicht beeinträchtigt werden dürfe.[488] Daher soll zunächst dieses Argument widerlegt werden, bevor auf die weiteren Argumente der h.M. eingegangen wird.

---

484 § 20 Anm. 6.

485 FamRZ 1963, 410.

486 So bereits *Epple*, FamRZ 1964, 184 (185); ebenso *Muscheler*, Erbrecht, Rn. 1435.

487 FamRZ 1964, 184 (184); ebenso *Peter*, S. 170f.; Hinweis auch bei *Muscheler*, Erbrecht, Rn. 1433.

488 MüKo/*Leipold*, § 1931 Rn. 11; BeckOK/*Müller-Christmann*, § 1931 Rn. 6; Frieser/*Scholz Löhnig*, § 1931 BGB Rn. 7; BeckOGK/*Tegelkamp*, § 1931 Rn. 40; Staudinger/*Werner*, § 1931 Rn. 13; ähnlich *Peter*, S. 170f.

3 Möglichkeit der Einschränkbarkeit des Verwandtenerbrechts

Ergibt sich aus dem BGB eine Uneinschränkbarkeit des gesetzlichen Erbrechts der Verwandten? Die Regelungen über die gesetzliche Erbfolge geben dafür nichts her: Bereits in den §§ 1924ff. BGB wird der gesamte Nachlass unter den Verwandten verteilt. Die sich so ergebende gesetzliche Erbfolge wird sodann in § 1931 BGB wieder eingeschränkt. Wird § 1931 BGB doppelt erfüllt, so spricht nichts in der Systematik der erbrechtlichen Vorschriften dagegen, eine weitere Einschränkung vorzunehmen. Vielmehr ist die Einschränkung der in den §§ 1924–1930 BGB beschriebenen Verwandtenerbfolge in der Systematik des gesetzlichen Erbrechts ohnehin vorgesehen.

Allerdings spricht § 1931 Abs. 1 S. 1 BGB mehrfach ausdrücklich vom Erbrecht des Ehegatten *neben* den Verwandten. Ein völliger Ausschluss des Verwandtenerbrechts, wie er sich etwa bei vier Ehen in Gütertrennung zulasten Verwandter der ersten Ordnung ereignen würde, wenn allen Ehegatten das in § 1931 Abs. 1 S. 1 1. Var. BGB vorgesehene Viertel zugesprochen würde, wie er aber auch in anderen abseitigen Konstellationen denkbar ist (dass auf zwei Ehegatten gleichzeitig § 1371 Abs. 1 BGB anwendbar wäre, ist wegen des funktionierenden deutschen Personenstandswesens und der fehlenden Einschlägigkeit des § 1371 Abs. 1 BGB bei ausländische Güterständen[489] nahezu ausgeschlossen), ist durch den Wortlaut der Norm damit ebenfalls nicht gedeckt. Dies wirft die Frage auf, ob der Wortwahl des Gesetzgebers eine solche Bedeutung beizumessen ist, oder ob die Formulierungen „neben Verwandten der ersten Ordnung", „neben Verwandten der zweiten Ordnung" und „neben Großeltern" in § 1931 Abs. 1 S. 1 BGB lediglich i.S.v. „für den Fall des Vorhandenseins von Verwandten erster Ordnung", „für den Fall des Vorhandenseins von Verwandten der zweiten, nicht aber der ersten Ordnung" etc. gemeint sein sollen. Da auf Basis des BGB 1900 eine Erbenstellung zweier oder mehrerer Ehegatten ausgeschlossen war, kann der ursprüngliche Gesetzgeber des seitdem lediglich sprachlich veränderten § 1931 Abs. 1 BGB dieser Formulierung keine übermäßig große Bedeutung zugemessen haben, zumal für die jetzige Fassung ihre Prägnanz spricht.[490] Immerhin machte *v. Schmitt* in seinen Ausführungen zur Ehegattenerbquote im Rahmen der Begründung des Teilentwurfs des Erbrechts[491] die Fragestellung zum Ausgangspunkt, wie weit das Erbrecht der Verwandten eingeschränkt

489 *Mankowski*, ZEV 2014, 121 (122).

490 In den Vorarbeiten zum BGB tauchten auch etwas längere Formulierungen auf, vgl. *Jakobs/Schubert*, V.1, S. 108f.

491 S. 616ff.

werden dürfe. Den Materialien zu den späteren Eherechtsreformgesetzen lassen sich – abgesehen davon, dass über das Erbrecht beider Ehegatten eine faktisch gleichmäßige Teilhabe der aus beiden Ehen hervorgegangen Kinder sichergestellt werden soll[492] – keine Aussagen dazu entnehmen, wie eine Erbenstellung zweier oder mehrerer Ehegatten zu behandeln sein soll, insbesondere fehlt in den Materialien zum Gesetz zur Neuordnung des Eheschließungsrechts vom 4.5.1998 ein Hinweis darauf. Ein bloßes Redaktionsversehen, also der Fall, dass der Gesetzgeber „lediglich versehentlich einen anderen Ausdruck [als beabsichtigt] gewählt oder im Text belassen" hat und eine Gesetzeskorrektur daher ohne Weiteres zulässig ist,[493] kann in dem Gebrauch des Begriffs „neben" somit nicht gesehen werden. Das wörtliche Verständnis dieses Tatbestandsmerkmals ist zudem zur Gewährleistung der Mindestteilhabe der Kinder am Nachlass[494] erforderlich. In Betracht kommt allerdings eine Gesetzeskorrektur im Wege der Rechtsfortbildung.[495] Dazu müssen besondere Voraussetzungen, die herkömmlicherweise mit dem Begriff der „Lücke" beschrieben werden, vorliegen. Nicht hingegen kann der Wortlaut einer Norm einfach ignoriert werden.

Die Zuweisung der in dem jeweils passenden Tatbestand des § 1931 Abs. 1 S. 1 BGB vorgesehenen Quote an jeden einzelnen Ehegatten würde wie gesehen in manchen Konstellationen zu einem völligen Wegfall des Verwandtenerbrechts und damit zum Wegfall einer der Tatbestandsvoraussetzungen der andernfalls anwendbaren Norm führen. Dadurch würde aber auch § 1931 Abs. 2 BGB nicht einschlägig – „vorhanden" sind die Verwandten schließlich immer noch. Im Ergebnis würden die Ehegatten weder nach § 1931 Abs. 1 S. 1 noch nach § 1931 Abs. 2 BGB zur Erbfolge gelangen. Bei einem völligen Wegfall des Ehegattenerbrechts würde allerdings wegen der nun wieder existierenden Erbenstellung der Verwandten § 1931 Abs. 1 BGB wieder anwendbar, die Rechtsfolgen der Norm würden dann wieder zum Fortfall der andernfalls erfüllten jeweiligen Tatbestandsvoraussetzung „neben Verwandten der ersten Ordnung/neben Verwandten der zweiten Ordnung/neben Großeltern" führen etc. Es besteht ein *circulus vitiosus*, der eine wortgetreue Anwendung des Gesetzes unmöglich macht.

Für Konstellationen der Art, dass eine positiv-rechtliche Anordnung des Gesetzgebers ohne eine Ergänzung unanwendbar wäre, hat *Canaris* den Begriff der *Rechtsverweigerungslücke* geprägt.[496] Wie bei anderen Lücken auch sind bei

492 BR-Drs. 79/96, S. 48; BT-Drs. 13/4898, S. 18.

493 *Bydlinski*, S. 393; *Larenz*, S. 400 (Zitat); *Looschelders/Roth*, S. 237f.

494 BVerfGE 112, 332 (348ff.); vgl. dazu unten noch II.5.a).

495 Vgl. dazu *Larenz*, S. 400; *Looschelders/Roth*, S. 272f.

496 S. 140f.; rezipiert etwa bei *Larenz*, S. 401f.

der Rechtsverweigerungslücke gesetzliche Wertungen zur Ausfüllung heranzuziehen.[497] Den einfachgesetzlichen Regelungen über die gesetzliche Erbfolge ist nicht mehr als das zu entnehmen, was sich bereits aus dem Wortlaut und der Systematik ergibt, doch lassen sich möglicherweise verfassungsrechtliche Wertungen heranziehen. Ohnehin sind diese aus normhierarchischen Gründen zu berücksichtigen.

4 Verfassungsmäßigkeit des Erbrechts eines weiteren Ehegatten überhaupt

Dazu sollen zunächst Äußerungen, die die Verfassungsmäßigkeit des Erbrechts eines weiteren Ehegatten in Zweifel ziehen, betrachtet werden. Sollte sich die Erbenstellung eines weiteren Ehegatten als verfassungswidrig erweisen, würde ohnehin nur ein Ehegatte erben. *Derleder* äußert im Hinblick auf „das Grundrecht des ersten Ehegatten aus Art. 6 Abs. 1 GG" Zweifel an der h.M. und hält sie nur dann für verfassungskonform, „wenn unter Abwägung der Grundrechte beider Ehegatten im Hinblick auf die Gestaltung der gesamten Lebensverhältnisse dem ersten Ehegatten eine Teilung des Ehegattenerbrechts zuzumuten ist".[498] In Bezug auf die Polygamie spricht sich *Dutta* lediglich „[i]m Allgemeinen" für die Hinnahme der erbrechtlichen Folgen aus[499] und lässt somit Raum für Ausnahmen.

Dutta begründet die mögliche *ordre public*-Widrigkeit erbrechtlicher Folgen leider nicht. In *Derleders* ausführlicher Stellungnahme ist ein Unbehagen gegenüber der Einschränkung des Erbrechts des ersten Ehegatten bemerkbar. Seine weiteren Ausführungen, in denen er sich stets um die Begründung einer möglichst weit gehenden Berücksichtigung des ersten Ehegatten bemüht, beziehen sich auf Konstellationen verschiedener Güterstände. Dabei hält er es sogar für möglich, dem zweiten Ehegatten (offenbar für den Fall, dass in dessen Ehe Gütertrennung, in der ersten allerdings Zugewinngemeinschaft galt) für den Fall des Versterbens des ersten Ehegatten unter Verdrängung des „keinen dem des Art. 6 GG vergleichbaren Schutz genieß[enden]" Verwandtenerbrechts die Erbquote, die dem ersten Ehegatten zugestanden hätte (wegen §§ 1931 Abs. 3, 1371 Abs. 1 BGB für den Fall des Vorhandenseins von Abkömmlingen also eine Hälfte

497 *Canaris*, S. 175; *Larenz*, S. 402; *Looschelders/Roth*, S. 288ff.

498 AK-BGB, § 1931 Rn. 3.

499 MüKo, Art. 35 EuErbVO Rn. 10; vgl. dazu aus einfachrechtlicher Sicht bereits H. am Anfang.

statt ein Viertel), zuzusprechen, was jedoch mit dem Normtext nicht mehr vereinbar ist.[500]

Dass das durch die Eheschließung im Ausland ohnehin verletzte Monogamiegebot nicht zur Versagung jedweder Rechtsfolge zwingt, wurde bereits dargelegt.[501] Begründet wurde dies vor allem mit den andernfalls drohenden Vorteilen von Bi- oder Polygamisten zulasten der weiteren Ehegatten. Im Rahmen der gesetzlichen Erbfolge drohen die Nachteile, die das Vorhandensein eines weiteren Ehegatten bereitet, allerdings in keinem Fall der mehrfach verheirateten Person, sondern stets den anderen Erbberechtigten, da das Vorhandensein eines weiteren Erben unweigerlich zur Reduktion der Quote mindestens eines anderen Erben führen muss. Allerdings lässt sich ebenfalls nicht behaupten, dass ein solches Erbrecht einen Anreiz zur Eingehung von Ehen unter Verstoß gegen das Monogamiegebot setzen würde, kann die Rechtslage doch insoweit kaum allgemein bekannt sein. Ehefrauen aus einer polygamen Ehe werden möglicherweise bei Eingehung ihrer Ehe an erbrechtliche Folgen und den Umstand, dass diese durch eine monogame Rechtsordnung beurteilt werden, überhaupt nicht denken; vielmehr würde wohl die Verneinung einer Erbenstellung für sie eine unangenehme Überraschung darstellen. Ehegatten aus bigamen Ehen erben gemäß § 1318 Abs. 5 BGB ohnehin nur im Falle der Gutgläubigkeit. Damit spricht auch zu ihren Gunsten der Vertrauensschutz.

Allerdings müssen die Voraussetzungen der Bösgläubigkeit i.S.v. § 1318 Abs. 5 BGB zu dessen Anwendbarkeit positiv festgestellt werden; beweisbelastet ist, wer sich auf die Bösgläubigkeit beruft.[502] Zur Zuteilung von Erbquoten an einen bösgläubigen Ehegatten eines Bigamisten kann es somit durchaus kommen. Auch hier determiniert der verfassungsrechtliche Schutz der Einehe die Ausgestaltung der einfachgesetzlichen Regel jedoch nicht vollständig. Insbesondere aufgrund des funktionierenden deutschen Personenstandswesens, das Mehrehen wirksam eindämmt, ist der Grundsatz der Monogamie in Deutschland wirksam geschützt, sodass nur in Ausnahmesituationen in Konstellationen mit Auslandsberührung Verstöße denkbar sind. Der Gesetzgeber ist daher nicht gezwungen, Nachteile des ersten Ehegatten unter allen Umständen zu vermeiden. Vielmehr ist es ihm erlaubt, Regelungen zu schaffen, von denen jedenfalls ein Ehegatte, der mit der Ungültigkeit nicht zu rechnen brauchte, geschützt wird, wenn auch im Einzelfall mangels Beweisbarkeit an sich ungerechtfertigte

---

500 Vgl. dazu noch IV.1.

501 S.o. C.I.

502 BeckOK/*Hahn*, § 1318 Rn. 22; Staudinger/*Voppel*, § 1318 Rn. 47 m.w.N.

Nachteile des ersten Ehegatten drohen. Unter der als Alternative zum jetzigen § 1318 Abs. 5 BGB denkbaren Umkehrung der Beweislast hätten schließlich auch diejenigen gutgläubigen Ehegatten zu leiden, die ihre Gutgläubigkeit nicht beweisen können, was möglicherweise sehr häufig der Fall wäre.

Problematisch ist die Berechtigung eines weiteren Ehegatten nicht als solche, sondern wegen der als Alternative drohenden Einschränkung des Erbrechts des ersten Ehegatten. Diese kann nicht einfach mit dem Hinweis darauf, dass es dem ersten Ehegatten eines Bi- oder Polygamisten freistehe, „diese [Ehe] durch Klage auf deren Nichtigkeit zu verlassen“[503], beschönigt werden. Abgesehen davon, dass der erste Ehegatte trotz der naheliegenden Enttäuschung über das Verhalten des Bigamisten bereits aus emotionalen Gründen an seiner Ehe festhalten wollen kann, kann die Auflösung der Ehe zum Auszug aus der ehelichen Wohnung und zu Einbußen im Unterhalt und damit zu einer starken Herabsetzung des Lebensstandards führen, schlimmstenfalls wäre er in einem ihm möglicherweise fremden Land nach einer solchen Auflösung auf sich allein gestellt. Auch muss es nach dem „Verlassen“ einer solchen Ehe nicht zwingend zur Eingehung einer neuen Ehe kommen, was *Scholz* an der zitierten Stelle jedoch offenbar mitsamt den daraus erwachsenden positiven erbrechtlichen Folgen (die in seiner Argumentation offenbar die Erbberechtigung des weiteren Ehegatten eines Polygamisten legitimieren sollen) voraussetzt.

Völlig unerfindlich ist jedenfalls, warum *Epple* den Grundsatz der Monogamie ausgerechnet als Argument zur Aufteilung einer einzigen Erbquote heranziehen wollte, haben doch noch vor den Kindern die Ehegatten, zumeist jedenfalls der erste Ehegatte, unter der Mehrehe zu leiden. Noch vor den Kindern sollten daher die Ehegatten von der Reduzierung ihrer Beteiligungen am Nachlass verschont werden, zumal die Gefahr besteht, dass Abkömmlinge des Erblassers nur aus der anderen Ehe stammen, sodass dem anderen Ehegatten gegen diese keine Unterhaltsansprüche zustehen.

5 Verhältnis von Ehegatten- und Verwandtenerbrecht

a) Verfassungsrechtliche Stellungnahmen

Alternative zur Aufteilung der Ehegattenerbquote ist eine Einschränkung des Verwandtenerbrechts. Dies wirft die Frage auf, ob Ehegatten- und Verwandtenerbrecht verfassungsrechtlich unterschiedliches Gewicht zukommt. Zunächst

503 So aber – eherechtlich natürlich falsch – *Scholz*, Erbrecht, S. 297; zur von ihm damit angesprochenen Problematik vgl. oben C.II.2.a).

einmal ist die Erbenstellung naher Angehöriger für den Intestatfall durch Art. 14 Abs. 1 S. 1 GG garantiert.[504] Wie sich im Rahmen dessen Ehegatten- und Verwandtenerbrecht zueinander verhalten, wird in abstrakter Form allerdings kaum diskutiert; außer *Derleder* vertritt lediglich *Klein* ausdrücklich, dass das Ehegattenerbrecht einen stärkeren verfassungsrechtlichen Schutz als das Verwandtenerbrecht genieße.[505] Auch das BVerfG hat sich niemals abstrakt zu diesem Verhältnis geäußert. Jedoch sieht es, wie auch der BGH und weite Teile der Literatur, eine erbrechtliche Mindestteilhabe der Kinder am Nachlass als verfassungsrechtlich gewährleistet an.[506] Gestützt hat es diese Position auf Art. 14 Abs. 1 S. 1 i.V.m. Art. 6 Abs. 1 GG, in der Literatur wird oftmals nur Art. 14 oder nur Art. 6 GG als dogmatische Grundlage angesehen. Die dogmatische Verankerung auch in Art. 6 GG kann jedenfalls für das Ehegattenerbrecht zu keinem anderen Ergebnis führen, ist doch die Ehe in Art. 6 Abs. 1 GG ebenfalls besonders geschützt. Auch BVerfGE 112, 332 vermied den missverständlichen[507] Begriff der Verwandtenerbfolge.[508] Die meisten Stellungnahmen zur verfassungsrechtlichen Verankerung unterscheiden nicht zwischen Kindern und

---

504 BVerfGE 93, 165 (3. Leitsatz); Stern/*Becker*, Art. 14 Rn. 113; v. Münch/Kunig/*Bryde*, Art. 14 Rn. 45; v. Mangoldt/Klein/Starck/*Depenheuer*, Art. 14 Rn. 517 (nur auf die Verwandten abstellend); Schmidt-Bleibtreu/*Hofmann*/Henneke, Art. 14 Rn. 38; *Klein*, S. 54ff.; *Muscheler*, Erbrecht, Rn. 232; Staudinger/*Otte*, vor § 1922 Rn. 78ff. m.w.N.; Maunz/Dürig/*Papier* Art. 14 Rn. 300; *Pfundstein*, Rn. 201; *Rauscher*, Bd. I S. 75; AK-GG/*Rittstieg*, Art. 14/15 Rn. 139, 153; Sachs/*Wendt*, Art. 14 Rn. 198.

505 AK-BGB/*Derleder*, § 1931 Rn. 3; *Klein*, S. 191f., 213; a.A. wohl *Rauscher*, Bd. I S. 79.

506 BVerfGE 112, 332 (348ff.); BGHZ 109, 306 (313); 98, 226 (233); KG ZEV 2008, 440 (441) = FamRZ 2008, 1564; v. Mangoldt/Klein/Starck/*Depenheuer*, Art. 14 Rn. 521; *Klein*, S. 147ff., 203ff., 217, 222ff.; *Jarass*/Pieroth, Art. 14 Rn. 108; Staudinger/*Otte*, vor § 2303 Rn. 22ff.; Maunz/Dürig/*Papier* Art. 14 Rn. 302 m.w.N.; *Pfundstein*, Rn. 268ff.; wohl auch v. Münch/Kunig/*Bryde*, Art. 14 Rn. 45 (engere Familie); Schmidt-Bleibtreu/*Hofmann*/Henneke, Art. 14 Rn. 37 (Schutz des Vermögens in der Familie); Sachs/*Wendt*, Art. 14 Rn. 200 (engere Familie); grds. für das Pflichtteilsrecht auch Stern/*Becker*, Art. 14 Rn. 115; AK-GG/*Rittstieg*, Art. 14/15 Rn. 139, 153; BerlK/*Sieckmann*, Art. 14 Rn. 218; skeptisch BeckOK/*G. Müller*, § 2303 Rn. 2ff. m. umfangreichen Nachweisen zu versch. Ansichten; Dreier/*Wieland*, Art. 14 Rn. 79ff.; a.A. *Muscheler*, Erbrecht, Rn. 235; ältere Nachweise zur Gegenansicht finden sich bei *Frank*, FS Wahl, S. 303 Fn. 10 u. v. Mangoldt/Klein/Starck/*Depenheuer*, Art. 14 Fn. 29.

507 Vgl. *J. Mayer*, ZEV 2000, 447 (447) u. dazu *Klein*, S. 55f. Fn. 144 u. *Otte*, AcP 202 (2002), 317 (320).

508 Vgl. aber *Gaier* (Richter des BVerfG), ZEV 2006, 2 (6).

Ehegatten,[509] sodass von einem ebenso hohen Rückhalt für die Mindestteilhabe des Ehegatten in der Literatur und beim BGH ausgegangen werden kann. In Bezug auf sonstige Verwandte hingegen wird die verfassungsrechtliche Gewährleistung einer Mindestteilhabe am Nachlass teils vollständig abgelehnt,[510] teils wird eine Einbeziehung der Eltern vertreten,[511] meist fehlt eine Aussage zum konkret geschützten Kreis der Berechtigten.

Für den Umgang mit der Mehrehe im Rahmen der gesetzlichen Erbfolge stellt die Frage nach einer verfassungsrechtlichen Mindestteilhabe zunächst eine bedeutsame Weiche: Ein völliger Ausschluss der Kinder wäre etwa bei zwei Ehen im Güterstand der Zugewinngemeinschaft oder vier Ehen im Güterstand der Gütertrennung die Folge, wenn man eine Reduktion der Ehegattenerbquoten ausschließen möchte und zu einer Korrektur der Tatbestandsmerkmale „neben" in § 1931 Abs. 1 BGB als bloße Redaktionsversehen bereit ist. Wenngleich beide Konstellationen eher abwegig sind, so müssen sie dennoch für eine in sich stimmige Lösung für das Problem der Mehrehe in der gesetzlichen Erbfolge mitbedacht werden. Eine Lösung, die für den Intestatfall zum Ausschluss der Erbberechtigung der Kinder gelangt, würde auch für den Fall des Vorhandenseins unehelicher Kinder, die nicht über den Umweg des überlebenden Ehegatten am Nachlass partizipieren können, gegen Art. 6 Abs. 5 GG verstoßen. Aber auch die Kinder eines der Ehegatten des Bigamisten wären für ihre Partizipation am Nachlass auf das Wohlwollen, insbesondere die Sparsamkeit, ihres überlebenden Elternteils angewiesen. Selbiges gölte für Kinder aus aufgelösten Ehen. Dies entspricht nicht mehr dem in Art. 6 Abs. 1 GG verankerten Schutz der Familie. Eine Mindestteilhabe der Kinder am Nachlass als verfassungsrechtlich garantiert anzusehen, überzeugt daher.

---

509 Vgl. v. Mangoldt/Klein/Starck/*Depenheuer*, Art. 14 Rn. 521; Schmidt-Bleibtreu/*Hofmann*/Henneke, Art. 14 Rn. 37; *Klein*, S. 173ff., 212ff., 217, 222ff.; Staudinger/*Otte*, vor § 2303 Rn. 23; Maunz/Dürig/*Papier* Art. 14 Rn. 302 m.w.N.; *Pfundstein*, Rn. 283ff.; wohl auch v. Münch/Kunig/*Bryde*, Art. 14 Rn. 45; Sachs/*Wendt*, Art. 14 Rn. 200 (jeweils: engere Familie); skeptisch Dreier/*Wieland*, Art. 14 Rn. 79ff.; zur Gegenansicht vgl. Fn. 506 a.E.; der BGH spricht in den in Fn. 506 zitierten Urteilen allgemein von den Pflichtteilsberechtigten; vgl. auch BVerfGE 93, 165 (175).

510 *Pfundstein*, Rn. 280ff. m.w.N. (Fn. 1072), 292; wohl auch v. Münch/Kunig/*Bryde*, Art. 14 Rn. 45; Sachs/*Wendt*, Art. 14 Rn. 200 (jeweils: Mindestteilhabe der engeren Familie); Verweis auf Art. 6 GG bei AK-GG/*Rittstieg*, Art. 14/15 Rn. 153.

511 V. Mangoldt/Klein/Starck/*Depenheuer*, Art. 14 Rn. 521; *Klein*, S. 161ff., 186f.; Maunz/Dürig/*Papier* Art. 14 Rn. 302.

Seltener finden sich Aussagen dazu, wie hoch die Mindestteilhaben auszufallen haben. *Klein* und *Pfundstein* halten bei Vorhandensein eines Ehegatten eine gesetzliche Erbquote der Kinder auch in Höhe von insgesamt einem Drittel für verfassungsgemäß. Eine solche gesetzliche Erbquote dürfe auch mit Pflichtteilsquoten in Höhe von einem Drittel der gesetzlichen Erbquote kombiniert werden. „Dies dürfte allerdings dann auch an der Untergrenze des Zulässigen liegen."[512] Die Teilhabesicherung des Ehegatten darf nach *Kleins* Auffassung jedenfalls nicht niedriger liegen als die der Kinder.[513] *Pfundstein* stimmt dieser Aussage zwar nicht direkt zu, geht allerdings davon aus, „dass eine weitere Herabsetzung des ohnehin schon verhältnismäßig bescheidenen Ehegattenpflichtteils", anders als eine Herabsetzung der Mindestteilhabe der Kinder, „rasch auf die Grenze des grundrechtlichen Untermaßverbots stoßen würde."[514] Zudem hält er eine gesetzlich angeordnete Stundung der Pflichtteilsansprüche ehegemeinschaftlicher Kinder nach dem Tod des ersten Ehegatten dann für verfassungsgemäß, wenn eine solche Regelung mit einer erheblichen Steigerung der Pflichtteilsquote im Vergleich zu sofort fälligen Pflichtteilsansprüchen einhergeht.[515] Eine gesetzliche Mindestteilhabe des Ehegatten von lediglich einem Zwölftel hält *Pfundstein* für problematisch.[516] *Klein* würde dies sicher ähnlich sehen.[517] *Odersky* hält die Deckelung einer jeden Pflichtteilsquote bei einem Viertel für verfassungskonform, wobei er in seiner Begründung primär auf die Teilhabe der Kinder abstellt. Auch die Verfassungskonformität einer Gesamtpflichtteilsquote in Höhe eines Viertels (auch für den Fall, dass sie allein erben), die sich die Kinder zu teilen hätten, hält er für denkbar.[518] Zweifel daran äußert *Pfundstein*.[519] *Pentz* sieht eine Mindestteilhabe enger Familienangehöriger in Höhe der Hälfte des Nachlasses als verfassungsrechtlich geboten an, ohne sich zu dem Verhältnis der Anteile untereinander zu äußern.[520] In der Rechtsprechung zum *ordre public* mussten bislang noch keine Grenzziehungen zu der Frage, welche Beteiligungen naher Angehöriger in grenzüberschreitenden Sachverhalten noch grundgesetzlichen Wertungen entsprechen, erfolgen – allerdings wurden bis BVerfGE 112, 332

512 *Klein*, S. 207, v.a. Fn. 813 (dort das Zitat); *Pfundstein*, Rn. 310f.
513 S. 213.
514 Rn. 315f.
515 Rn. 306.
516 Rn. 316.
517 Vgl. *Klein*, S. 207 (v.a. Fn. 813), 213.
518 MittBayNot 2008, 2 (3f.).
519 Rn. 310.
520 ZEV 1998, 449 (450).

diskriminierungsfrei hervorgebrachte geringe Beteiligungen naher Angehöriger auch nicht durch den *ordre public* korrigiert.[521] *Scholz* erachtet in derartigen Fällen jedenfalls einen Ehegattenerbteil von einem Achtel als legitim.[522]

Zu einer umfassenden Bestimmung des Verhältnisses von Ehegatten- und Kindesteilhabe verbleibt es damit bei den Stellungnahmen *Kleins* und *Derleders*, wenngleich sich zumindest aus den Ausführungen *Pfundsteins* eine identische Priorisierung ergibt. Der Wortlaut des Art. 6 Abs. 1 GG ist jedenfalls knapp gefasst und lässt noch keine Gewichtung des Schutzes des Ehegatten und der Kinder erkennen, erst recht nicht in Bezug auf vermögensrechtliche Fragen. Sowohl die Ehe als auch die Familie unterliegen dem besonderen Schutz der staatlichen Ordnung. Auch Art. 14 GG äußert sich nicht zur konkreten Ausgestaltung des Erbrechts.

Detaillierte Stellungnahmen wie die der genannten Autoren zum Verhältnis der Gewichtungen des verfassungsrechtlichen Schutzes der Beteiligungen am Nachlass, wären daher geeignet, Erstaunen hervorzurufen, wäre nicht auch in der Rechtsprechung des BVerfG eine recht freie Rechtschöpfung durchaus detaillierter Vorgaben aus den Normen des ersten Abschnitts des GG etabliert. Diesen Umstand kritisieren einige wenige, mitunter sehr namhafte, Autoren scharf,[523] im Großen und Ganzen akzeptieren Rechtsprechung und Lehre, vom Gesetzgeber ganz zu schweigen, ihn jedoch. Ob eine derartige Verfassungsinterpretation zulässig ist, kann an dieser Stelle offenbleiben, wenn die genannten Stellungnahmen aus anderen Gründen in die Auslegung mit einfließen dürfen.

b) Berücksichtigungsfähigkeit auch sonstiger Stellungnahmen

In Konstellationen, in denen ein völliger Wegfall des Verwandtenerbrechts droht, kommt es zu einer Rechtsverweigerungslücke. *Canaris* hält bei diesen, wenn der Rückgriff auf Wertungen des Gesetzes, die Vernünftigkeit allgemeiner Rechtsprinzipien und die Natur der Sache nicht weiterhilft, auch einen Rückgriff auf „allgemein anerkannte Rechtsanschauungen oder soziale und kulturelle Wertungen usw." für möglich.[524] Dementsprechend ließen sich Aussagen wie die von *Klein*, wenn sie mit anderswo geäußerten Auffassungen korrelieren, auch auf Basis einer zurückhaltenderen Verfassungsrechtsdogmatik für die Füllung der Rechtsverweigerungslücke berücksichtigen. Allgemeine Rechtsprinzipien und die Natur der

521 *Pfundstein*, Rn. 174ff. gibt eine Übersicht über den Verlauf der Rspr. bis 2008.
522 Erbrecht, S. 298.
523 Etwa Staudinger/*Honsell*, Einleitung zum BGB Rn. 186ff. m.w.N.; prägnant *Rüthers*.
524 S. 175.

Sache helfen an dieser Stelle jedenfalls nicht weiter, sodass man, in *Canaris*' Reihenfolge, zu den allgemein anerkannten Rechtsanschauungen und den sozialen und kulturellen Wertungen gelangt. Diesen Aspekt hat *Larenz*[525] in seine Methodenlehre nicht mit aufgenommen und auch andere Autoren haben ihm – soweit ersichtlich – nicht ausdrücklich zugestimmt. Oft beschränken sich Stellungnahmen zur Rechtsverweigerungslücke auf eine kurze Rezeption *Canaris*' und gehen auf die Details nicht weiter ein.[526] Viele bedeutende Werke zur Methodenlehre gebrauchen den Begriff überhaupt nicht und äußern sich, sofern sie (teilweise) deckungsgleiche Alternativbegriffe verwenden,[527] auch nicht gesondert zur Füllung solcher Lücken. Das BVerfG befürwortet allerdings ganz allgemein den Rückgriff auf die „fundierten allgemeinen Gerechtigkeitsvorstellungen der Gemeinschaft" zur Lückenfüllung.[528] Darüber hinaus wird vielfach eine Prägung grundrechtlicher Gewährleistungsgehalte durch gesellschaftliche Anschauungen für möglich gehalten,[529] sodass diese bei jedweder Lückenfüllung im Rahmen der Berücksichtigung verfassungsrechtlicher Wertungen relevant würden.

Bei Rechtsverweigerungslücken kann ein solcher Rückgriff auf allgemein anerkannte Anschauungen die einzige Möglichkeit sein, ein völlig zufälliges Ergebnis zu verhindern. Allgemein anerkannte Wertvorstellungen spielen in jeder Rechtsentwicklung eine zentrale Rolle und der Gesetzgeber würde diese bei eigenem Tätigwerden ebenfalls berücksichtigen. Wo er aber wegen der Seltenheit einer Konstellation diese nicht bedacht hat oder aber eine Frage Rechtswissenschaft und Lehre überlassen wollte, entspricht es der organischen Entwicklung des Rechts, solche Wertungen jedenfalls dort, wo andere Methoden zur Rechtsanwendung ausscheiden, auch ohne seine ausdrückliche Stellungnahme zur Geltung zu bringen. Der Rückgriff auf sie ist daher bei Rechtsverweigerungslücken methodisch zulässig. Die Äußerungen, die sich als Ergebnis einer Auslegung der Art. 6, 14 GG verstehen, können daher in die Feststellung der „allgemein

525 S. 402.

526 Vgl. etwa *Füller*, S. 396; *Hutter*, S. 35.

527 Etwa *Bydlinski*, S. 473 (logische bzw. echte Lücke); *Zippelius*, S. 52 (Formulierungslücke).

528 BVerfGE 34, 269 (287); ähnlich *Zippelius*, S. 67; vgl. auch BGHZ 44, 346 (358); 37, 219 (229); vgl. ferner Art. 1 III ZGB.

529 Explizit zum Erbrecht *Pfundstein*, Rn. 262; *Klein*, S. 129f. m.w.N. zu anderen verfassungsrechtlichen Gewährleistungen; wohl allgemein v. Münch/Kunig/*Coester-Waltjen*, Art. 6 Rn. 3; zum Eigentum (und lediglich auf die Zeit bis zur Normierung bezogen!) BVerfGE 65, 196 (209); 1, 264 (278); keine Erwähnung allerdings bei Isensee/Kirchhof/*Starck*, § 271; *Stern*, § 4 III (vgl. dort v.a. S. 139).

anerkannte[n] Rechtsanschauungen oder soziale[n] und kulturelle[n] Wertungen usw." mit einbezogen werden. Derlei Stellungnahmen und Bewertungen finden sich auch andernorts.

c) *Inhalt sonstiger Stellungnahmen und Bewertungen*

Zunächst einmal sind hier rechtspolitische Äußerungen von Interesse. Eine Ausweitung des gesetzlichen Ehegattenerbrechts ist über die vergangenen Jahrzehnte hinweg häufig gefordert worden.[530] Solchen Forderungen ist zwar mitunter widersprochen worden,[531] die Gegenposition, eine Einschränkung der Teilhabe des Ehegatten zugunsten der Verwandten, ist allerdings schon lange nicht mehr erhoben worden[532]. Stellungnahmen, die der Forderung nach einer Erhöhung des Ehegattenerbrechts widersprechen, widersprechen zudem nicht der hohen Schutzwürdigkeit des überlebenden Ehegatten, sondern weisen vor allem auf den Schutz des überlebenden Ehegatten durch die Hinterbliebenenversorgung hin,[533] die allerdings nach dem Tod von Bi- oder Polygamisten für den einzelnen Ehegatten geringer ausfällt[534]. *Rauschers* ausgiebige Vorschläge für eine Reform des gesetzlichen Erbrechts[535] können in manchen Konstellationen zu einer solchen Einschränkung führen, in anderen Konstellationen allerdings führen sie zu einer Ausweitung der Beteiligung des Ehegatten am Nachlass; auch *Godins* Vorschlag einer Senkung der Erbquote bei gleichzeitiger Zuweisung eines Nießbrauchs am restlichen Nachlass[536] lässt sich mit den Kategorien von Reduzierung und Ausweitung der Teilhabe nicht ganz erfassen. Die Tendenz der rechtspolitischen Aussagen kommt auch in zwei – mittlerweile allerdings etwas älteren – Umfragen zum Vorschein, in der bei vier Fallbeispielen jeweils die (überwiegend knappe) Mehrheit der Befragten die Alleinerbenstellung des

---

530 Vgl. die Nachweise bei Staudinger^{2000}/*Otte*, vor § 1922 Rn. 120; *Pfundstein*, Fn. 1006; *Plate*, S. 93ff. (sowie ihren eigenen Vorschlag auf S. 301f.); *Rauscher*, Bd. II.1 S. 111ff.; der Vorschlag bei *A. Bauer*, S. 279ff., würde Erblassern jedenfalls eine Verbesserung der erbrechtliche Stellung des Ehegatten ermöglichen.

531 *Däubler*, ZRP 1975, 136 (141), der allerdings eine Stärkung des Rechts auf den Voraus fordert; Staudinger^{2000}/*Otte*, vor § 1922 Rn. 120; *Rauscher*, Bd. II.1 S. 85ff. m.w.N.

532 Soweit ersichtlich zuletzt noch *Boehmer*, FamRZ 1961, 41 (45f.) (bei hälftiger Erbquote nur Vorerbschaft).

533 *Däubler*, ZRP 1975, 136 (141); Staudinger^{2000}/*Otte*, vor § 1922 Rn. 120; *Rauscher*, Bd. II.1 S. 115.

534 Vgl. oben Fn. 302.

535 Bd. II.1 S. 58ff.

536 49. DJT K 86.

Ehegatten befürwortete.[537] Ebenso spricht die Beliebtheit des Berliner Testaments in der Bevölkerung[538] für eine hohe Bewertung des Ehegattenerbrechts in der allgemeinen Rechtsanschauung. Die Vorstellung, dass Ehegatten neben Verwandten zweiter Ordnung im Intestatfall Alleinerben werden, ist gleichfalls häufig anzutreffen.

Interessant ist auch das IPR, das häufig eine eigenständige Rechtsschöpfung des Rechtsanwenders erfordert. Dies erhöht natürlich den Einfluss im Hintergrund stehender Wertvorstellungen des Rechtsanwenders.[539] Als „das unsicherste Terrain im ganzen IPR" wird die Anpassung bezeichnet.[540] Diese ist etwa im Zusammenspiel von Ehe- und Güterrecht relevant. Allerdings setzt sie dort – jedenfalls gemäß der ganz herrschenden Meinung – lediglich Grenzen, sei es nach oben oder nach unten hin.[541] Ein Beispiel aus der Rechtsprechung ist die Anwendung deutschen Güter- und österreichischen Erbrechts auf einen Erblasser mit zwei Abkömmlingen, der im gesetzlichen Güterstand lebte, wobei sich etwa unter Zugrundelegung einer rein güterrechtlichen Qualifikation des § 1371 Abs. 1 BGB ohne Vornahme einer Anpassung eine Ehegattenerbquote von $\frac{7}{12}$ ergäbe. Diese Quote übersteigt den Anteil, den der Ehegatte bei Anwendung deutschen Erb- und Güterrechts erhalten würde ebenso wie den Anteil, den der Ehegatte bei Anwendung österreichischen Erb- und Güterrechts erhalten würde. Daher wird sie durch Anpassung auf $\frac{1}{2}$ reduziert, was immerhin der deutschen Lösung entspricht und näher an den sich eigentlich ergebenden $\frac{7}{12}$ liegt als das österreichische Drittel.[542] Die maßgebliche Entscheidung wird also bereits bei der Qualifikation des § 1371 Abs. 1 BGB getroffen. Hier fällt auf, dass auf Basis aller Ansichten eine güterrechtliche Erhöhung der Beteiligung des Ehegatten am Nachlass sichergestellt ist: Die güterrechtliche Qualifikation führt zu Erhöhung auch ausländischer Erbquoten um ein Viertel; Vertreter der erbrechtlichen und

---

537 *Stöcker*, FamRZ 1971, 609 (611ff.).

538 *Plate*, S. 3 m.w.N.

539 Vgl. allgemein zur Bedeutung des Vorverständnisses für die Rechtsanwendung nur *Esser*, S. 7ff.

540 *Ferid*, IPR, § 4 Rn. 70 (Zitat); *Schotten/Schmellenkamp*, Rn. 50 a.E.

541 Erman/*Hohloch*, Art. 15 EGBGB Rn. 37; MüKo/*Looschelders*, Art. 15 EGBGB Rn. 62; jeweils m.w.N.; zu der sich durch die unterschiedlichen Regelungen zum Voraus ergebende (von anderen Autoren offenbar nicht bedachte Komplexität) solcher Fälle *Schotten/Schmellenkamp*, Rn. 288i Bsp. 1; explizit für eine nur überschlägige Behandlung *Andrae*, § 3 Rn. 251.

542 LG Mosbach ZEV 1998, 489; zustimmend *Ludwig*, DNotZ 2005, 586; Staudinger/*Mankowski*, Art. 15 EGBGB Rn. 378f.; jeweils m.w.N.

der Doppelqualifikation sprechen dem Ehegatten „ganz überwiegend“ pauschal den schuldrechtlichen Zugewinnausgleich zu,[543] obwohl dies dem Wortlaut des § 1371 Abs. 2 Hs. 1 BGB, der den schuldrechtlichen Zugewinnausgleich im Fall der Auflösung der Ehe durch den Tod des Ehegatten lediglich für den Fall, dass der überlebende Ehegatte nicht Erbe wird und ihm auch kein Vermächtnis zusteht, vorsieht, widerspricht[544]. Ein völliger Ausfall des güterrechtlichen Ausgleichs bei Anwendung fremden Erbrechts wurde lediglich vereinzelt, wenn auch von prominenter Seite, vertreten.[545] Inwieweit man die nun noch vertretenen Ansichten als Beleg für eine instinktiv zugrunde gelegte hohe Bewertung des Ehegattenerbrechts ansehen möchte, liegt sicherlich im Auge des Betrachters. Eindeutig ist allerdings *Siehrs* Ansicht zur Anpassung. Er möchte stets insgesamt das Recht anwenden, das den Ehegatten am günstigsten stellt, „weil heutzutage der überlebende Ehegatte stärkere vermögensrechtliche Sicherungen notwendig hat als die anderen, meist jüngeren Erben“.[546] Über die zugrunde liegende Wertvorstellung muss hier nicht erst spekuliert werden. Dass die Ansicht vereinzelt geblieben ist, liegt sicherlich auch an dem ungewöhnlichen Weg der Bildung einer eigenständigen Kollisionsnorm im Wege der Rechtsfortbildung.[547]

Ein eindeutigeres Bild ergeben die im Rahmen der Anwendung des *ordre public* in Rechtsprechung und Literatur (insoweit) instinktiv gefundenen Lösungen für die Ehegattenerbquoten des klassischen islamischen Erbrechts. Entscheidungen zum *ordre public* ergehen in diesen Fällen zwar aus grundrechtlichen Erwägungen heraus, allerdings wird als grundgesetzliche Stütze fast[548] immer

---

543 Vgl. die Nachweise bei *Derstadt*, IPrax 2001, 84 Fn. 32; grundsätzlich auch OLG Stuttgart ZEV 2005, 443 (444) = FamRZ 2005, 1711; a.A. MüKo[5]/*Birk*, Art. 25 EGBGB Rn. 159; MüKo[6]/*Dutta*, Art. 25 EGBGB Rn. 157ff., vertritt die rein güterrechtliche Qualifikation.

544 Vgl. auch die Kritik bei Staudinger/*Mankowski*, Art. 15 EGBGB Rn. 356.

545 *Ferid*, IPR, § 8 Rn. 130ff. (in der dritten Auflage von *Böhmer* bearbeitet, diese Stelle ist jedoch aus den Vorauflagen übernommen); die Auffassung *Birks* (Fn. 543) gelangt selbstverständlich in den meisten, aber eben nicht in allen Fällen zum gleichen Ergebnis.

546 MüKo[6]/*Siehr*, Art. 15 EGBGB Rn. 108.

547 Vgl. etwa die Kritik bei Staudinger/*Mankowski*, Art. 15 EGBGB Rn. 381.

548 MüKo/*Dutta*, Art. 35 EuErbVO Rn. 9 möchte Diskriminierungsfälle nur bei Unterschreitung der Mindestteilhabe korrigieren und stimmt daher den Ergebnissen der älteren Rspr. zu; so auch noch Erman[10]/*Hohloch*, Art. 6 EGBGB Rn. 50 (seit der 11. Aufl. aber nicht mehr). OLG Frankfurt ZEV 2011, 135 (137) (allerdings nur am Rande) und KG ZEV 2008, 440 (441f.) = FamRZ 2008, 1564 (allerdings in Bezug auf ein Kind) argumentieren ebenfalls mit Art. 14 (Abs. 1 S. 1 i.V.m. Art. 6 Abs. 1) GG, jeweils stand wegen eines interreligiösen Erbverbots ein Ausschluss von jedweder

statt einer Mindestteilhabe der Angehörigen allein das Diskriminierungsverbot ins Feld geführt. Ihre Ausführungen beziehen sich nicht ausdrücklich auf das verfassungsrechtliche Verhältnis von Ehegatten- und Verwandtenerbrecht und werden daher hier zu den nicht verfassungsrechtlichen gezählt. In islamischen Rechtsordnungen sind die Erbquoten des Ehemanns doppelt so hoch wie die der Ehefrau.[549] Die ganz herrschende Meinung spricht für den Fall, dass der eigene Anwendungsbefehl auf ein solches Recht verweist, der Ehefrau (bei Untragbarkeit des Ergebnisses im konkreten Fall) die gemäß jener Rechtsordnung für den Ehemann vorgesehene Erbquote zu,[550] obwohl eine Diskriminierung ebenso vermieden würde, wenn Ehemännern lediglich die Ehefrauenerbquoten zugesprochen würde. Fälle, in denen die Beteiligung des Mannes am Nachlass infrage steht, werden seltener veröffentlicht; IPG 1999 Nr. 41 (Hamburg) bezog Fragen des *ordre public* leider nicht mit ein. *Pattar* stellt dazu lapidar fest, dass „nur die Zurücksetzung des weiblichen Erbanteils gegenüber dem männlichen als *ordre-public*-widrig angesehen wird, nicht aber die Besserstellung der Männer gegenüber gleich positionierten Frauen“.[551] Hier kommt man bei nüchterner Betrachtung um die Einschätzung nicht herum, dass die Erbquoten in Höhe von einem Achtel bzw. einem Viertel (und im Fall des OLG München[552]

Beteiligung am Nachlass im Raum; Art. 6 bzw. Art. 14 GG auch erwogen haben IPG 1987/88 Nr. 45 (Berlin) S. 440 und 1977 Nr. 31 (Hamburg) S. 282.

549 Koran 4,12f.; vgl. dazu im Einzelnen oben Kapitel B.I.

550 OLG Hamburg FamRZ 2015, 1232 m. insoweit zust. Anm. *Köhler*; OLG München ZEV 2012, 591 = FamRZ 2013, 36; OLG Frankfurt ZEV 2011, 135 (136f.); OLG Düsseldorf ZEV 2009, 190 m. insoweit zust. Anm. *Schotten/Schmellenkamp* = FamRZ 2009, 1013; IPG 1998 Nr. 30 (Köln) S. 456ff.; 1997 Nr. 36 (Passau) S. 479ff.; 1983 Nr. 32 (Göttingen) S. 292ff.; *Dörner*, IPrax 1994, 33 (37); *Looschelders*, IPrax 2009, 505 (508); *Lorenz*, IPrax 1993, 148 (150); *Pattar*, S. 517; *Sieghörtner*, MittBayNot 2016, 264 (265); wohl auch *Scholz*, S. 214, 298; erwägend IPG 2007/08 Nr. 38 (Köln) S. 502; 1987/88 Nr. 43 (Köln) S. 420f.; a.A. OLG Hamm FamRZ 1993, 111 (114f.) (unter Hinweis auch auf die Mehrbeteiligung der Ehefrau durch die Anwendung deutschen Güterrechts); IPG 2002 Nr. 25 (Erlangen) 372ff. (mangels Inlandsbezuges im konkreten Fall); 1996 Nr. 40 (Köln) S. 538 (wegen des güterrechtlichen Ausgleichs); *Pauli*, S. 171ff.; nicht angedacht in LG Hamburg IPRspr 1991 Nr. 142 (269f.) (im konkreten Fall allerdings Alleinerbenstellung der Ehefrau in Bezug auf das unbewegliche Vermögen aufgrund einer gemäß Art. 25 Abs. 2 EGBGB möglichen Einsetzung); IPG 1987/88 Nr. 45 (Berlin); IPG 1977 Nr. 31 (Hamburg); 1967/68 Nr. 59 (Köln) (diese Gutachten äußern sich in anderem Zusammenhang durchaus zum *ordre public*); kritisch in Bezug auf die konkrete Quote wohl nur *Süß*, MittBayNot 2013, 74 (75).

551 S. 517.

552 ZEV 2012, 591 (593) = FamRZ 2013, 36.

neben Geschwistern selbst die sich durch Erhöhung gemäß §§ 1931 Abs. 3, 1371 Abs. 1 BGB ergebende Hälfte) den Rechtsanwendern unterschwellig auch absolut betrachtet als zu gering erscheinen. Deswegen ist unwahrscheinlich,[553] dass einem Ehemann in einer ansonsten gleichen Konstellation nur die Witwenerbquote zugesprochen würde. Besonders interessant ist der von *Pattar* aufgezeigte Lösungsweg für die Korrektur auf einen polygamen Erblasser anwendbaren islamischen Erbrechts im Rahmen des *ordre public*, bei dem die Zuteilung der vollen Ehegattenerbquote (des Mannes) an jede Frau zum Ausgangspunkt genommen und in der Folge weit in das Erbrecht der Verwandten eingegriffen wird.[554]

Ein aus internationalprivatrechtlicher Sicht überaus schillerndes islamisches Rechtsinstitut ist die vom Ehemann an seine Ehefrau zu leistende Morgen- bzw. Brautgabe (arab. *mahr*, *ṣadāq*[555]). Diese Gabe des Ehemannes an seine Frau wird oftmals (teilweise) erst mit der Auflösung der Ehe eingefordert, sei es, dass von Anfang an Fälligkeit erst zu diesem Zeitpunkt vereinbart war, sei es, dass ihre Auszahlung während des intakten Bestehens der Ehe schlichtweg durch die Ehefrau nicht eingefordert wird. Die durch einen solchen Vermögenszufluss bewirkte Erhöhung der Teilhabe der Witwe am Nachlass ihres Ehemannes kann bei der Korrektur ihrer zu geringen Erbquote zu berücksichtigen sein.[556] Ob im Einzelfall auch eine weitgehende Auszehrung des Nachlasses durch den Anspruch auf die Brautgabe hinzunehmen wäre, wird hingegen nirgends diskutiert. Die wirtschaftlichen Verhältnisse des Ehemanns übersteigende Brautgaben stellen keine Seltenheit dar[557] und jedenfalls im Iran ist die bevorzugte Befriedigung von Brautgabeansprüchen aus überschuldeten Nachlässen ausdrücklich normiert,[558] andererseits ist die Geltendmachung von Brautgabeansprüchen aus Nachlässen jedenfalls in einigen Ländern eher unüblich[559]. Jedenfalls ist die Auszehrung eines Nachlasses durch eine Brautgabe möglich, wenngleich dies offenbar noch in keinem erbrechtlichen Fall vor einem deutschen Gericht überhaupt thematisiert wurde. Die *ordre public*-Widrigkeit dieses Ergebnisses, das zudem nur zugunsten von Frauen eintreten kann, wird nirgends erwogen. Dies mag an

553 A.A. wohl *Süß*, MittBayNot 2013, 74 (75).

554 S. 519f., vgl. dort auch S. 515; a.A. *Scholz*, Erbrecht, S. 297.

555 *Yassari*, Brautgabe, S. 12 mit Nennung weiterer Bezeichnungen.

556 So auch *Pauli*, S. 168f.; *Scholz*, Erbrecht, S. 265ff.

557 Vgl. zu gesetzgeberischen Reaktionen in islamischen Ländern *Yassari*, Brautgabe, S. 173ff.; auch die dort auf S. 355 Fn. 125 aufgezählten Beispiele enthalten recht hohe Summen.

558 *Yassari*, Brautgabe, S. 155f.

559 Vgl. die Nachweise bei *Yassari*, Brautgabe, S. 76 Fn. 389.

der geringen Relevanz der Thematik liegen, möglicherweise wird eine solch hohe Beteiligung der Ehefrau am Nachlass aber auch intuitiv gebilligt, sodass eine Problematisierung nicht erwogen wird, obwohl sich wiederum das Diskriminierungsproblem[560] stellt. Immerhin werden in der deutschen Rechtsprechung, wenngleich die *ordre public*-Konformität der Brautgabe grundsätzlich anerkannt ist, nach einer Scheidung geltend gemachte exzessive Brautgabeansprüche im Rahmen der Anwendung des *ordre public* reduziert.[561] Ob die gleichen Gerichte eine solche Reduktion auch vornehmen würden, wenn die Ansprüche aus dem Nachlass geschuldet wären, ist ungewiss. Die Argumente, mit denen das OLG Bamberg eine Brautgabe in Höhe von 150.000 US-Dollar reduzierte (drohender Ruin des Ehemannes und Abhaltung desselben von der Stellung eines Scheidungsantrages[562]), passen auf einen Nachlass jedenfalls kaum. Im Ergebnis lassen sich aus dem Umgang mit der Brautgabe somit keine klaren Resultate für die intuitive Bewertung der Beteiligung des Ehegatten am Nachlass entnehmen.

d) *Fazit*

Unabhängig davon, ob dem Grundgesetz ein klares Verhältnis der Wertigkeiten von Ehegatten- und Verwandtenerbrecht zu entnehmen ist, ergibt die hier vorgenommene Zusammenschau ein klares Bild darüber, welche Bedeutung dem Ehegattenerbrecht nicht nur in der Fachwelt, sondern – wie die von *Stöcker* dargestellte Umfrage zeigt – auch in der Bevölkerung zugemessen wird. Sehr markant sind die rechtspolitischen Forderungen nach einer Ausweitung des Ehegattenerbrechts, ausdrücklich ein unterschiedlich starkes verfassungsrechtliches Gewicht der geschützten Positionen postulieren hingegen – soweit ersichtlich – lediglich *Derleder* und *Klein*. Auch die verfassungsrechtlichen Äußerungen *Pfundsteins* tendieren zu einer höheren Bewertung des Ehegattenerbrechts. Bei

---

560 Zu Zahlungsverlangen nach Scheidungen von der klassischen Rollenverteilung von Mann und Frau stark divergierender Ehen *Scholz*, ZJS 2010, 325 (325f.).

561 Vgl. zum Ganzen *Yassari*, Brautgabe, S. 329ff.; Reduktion vorgenommen: OLG Bamberg IPRspr. 2010, Nr. 89; pauschal für Sittenwidrigkeit: AG Baden-Baden v. 11.09.2015, Az. 2 F 118/13; AG Darmstadt FamRZ 2015, 408 (die Relevanz der Höhe der Brautgabe für das gefundene Ergebnis bleibt in beiden Beschlüssen unklar; vgl. auch AG Lüdenscheid FamRZ 2016, 1361 (1362) sowie *Lentz*, FuR 2017, 597 (661f.)); Sittenwidrigkeit für möglich haltend, im konkreten Fall aber verneinend: OLG Köln FamRZ 2016, 720; OLG Hamm IPRspr. 2012 Nr. 90 S. 186f. = NJOZ 2013, 1006 (1008f., dort ungekürzt wiedergegeben); § 242 BGB nur sehr kurz erwägen OLG Hamm FamRZ 2016, 1926 (1930).

562 IPRspr. 2010 Nr. 89 S. 191.

Odersky fällt auf, dass er sich für eine absolute Pflichtteilshöchstquote von einem Viertel des Nachlasses anhand eines Beispiel ausspricht, in denen eine solche Regelung zu einer Reduktion der Beteiligung der Erblasserkinder führt – möglicherweise ausgehend von der Prämisse, dass Leser seiner Ansicht so eher folgen, als wenn er das Beispiel anhand des Ehegatten gebildet hätte. Jedenfalls aber existieren keine aktuellen verfassungsrechtlichen oder rechtspolitischen Äußerungen, die das Verwandtenerbrecht höher bewerten als das Ehegattenerbrecht. Ein klares Bild ergeben auch internationalprivatrechtliche Äußerungen zum Umgang mit den geringen Ehegattenerbquoten des klassischen islamischen Rechts sowie die Aussage *Siehrs* zur Anpassung, der zwar widersprochen, zu der aber nicht die exakte Gegenposition (eine möglichst geringe Beteiligung des Ehegatten) vertreten wird. *Pattar* erwägt eine massive Ausweitung des Ehegattenerbrechts zulasten der Verwandten sogar für Korrekturen des klassischen islamischen Erbrechts, in welches somit massiv eingegriffen würde. All dies zeigt, wie hoch das Ehegattenerbrecht heute bewertet wird. Hinzu kommt, dass den meisten Stellungnahmen das Vorhandensein nur eines Ehegatten wohl als selbstverständlich zugrunde liegen wird, weshalb diese Bewertung (anders als in Bezug auf das Verwandtenerbrecht) auf jeden einzelnen Ehegatten zu beziehen ist.

Die heutige Bewertung des Ehegattenerbrechts unterscheidet sich damit von der Bewertung zur Zeit der Entstehung der h.M. zur Ehegattenerbquote (jedenfalls unter manchen Juristen, zu denen mit *Godin*, *Ferid* und *Epple* auch die Protagonisten der h.M. zählen), wie sie sich an der Skepsis gegenüber der 1958 erfolgten Erhöhung des Erbrechts des Ehegatten im gesetzlichen Güterstand[563] ablesen lässt. Dass zu dieser Zeit die durchschnittliche Zahl der Abkömmlinge höher war als heute, mag gleichfalls unterschwellig eine Rolle gespielt haben. Auch war die gesetzliche Besserstellung des Ehegatten in der dann eingetretenen Form keineswegs von Anfang an vorgezeichnet. So schlug der Bundesrat 1954 die Abschaffung des in § 1932 BGB geregelten Voraus des Ehegatten vor.[564] Dies mag erklären, wie sich die h.M. ohne methodische Fundierung etablieren konnte. 1965 ist die Beschäftigung mit der Thematik weitgehend beendet

563 Vgl. *Bärmann*, JZ 1958, 225 (228); *Boehmer*, FamRZ 1961, 41 (45f.); *Ferid*, FamRZ 1957, 70 (70f.); IPR, § 8 Rn. 133; *Lange*, NJW 1957, 1381 (1386f.); 1972 noch *Godin*, 49. DJT, K 85ff.; die Wertung *Epples* kommt in der selbstverständliche Bezeichnung der Reduzierung der Ehegattenerbquoten als gerecht in FamRZ 1964, 184 (184) ebenfalls recht klar zum Ausdruck.

564 BT-Drs. 2/224 S. 92; vgl. auch *Lange*, NJW 1957, 1381 (1384, v.a. Fn. 47).

worden. Nur die größeren Kommentare erwähnen sie noch, eine Auseinandersetzung mit den Wurzeln der h.M. ist jedoch nicht mehr erfolgt.

6 Einfachheit der Rechtsanwendung

Die stete Aufteilung der Ehegattenerbquote besticht, wo doch die einzige ebenso einfache Möglichkeit, *stets* jedem Ehegatten das volle Erbrecht zuzusprechen, ausscheidet, durch die sich für die Rechtsanwendung ergebende Einfachheit, die von den Freiherren von *Godin* als Argument herangezogen wurde.[565] Auch *Epple* wollte mit seiner „Berücksichtigung der gesamten Erbrechtsregelung" offenbar zum Ausdruck bringen, dass die Aufteilung der einzelnen Ehegattenerbquote die geringsten Probleme bereitet. Die Einfachheit der Rechtsanwendung stellt jedoch weder ein Auslegungskriterium dar, noch sind Schwierigkeiten bei der Rechtsanwendung ein Weg der Lückenfeststellung. Soweit ersichtlich wird sie in keiner juristischen Methodenlehre erwogen. *Bydlinksi* spricht sich zwar in seinen Ausführungen zur Methodenwahl dafür aus, zunächst mit der einfacheren Methode zu beginnen, erhebt die Einfachheit allerdings nicht selbst zur Methode.[566] Wegen drohender Kompliziertheit kann nicht von vornherein auf die Anwendung einer Norm verzichtet oder das Recht fortgebildet werden. Nach *Epple* wurde auf dieses Argument dann auch verzichtet, wenngleich die alternative Begründung, dass nicht in die Erbenstellung der Verwandten eingegriffen werden dürfe, ebenfalls nicht überzeugt. Allenfalls in seltenen Ausnahmefällen sollte die Einfachheit der Rechtsanwendung als Argument herangezogen werden. Bei der Rechtsverweigerungslücke wäre im Falle einer andernfalls drohenden Willkürentscheidung daran zu denken.[567] Da die Einfachheit der Rechtsanwendung im Folgenden lediglich als zusätzlich stützendes Argument benötigt wird,[568] bedarf dies hier keiner Entscheidung. Jedenfalls darf mit ihr nicht bereits an einer Stelle Rechtsfortbildung betrieben werden, an der überhaupt keine Lücke besteht.

7 Rechtsvergleichende Argumentation

Peter erwägt sogar eine rechtsvergleichende Begründung der Aufteilung der Ehegattenerbquote: Polygame Rechtsordnungen teilen diese ebenfalls auf.[569] Bei

565 S.o. II.2.
566 S. 556f.
567 Vgl. zu der Problematik noch Fn. 578.
568 Vgl. dazu noch den Text vor Fn. 580.
569 S. 171.

§ 1931 BGB handelt es sich allerdings um eine Norm des deutschen Rechts, bei der zunächst einmal – anders als bei ausländisches oder supranationales Recht rezipierenden Normen – nichts für die Berücksichtigung ausländischer Rechtsordnungen bei der Auslegung spricht.[570] Ob ausländisches Recht außerdem zur Auslegung deutschen Rechts herangezogen werden kann, wenn eine rechtliche Konstellation nur aufgrund einer im Ausland bestehenden, vom deutschen Recht abweichenden Gesetzeslage eintritt (was bei der Mehrehe wie gesehen nicht stets der Fall ist) und eine Rechtsfortbildung erforderlich macht, wird soweit ersichtlich nirgends diskutiert. Diese Frage sollte nicht mit dem Problem des Umgangs mit ausländischen Rechtsinstituten im inländischen Recht verwechselt werden: Dass auch die polygame Ehe in privatrechtlichen Normen als Ehe, also auch als Ehe i.S.v. § 1931 BGB zu verstehen ist, wurde bereits dargelegt. Für einen Blick in die ausländische Rechtsordnung mag sprechen, dass sie jedenfalls eine Lösung für das sich ergebende Problem vorsieht. Die möglicherweise aufwendige Auslegung des deutschen Rechts kann er jedoch nicht ersetzen. Auch wenn sich erweisen sollte, dass das Gesetz für das Problem keine eindeutige Lösung bereithält und der Richter eine eigenständige Entscheidung treffen muss, sollte nicht einfach die des ausländischen Rechts kopiert werden. Dies muss vor allem dann gelten, wenn die Wertungen des ausländischen Rechts den deutschen zutiefst widersprechen. Die islamischen Rechtsordnungen, die *Peter* in Erwägung zieht und die auch zu den meisten polygamen Ehen in Deutschland führen, bringen bereits mit den ungleichen Erbquoten in monogamen Konstellationen eine mit Art. 3 Abs. 2, 3 GG unvereinbare Wertung zum Ausdruck. Gerechtfertigt wird diese Ungleichbehandlung durch islamische Autoren gern damit, dass auf der anderen Seite nur Männer unterhaltsverpflichtet sind.[571] Diese Argumentation widerspricht zwar den Wertungen des Art. 3 Abs. 2, 3 GG, zeigt aber auf, dass im Rahmen des auf das islamische Erbrecht abgestimmten islamischen Unterhaltsrechts die Witwe notfalls jedenfalls noch indirekt am Nachlass partizipieren kann. Die nur schwach ausgeprägte Testierfreiheit verhindert ein Unterlaufen dieser Sicherung. Wenn sich aufgrund der Mehrehe eine schwächere Erbquote der Ehefrauen als gesetzlich vorgesehen nicht vermeiden lässt, mag dieser Aspekt durchaus mitberücksichtigt werden, falls sich keine klare Lösung aus dem Gesetz

570 Für rechtsvergleichende Argumentation *Coendet*; im Verfassungsrecht auch *Häberle*, JZ 1989, 913 (916ff.); dagegen etwa *v. Bar/Mankowski*, § 2 Fn. 484; *Kischel*, S. 77ff.; auf den vertretbaren Rahmen beschränkt *Bydlinski*, S. 461f.; andere Werke zur juristischen Methodenlehre gehen darauf überhaupt nicht ein; umfassend zur Thematik und wohl auf den vertretbaren Rahmen beschränkt *v. Busse*.

571 Etwa *H. Khan*, S. 158; weitere Nachweise bei *Yassari*, Brautgabe, S. 75.

herleiten lassen sollte, zumal es sich bei für deutsche rechtliche Streitigkeiten relevanten polygamen Rechtsordnungen zumeist um islamische handelt und auch im Übrigen in polygamen Rechtsordnungen eine starke Testierfreiheit eine Ausnahmeerscheinung darstellt. Unter I.I. wird hierauf zurückzukommen sein. Die Übertragung der Halbierung der Ehegattenerbquote aus dem islamischen Recht in das deutsche Recht lässt sich methodisch jedenfalls nicht rechtfertigen.

III Darlegung eines methodisch begründeten Lösungsweges für das Bestehen mehrerer Ehen in Gütertrennung

Dreh- und Angelpunkt für die Lösung des Problems muss das deutsche Recht sein, wobei mit dem Gesetzeswortlaut zu beginnen ist. Dies wird hier zunächst für Fälle dargestellt, in denen in allen Ehen Gütertrennung besteht.

1 Grundlagen

Jeder Ehegatte erfüllt selbstständig den im konkreten Fall anwendbaren Tatbestand des § 1931 BGB und verfügt damit über ein eigenständiges Erbrecht. Dass die sich jeweils für den einzelnen Ehegatten ergebende Erbquote für den Fall des Vorhandenseins deren mehrerer ohne Weiteres auf diese aufzuteilen wäre, lässt sich dem Gesetz nicht entnehmen. Eine sonstige methodische Herleitung dieses Ergebnisses wird aktuell nicht einmal mehr diskutiert. Die vor allem in der Vergangenheit vertretene analoge Anwendung des § 2090 BGB erfordert wie jede Analogie eine Gesetzeslücke. Eine solche besteht allerdings nicht bereits deswegen, weil die Erbenstellung zweier Ehegatten eines einzigen Erblassers im BGB nicht vorgesehen wäre: Wie sich aus § 1318 Abs. 5 BGB ergibt, ist das Gegenteil der Fall. Aus den Materialien geht hervor, dass dem Gesetzgeber die nun mögliche Konsequenz einer Erbenstellung zweier Ehegatten bewusst war.[572] Auch lässt sich § 1931 Abs. 1 S. 1 BGB mühelos, insbesondere ohne einen Wertungswiderspruch, aus dem sich eine Rechtslücke (in Gestalt der teleologischen Lücke in *Canaris*' Terminologie[573]) ergeben würde,[574] etwa neben Verwandten der ersten Ordnung auf zwei Ehegatten jeweils einzeln anwenden. Eine Lücke (in Gestalt der Rechtsverweigerungslücke) besteht allerdings, sobald die Zusprechung der Ehegattenerbquote an jeden einzelnen Ehegatten zu einem völligen Wegfall des Verwandtenerbrechts führen würde, da hier die andernfalls

---

572 BR-Drs. 79/96, S. 48; BT-Drs. 13/4898, S. 18.

573 S. 141.

574 *Canaris*, S. 71ff.; *Looschelders/Roth*, S. 224ff.

anwendbaren Tatbestände des § 1931 Abs. 1 S. 1 BGB ihrem Wortlaut nach nicht mehr anwendbar wären und sich somit bei wortlautgetreuer Anwendung des Gesetzes überhaupt keine Lösung mehr finden ließe.[575]

In Fällen, in denen in allen Ehen Gütertrennung bestand, besteht eine solche Rechtsverweigerungslücke bei Vorhandensein vierer Ehegatten und Verwandter der ersten Ordnung. Eine Rechtsfortbildung muss also erfolgen. Aufgrund von Wortlaut und Entstehungsgeschichte von § 1931 Abs. 1 S. 1 BGB[576] darf diese jedenfalls nicht in einer schlichten Modifikation des Tatbestandsmerkmals „neben Verwandten der ersten Ordnung" hin zu „für den Fall des Vorhandenseins Verwandter erster Ordnung" etc. bestehen. Eine Reduzierung der Ehegattenerbquoten lässt sich daher jedenfalls nicht in allen Fällen vermeiden.

In anderen Situationen ist eine Reduktion von Erbquoten gesetzlich vorgesehen. § 2090 BGB ordnet für den Fall, dass die testamentarisch für die Erben vorgesehenen Quoten insgesamt 100 % übersteigen, eine verhältnismäßige Reduzierung der Erbquoten an. Ähnlich regelt § 1924 Abs. 4 BGB die Aufteilung des Teils der Erbschaft, der den Kindern oder einer bestimmten Gruppe von Kindeskindern etc.[577] zusteht, wobei sich die Größe dieses Teils aus §§ 1931 Abs. 1 S. 1, 1924 Abs. 3 BGB ergibt. Normen, die analog angewandt werden könnten, stehen somit zur Verfügung. Nun stellt sich allerdings die Frage, welcher Teil der Erbschaft es ist, der auf die Ehegatten aufgeteilt werden könnte.

Die gesetzlich dem einzelnen Ehegatten zustehende Erbquote kommt dafür nicht in Betracht, weil somit bereits für Konstellationen § 1924 Abs. 4 BGB bzw. § 2090 BGB analog angewandt würde, in denen überhaupt keine Lücke besteht. Vielmehr hat eine Rechtsfortbildung nur zu erfolgen, soweit sie zur Schließung der Lücke erforderlich ist. Dabei bietet sich zunächst an, die Gesamtbeteiligung der Ehegatten zu ermitteln, die den oben beschriebenen *circulus vitiosus*, der zu der Rechtsverweigerungslücke führt, nicht hervorruft. Für den Fall von Ehen nur in Gütertrennung und des Vorhandenseins von Verwandten erster Ordnung sind dies drei Viertel des Nachlasses: Bei drei Ehen verbleibt noch ein Viertel für die Verwandten erster Ordnung, sodass das Tatbestandsmerkmal „neben Verwandten der ersten Ordnung" noch erfüllt wird. In diesem Fall bräuchte eine Rechtsfortbildung also nicht zu erfolgen. Die Lücke besteht erst ab dem vierten Ehegatten. Dies spricht für eine Grenzziehung bei drei Vierteln des Nachlasses.

---

575 S.o. II.3.

576 S.o. II.3.

577 MüKo/*Leipold*, § 1924 Rn. 35; Staudinger/*Werner*, § 1924 Rn. 23.

Drei Ehegatten erhielten somit jeweils ein Viertel des Nachlasses, vier Ehegatten jeweils drei Sechzehntel des Nachlasses etc.

Wendet man das gleiche Verfahren allerdings auf Ehen in Gütertrennung neben Verwandten der zweiten Ordnung an, so dürfte schon für den Fall des Vorhandenseins zweier Ehegatten auf die Ehegatten insgesamt nicht mehr entfallen, als wenn nur ein Ehegatte vorhanden wäre. Dementsprechend müsste der auf die Ehegatten entfallende Teil des Nachlasses bei der gemäß § 1931 Abs. 1 S. 1 2. Var. BGB bereits dem einzelnen Ehegatten zustehenden Hälfte „eingefroren" werden. Haben sich zwei Ehegatten diese Hälfte zu teilen, erhält jeder von ihnen ein Viertel. Handelt es sich aber um drei bzw. vier Ehegatten, erhält jeder von ihnen nur noch ein Sechstel bzw. ein Achtel. Von drei Ehegatten erhielte somit jeder einzelne im ersten Fall ein Viertel der Erbschaft, im zweiten lediglich ein Sechstel, wohingegen für Verwandte zweiter Ordnung (zweiter Fall) ein größerer Anteil des Nachlasses als für Verwandte der ersten Ordnung (erster Fall) verbliebe. Dies widerspricht der in § 1931 Abs. 1 S. 1, Abs. 2 BGB enthaltenen Wertung, dass entferntere Verwandte neben Ehegatten größere Einbußen an der Beteiligung am Nachlass hinzunehmen haben als nähere Verwandte, Ehegatten hingegen neben entfernteren Verwandten stärker am Nachlass zu beteiligen sind als neben näheren Verwandten. Aus diesem Wertungswiderspruch ergibt sich eine weitere Lücke. Bei dieser handelt es sich um eine teleologische Lücke. Gemeinsam mit der bereits beschriebenen Rechtsverweigerungslücke bildet sie eine Gesamtlücke, für die insgesamt eine in sich konsistente Ausfüllung gefunden werden muss, um sowohl die Rechtsverweigerung als auch den Wertungswiderspruch zu vermeiden.

Um den Widerspruch zu beseitigen, muss die Beteiligung der Verwandten zum Ausgangspunkt der Betrachtung gemacht werden. Wird bei diesen abhängig von der Ordnung eine Grenze festgelegt, über die hinaus ihre Beteiligung am Nachlass nicht eingeschränkt werden darf, so ergeben sich die dargestellten Wertungswidersprüche nicht mehr. Hier besteht nun die Gefahr, ihre Beteiligung willkürlich festzulegen – gemäß *Canaris* und *Larenz* wäre dann sogar der Rechtsverweigerung der Vorzug zu geben[578]. Es muss daher nach einem Anhaltspunkt im Gesetz gesucht werden. Immerhin sieht das BGB auch in Konstellationen außerhalb der Mehrehe über § 1931 Abs. 1 BGB hinausgehende Einschränkungen des Verwandtenerbrechts vor. Zunächst einmal ist dies in §§ 1931 Abs. 3, 1371 Abs. 1 BGB der Fall: Bestand zum Zeitpunkt des Todes eine Zugewinngemeinschaft, erhöht sich die Erbquote des Ehegatten auf Kosten der Verwandten

578 *Canaris*, S. 177; *Larenz*, S. 402.

um ein Viertel. Eine solche Zugewinngemeinschaft aber kann mitsamt ihren erbrechtlichen Wirkungen gemäß § 1408 Abs. 1 BGB auch nachträglich noch vereinbart werden. Mit einer solchen Reduktion ihrer Intestaterbquoten müssen die Verwandten also ohnehin rechnen, sodass ihnen eine solche Beschränkung der Beteiligung am Nachlass zumutbar ist. Zu einer weiteren Reduktion ihrer Beteiligung am Nachlass kann es kommen, wenn der Erblasser seine Testierfreiheit zu ihren Ungunsten ausübt. Zu der wegen der Zugewinngemeinschaft ohnehin schon bestehenden Reduktion der Beteiligung am Nachlass tritt in einem solchen Fall die sich aus § 2303 Abs. 1 S. 2 BGB ergebende Halbierung. Dementsprechend kann es auch in vom Gesetzgeber des § 1931 BGB in seiner heutigen Form bedachten Konstellationen dazu kommen, dass Verwandten erster Ordnung neben einem Ehegatten lediglich Ansprüche in einem Wert von insgesamt einem Viertel des Nachlasses zustehen, Verwandten der zweiten Ordnung sogar lediglich im Wert eines Achtels. Wegen der hohen Wertigkeit des Ehegattenerbrechts[579] ist erst an dieser Stelle die Grenze, über die hinaus das Ehegattenerbrecht nicht zulasten der Verwandten ausgedehnt werden darf, zu ziehen. Diese stellt auch für reguläre Konstellationen die weitest mögliche Einschränkung des Verwandtenerbrechts dar, sodass für diese Lösung auch immerhin noch ein Ansatz im BGB besteht. Eine Grenzziehung bereits bei der Hälfte des Nachlasses zugunsten der Verwandten der ersten Ordnung würde weitere Folgeprobleme nach sich ziehen, sodass sich eine solche Lösung auch weniger in die Systematik des BGB einfügen würde, vor allem wäre eine analoge Anwendung des § 2090 BGB öfter erforderlich.[580] Problematisch ist die allgemeine Grenzziehung bei der nach dem BGB in seiner ursprünglichen Konzeption geringstmöglichen Beteiligung lediglich bei den Großeltern: Solange diese die nächsten Verwandten des Erblassers darstellen, bleibt § 1931 Abs. 1 S. 1 BGB (und wird nicht § 1931 Abs. 2 BGB) einschlägig, obwohl es sich bei ihnen nicht um pflichtteilsberechtigte Erben handelt. Auf die geringstmögliche Beteiligung abzustellen, würde ihnen daher jedwede Teilhabe am Nachlass nehmen. Damit würde wiederum ein zur Begründung der Erbenstellung in § 1931 Abs. 1 S. 1 2. Var. BGB relevantes Tatbestandsmerkmal entfallen, ohne dass § 1931 Abs. 2 BGB anwendbar würde. Um Wertungswidersprüche zu vermeiden, ist die Grenze für die Einschränkung ihrer Beteiligung am Nachlass daher ebenfalls bei der Hälfte ihrer gesetzlichen Erbquote zu ziehen.

---

579 S.o. II.5.

580 Vgl. auch noch IV.3.

Der jeweils anwendbare Tatbestand des § 1931 Abs. 1 BGB kann (und muss!) so oft angewandt werden, bis die soeben festgestellte Grenze erreicht ist. Wenn die im Gesetz vorgesehenen Erbquoten diese Grenze überschreiten, besteht eine Lücke, die sich teils als Rechtsverweigerungs-, teils als teleologische Lücke darstellt. Erst an dieser Stelle ist § 2090 BGB oder § 1924 Abs. 4 BGB analog anzuwenden. Welcher von beiden Normen ist der Vorzug zu geben? § 2090 BGB drängt sich natürlich auf, wo jedem einzelnen Ehegatten der gesamte Nachlass zustünde – also in Fällen des § 1931 Abs. 2 BGB. In anderen Fällen, in denen lediglich ein Teil des Nachlasses auf die Ehegatten entfällt, scheint § 1924 Abs. 4 BGB, der sich ebenfalls auf bloß einen Teil des Nachlasses beziehen kann, zunächst besser zu passen. Es gibt allerdings auch Situationen, in denen Ehegatten wegen divergierender Güterstände im Grundsatz unterschiedlich hohe Erbquoten zustehen können. Nimmt man den Ausgangspunkt ernst, dass jedem Ehegatten grundsätzlich die im jeweils anwendbaren Tatbestand des § 1931 BGB vorgesehene Erbquote zusteht und lediglich in einem letzten Schritt eine Reduktion erforderlich ist, so ist über § 1931 Abs. 3 BGB auch § 1371 Abs. 1 BGB zu berücksichtigen und sind die Erbquoten daher verhältnismäßig zu reduzieren.[581] Zudem geht es bei § 1924 Abs. 4 BGB nicht um die Reduktion zu hoher Erbquoten, sondern um eine Aufteilung eines von vornherein für mehrere Personen vorgesehenen Teils des Nachlasses (auch die anderen Absätze des § 1924 BGB gehen vom Vorhandensein mehrerer Abkömmlinge aus). Daher trifft der Rechtsgedanke des § 2090 BGB eher zu. Für die Konstellation des Bestehens nur von Ehen in Gütertrennung führt auch diese Norm zu dem Ergebnis, dass der den Ehegatten insgesamt zufallende Teil der Erbschaft gleichmäßig unter ihnen zu verteilen ist.

2 Sonderfall: Analoge Anwendung von § 1931 Abs. 4 BGB

§ 1931 Abs. 4 BGB ist so formuliert, als ob stets nur ein Ehegatte zur Erbschaft gelangen könnte. Die Norm stammt aus dem Jahre 1969,[582] dennoch ist die Konstellation der Mehrehe nicht bedacht worden. Da § 1931 Abs. 4 BGB lediglich einen Sonderfall regelt und § 1931 Abs. 1 BGB die grundlegende Norm darstellt, muss das bei der Betrachtung zu § 1931 Abs. 1 BGB festgestellte Ergebnis einer eigenständigen Erbenstellung jedes einzelnen Ehegatten Ausgangspunkt der Überlegungen bleiben. Die Wertung des § 1931 Abs. 4 BGB, dass der Ehegatte

581 Vgl. dazu noch unten IV.1.

582 Gesetz über die rechtliche Stellung der nichtehelichen Kinder, BGBl. I, S. 1243; zum Hintergrund BT-Drs. V/4179 Ber. 5f.

nicht eine geringere Erbquote als ein einzelnes Kind erhalten soll, muss dementsprechend für jeden einzelnen Ehegatten gelten.[583] Eine besonders hohe verfassungsrechtliche Bewertung des Ehegattenerbrechts könnte hier lediglich ein zusätzlich stützendes Argument für die sich ohnehin aus der Auslegung des einfachen Rechts ergebende Lösung darstellen. Die grundsätzliche Ablehnung der Mehrehe durch die deutsche Rechtsordnung kann aufgrund der vorgelagerten klaren gesetzgeberischen Entscheidung für die Erbenstellung auch mehrerer Ehegatten an dieser Stelle keine Rolle mehr spielen. Gelangt also neben zwei Ehegatten nur ein Kind zur Erbfolge, so stehen allen drei Beteiligten Intestaterbquoten von einem Drittel zu.

Auch bei mehr als drei Ehegatten und nur sehr wenigen Abkömmlingen ist eine analoge Anwendung von § 1931 Abs. 4 BGB erforderlich. Zu denken ist etwa an vier Ehegatten neben einem einzigen Abkömmling. Derartige Fälle sind allerdings überaus unwahrscheinlich.

3 Ergebnisse

Die exakte Feststellung der Lücke führt bei grundsätzlicher Anwendbarkeit des § 1931 Abs. 1 BGB auf jeden Ehegatten dazu, dass aus ebenjenem § 1931 BGB eine Grenze zu ermitteln ist, über die hinaus das Verwandtenerbrecht nicht eingeschränkt werden darf. Diese besteht neben Verwandten erster Ordnung in einem Viertel des Nachlasses, neben Verwandten zweiter Ordnung und neben Großeltern in einem Achtel des Nachlasses. Erst in einem letzten Schritt ist dann in analoger Anwendung von § 2090 BGB der auf die Ehegatten entfallende Teil des Nachlasses auf sie zu verteilen. Für den noch realistischen Fall zweier Ehegatten in Gütertrennung neben Verwandten erster Ordnung kann daher ganz unproblematisch jeder einzelne Ehegatte das in § 1931 Abs. 1 S. 1 1. Var. BGB vorgesehene Viertel erhalten, wobei für den Fall des Vorhandenseins lediglich eines einzigen Abkömmlings eine weitere Erhöhung analog § 1931 Abs. 4 BGB zu Erbquoten von jeweils einem Drittel führt. Lediglich für den Fall des Vorhandenseins von mehr als drei Ehegatten oder des Fehlens Verwandter erster Ordnung muss zur Bestimmung der Ehegattenerbquote auf die Analogie zu § 2090 BGB zurückgegriffen werden. So erben – falls nicht wegen des Vorhandenseins besonders weniger Abkömmlinge eine analoge Anwendung des § 1931 Abs. 4 BGB erforderlich ist – vier Ehegatten neben Verwandten erster Ordnung lediglich jeweils zu $\frac{3}{16}$, fünf Ehegatten jeweils lediglich zu $\frac{3}{20}$. Neben

583 Erwägend auch Staudinger/*Otte*, § 2303 Rn. 16; a.A. vorausgesetzt bei *Muscheler*, Erbrecht, Rn. 1434.

Verwandten zweiter Ordnung erben zwei Ehegatten in Gütertrennung jeweils $\frac{7}{16}$, drei jeweils $\frac{7}{24}$ und vier jeweils $\frac{7}{32}$. Sofern das Vorhandensein in § 1931 Abs. 1 S. 2 BGB genannter Verwandter keine Abweichung erfordert, gilt dies auch neben Großeltern. Bei Vorhandensein lediglich entfernterer Verwandter teilen sich die Ehegatten die Erbschaft gleichmäßig auf.

IV Besonderheiten durch Ehen in anderen Güterständen

Besteht eine Ehe in Zugewinngemeinschaft, wird die oben dargestellte Grenze, über die hinaus das Erbrecht der Verwandten erster Ordnung nicht eingeschränkt werden darf, schon bei einer weiteren Ehe in Gütertrennung erreicht. Bei einer weiteren Ehe in Zugewinngemeinschaft (eher abwegig) wird sie sogar überschritten, sodass an dieser Stelle eine Reduzierung analog § 2090 BGB zu erfolgen hat. Sie besteht in der verhältnismäßigen Aufteilung der den Ehegatten nun insgesamt zustehenden drei Vierteln der Erbschaft. Zwar regeln die §§ 1372ff. BGB den Ausgleich eines konkreten Zugewinns, für die Intestaterbfolge ist dieses Prinzip in § 1371 Abs. 1 BGB allerdings zugunsten einer pauschalen Erhöhung der Erbquote durchbrochen. Für die Sonderkonstellation der Mehrehe besteht kein Anlass, von einer solchen schematischen Bewertung abzuweichen. Erben also zwei Gatten aus Ehen, in denen Zugewinngemeinschaft galt, so ist, da man sofort an die Grenze gelangt, bis zu der das Verwandtenerbrecht bestehen bleiben muss, § 2090 BGB analog auf zwei gleich große, aufgrund von § 1371 Abs. 1 BGB erhöhte Erbteile anzuwenden und nicht etwa eine Berechnung des konkret erwirtschafteten Zugewinns vorzunehmen. Es ergeben sich zwei Erbteile in Höhe von $\frac{3}{8}$ des Nachlasses.

1 Bestehen verschiedener Güterstände

Ist eine analoge Anwendung des § 2090 BGB auf Ehen verschiedener Güterstände erforderlich, so führt die verhältnismäßige Aufteilung des Nachlasses analog § 2090 BGB nicht zu gleichen Beteiligungen. Vielmehr sind die unterschiedlichen Erbquoten, die den einzelnen Ehegatten aufgrund ihrer jeweiligen Gütestandes im Regelfall zustehen würden, zu berücksichtigen und ist die Aufteilung im Verhältnis dieser Erbquoten zueinander vorzunehmen.

Ebenso verfährt die h.M. bei der Aufteilung der ihrer Ansicht nach aufzuteilenden einzelnen Erbquote.[584] Die h.M. gelangt bei jeweils einer Ehe in Zugewinngemeinschaft und einer Ehe in Gütertrennung zu Erbquoten von einem

584 *Epple*, FamRZ 1964, 184 (184); Burandt/Rojahn/*Große-Boymann*, § 1931 BGB Rn. 5; MüKo/*Leipold*, § 1931 Rn. 11; *Muscheler*, Erbrecht, Rn. 1434; Große-Willde/

Drittel (für die Ehe in Zugewinngemeinschaft) und einem Sechstel (für die Ehe in Gütertrennung). In dieser Situation ist jedoch noch keine analoge Anwendung des § 2090 BGB erforderlich. Sind aber etwa zwei Ehen in Gütertrennung und eine Ehe in Zugewinngemeinschaft vorhanden, so erhalten von den auf die Ehegatten insgesamt entfallenden $\frac{3}{4}$ des Nachlasses der Ehegatte aus der Ehe in Zugewinngemeinschaft $\frac{3}{8}$ und die beiden Ehegatten aus Ehen in Gütertrennung jeweils $\frac{3}{16}$ des Nachlasses.

Stein erwägt abweichend von der h.M. eine Berechnung der Erbquoten für „jede Ehe", womit offenbar jeweils der Ehegatte und die gemeinsamen (ehelichen?) Kinder gemeint sind, auf Basis der Hälfte des Nachlasses,[585] wofür sich im BGB überhaupt kein Anhaltspunkt findet. Wie mit unehelichen Kindern oder Kindern aus weiteren, bereits vor dem Tod des Bi- oder Polygamisten aufgelösten, Ehen zu verfahren wäre, sagt er nicht. Zudem würde sein Konzept zu noch niedrigeren Ehegattenerbquoten führen (bei einer Ehe in Gütertrennung und einer in Zugewinngemeinschaft zu $\frac{1}{8}$ und $\frac{1}{4}$, somit insgesamt nur zu $\frac{3}{8}$ statt der Hälfte für beide Ehegatten) und § 1924 Abs. 4 BGB ignoriert. *Peters* Konzept der Halbteilung[586] beachtet zwar § 1924 Abs. 4 BGB, gelangt allerdings zu den gleichen niedrigen Erbquoten und entbehrt wiederum jeder Grundlage im Gesetz. Beide Konzepte haben zurecht keinerlei Rezeption erfahren.

Besonders interessante Erwägungen stellt *Derleder* auf Basis des bis 1998 geltenden Eheschließungsrechts an. Sie sind von verfassungsrechtlichen Zweifeln an der Reduktion der Beteiligung des ersten Ehegatten am Nachlass geprägt, wobei er insofern der h.M. folgt, als die Aufteilung einer einzigen Ehegattenerbquote auf die Ehegatten Ausgangspunkt auch seiner Überlegungen ist. Den auf Basis der h.M. denkbaren größeren Erbteil des zweiten Ehegatten (wenn nämlich in dessen Ehe die Zugewinngemeinschaft galt) im Vergleich zum ersten Ehegatte lehnt er strikt ab; allenfalls komme eine hälftige Teilung in Betracht. An einer stärkeren Beteiligung des ersten Ehegatten wegen divergierenden Güterstandes hat er dementsprechend selbstverständlich keinen Zweifel. Offenbar hält er es zudem für denkbar, dass einem zweiten Ehegatten aus einer Ehe in Gütertrennung nach Vorversterben des ersten Ehegatten, in dessen Ehe die Zugewinngemeinschaft galt, die für die Zugewinngemeinschaft gedachte Erbquote zustehen

---

Ouart/*Zecher*, § 1931 Rn. 14; *Ferid*, FamRZ 1963, 410 (411) allerdings nur für den Fall, dass kein Kind aus einer Ehe in Gütertrennung vorhanden ist; a.A. erwägend Soergel/*Dieckmann*, § 2303 Rn. 27.

585 Soergel, § 1931 Rn. 6.

586 S. 177ff.

kann.[587] Dieser Aspekt kann allerdings nicht überzeugen. §§ 1931 Abs. 1 S. 1, 1371 Abs. 1 BGB sprechen jeweils nur von dem überlebenden Ehegatten; die Übertragung dieser höheren Erbquote lässt sich methodisch nicht begründen.

Wie sieht es hingegen mit *Derleders* Ansicht zum Verhältnis der Ehegatten untereinander aus? Ist nur jeweils ein Ehegatte in jedem Güterstand vorhanden, so ist neben Verwandten erster Ordnung überhaupt keine wie auch immer geartete Aufteilung erforderlich, vielmehr kann jeder Ehegatte den für ihn gesetzlich vorgesehenen Anteil erben, ohne dass irgendwelche Korrekturen vorzunehmen wären. Wo allerdings eine Aufteilung erforderlich ist, ist tatsächlich nicht einzusehen, dass ein Ehegatte aus einer ursprünglich monogamen Ehe, wenn seine Erbquote schon eingeschränkt werden muss, geringer als ein Ehegatte aus einer bigamen Ehe am Nachlass beteiligt wird. Lässt sich eine solche Auffassung auch methodisch fundieren? Auf Basis einer analogen Anwendung des § 1924 Abs. 4 BGB anstelle von § 2090 BGB würde man zu einer gleichmäßigen Beteiligung beider Ehegatten gelangen, damit aber auch einen ersten Ehegatten, in dessen Ehe ein ihm günstigerer Güterstand herrschte, auf eine Stufe mit dem zweiten Ehegatten stellen.

Interessant ist in diesem Zusammenhang allerdings § 1318 Abs. 3 BGB, der auf § 1363–1390 BGB insgesamt, also auch auf § 1371 Abs. 1 BGB verweist. In seinem primären Anwendungsbereich, der Regelung des Zugewinn- und Versorgungsausgleich für Fälle der Aufhebung der Ehe, muss die Norm ebenfalls in den allermeisten Fällen zu einer Reduktion des Zugewinnausgleichs des zweiten Ehegatten führen.[588] Kann § 1318 Abs. 3 BGB auch auf den Fall der Auflösung der aufhebbaren Ehe angewandt werden? § 1318 Abs. 1 BGB und die Überschrift von § 1318 BGB erwecken zunächst den Eindruck, als regele § 1318 BGB lediglich die Folgen der Aufhebung der Ehe. Allerdings enthält § 1318 BGB auch einen Absatz, der allein die Folge der Auflösung einer aufhebbaren Ehe durch den Tod regelt: § 1318 Abs. 5 BGB. Man kommt also nicht umhin, unter Aufhebung i.S.v. § 1318 BGB – abweichend vom fachwissenschaftlichen juristischen Sprachgebrauch – auch die Auflösung der aufhebbaren Ehe durch den Tod zu verstehen. Sicherlich ist die klare Aufteilung der Formen der Eheauflösung in Tod, Aufhebung und Scheidung logischer. Zur Klärung der Bedeutung eines in einem Gesetz enthaltenen Begriffs ist jedoch in erster Line auf den Gebrauch des entsprechenden Gesetzes abzustellen.[589] § 1318 BGB aber bezeichnet die Auflösung der aufhebbaren Ehe durch den Tod als einen Fall der Aufhebung.

587 AK-BGB, § 1931 Rn. 3.

588 S.o. C.III.1.

589 *Bydlinski*, S. 441; *Larenz*, S. 320ff.

Zudem könnte eine Nichtanwendung von § 1318 Abs. 3 BGB auf durch den Tod aufgelöste Ehen in Fällen der Bösgläubigkeit des zweiten Ehegatten groteske, in Hinblick auf Art. 6 GG nicht hinnehmbare Konsequenzen zur Folge haben: Ist der zweite Ehegatte nämlich bösgläubig und damit § 1318 Abs. 5 BGB einschlägig, erfüllt dieser zweite Ehegatte § 1371 Abs. 2 Hs. 1 BGB, was grundsätzlich zu einem Anspruch auf den schuldrechtlichen Zugewinnausgleich (und den Versorgungsausgleich) führt.[590] Würde man nun aber die Auflösung der Ehe durch den Tod nicht als Aufhebung im Sinne sämtlicher Absätze des § 1318 BGB verstehen, so würde § 1318 Abs. 3 BGB nicht einschlägig, sodass man die §§ 1373ff. BGB zugunsten eines bösgläubigen Ehegatten aus einer bigamen Ehe unmodifiziert anwenden müsste. Nach dem Tod des Bigamisten erhielte er somit den schuldrechtlichen Zugewinnausgleich. Dies widerspricht nicht nur der gesetzgeberischen Entscheidung gegen den schuldrechtlichen Zugewinnausgleich nach der Auflösung einer Ehe durch den Tod, für die er in § 1318 BGB sicherlich keine Ausnahme schaffen wollte. Auch würde bei der Auflösung der bigamen Ehe durch den Tod die grundsätzliche Wertung des § 1318 BGB zulasten des bösgläubigen Ehegatten unterlaufen, ohne dass hierfür ein sachlicher Grund ersichtlich ist. Geradezu absurd wäre die unmodifizierte Anwendung der §§ 1373ff. BGB auf den bösgläubigen Ehegatten in diesem Fall, wenn der rechnerische Zugewinnausgleich mehr wert ist als der Erbteil des ersten Ehegatten.

§ 1318 Abs. 3 BGB gilt also auch für die durch den Tod aufgelöste aufhebbare Ehe.[591] Da § 1318 Abs. 3 BGB auch auf § 1371 Abs. 1 BGB verweist, ist eine Kürzung der Erbquote des zweiten Ehegatten möglich. Grobe Unbilligkeiten zulasten des ersten Ehegatten sind bereits durch § 1318 Abs. 5 BGB ausgeschlossen. Nicht zumutbar ist dem ersten Ehegatten allerdings ganz allgemein, zugunsten des Ehegatten aus der bigamen Ehe schlechter als dieser gestellt zu sein. Die Quote des weiteren Ehegatten, in dessen Ehe im Gegensatz zur ersten Ehe Zugewinngemeinschaft galt, ist daher so zu verändern, dass beide Ehegatten in gleicher Höhe am Nachlass partizipieren.

Der dargestellte Lösungsweg passt, da § 1318 BGB anwendbar sein muss, nur auf aufhebbare Ehen. Bei polygamen Ehen hingegen sind die sich aus den verschiedenen Güterständen ergebenden Relationen ohne Modifikationen zu beachten, ist das Bestehen einer Ehe in Zugewinngemeinschaft jedoch eher abwegig. Außerdem passt dieser Lösungsweg nur dort, wo auch wirklich § 2090 BGB analog angewandt werden muss. Sind neben Verwandten erster Ordnung

590 So auch Soergel/*Heintzmann*, § 1318 Rn. 44.

591 A.A. wohl Soergel/*Heintzmann*, § 1318 Rn. 44, der § 1381 BGB anwenden möchte.

genau ein Ehegatte aus einer Ehe in Gütertrennung und genau ein Ehegatte aus einer Ehe in Zugewinngemeinschaft vorhanden, wird die Erbquote des ersten Ehegatten überhaupt nicht reduziert. Dass der zweite Ehegatte aufgrund seines ihm vorteilhafteren Güterstandes stärker am Nachlass beteiligt wird, ist dann hinzunehmen.

2 Auswirkungen auf die Erbquoten der Kinder

Eine besondere Ansicht zur Auswirkung der unterschiedlichen Güterstände auf die Erbquoten der Kinder vertrat *Ferid*.[592] Die Summen der Erbquoten, die den Kindern aus jeweils einer Ehe neben ihrem überlebenden Elternteil zustehen würden, wenn nur ein Ehegatte erben würde, sind Ausgangspunkt seiner Überlegungen. Kindern aus einer Ehe in Zugewinngemeinschaft stünde damit vom Ausgangspunkt her der halbe Nachlass zu, solchen aus einer Ehe in Gütertrennung drei Viertel. „Es muß mithin zu einer Verteilung im Maßstabe 2:3 kommen", was für den Fall des Vorhandenseins unterschiedlich vieler Kinder aus beiden Ehen zu komplizierten Berechnungen führt. Zugrunde lag offenbar der Gedanke, dass der Ehegatte, der sich auf eine Gütertrennung einlässt, dies (auch) zugunsten seiner Kinder, deren erbrechtliche Stellung sich dadurch verbessert, tut. Darüber hinaus möchte *Ferid* für das Zusammentreffen des Ehegatten aus der Ehe in Zugewinngemeinschaft mit den Kindern aus der Ehe in Gütertrennung das Ehegattenerbrecht auf insgesamt weniger als die Hälfte zurückdrängen, und zwar auch dann, wenn der Ehegatte aus der Ehe in Gütertrennung ebenfalls erbt.[593] Dies verkompliziert die Berechnung zusätzlich.[594] Inwiefern der hinter diesem Konzept offenbar stehende Gedanke stichhaltig ist oder ob Ehegatten bei der Vereinbarung der Gütertrennung nicht doch eher die Folgen einer eventuellen Scheidung bedenken werden, bedarf hier keiner Erläuterung, jedenfalls gibt es für *Ferids* Konzept von „Erbengruppen" im Gesetz keinen Anhalt.[595] Vielmehr ignoriert diese Lösung § 1924 Abs. 4 BGB.[596] Zudem wirf *Ferids* Konzept die Frage nach dem Umgang mit unehelichen Kindern sowie mit

592 FamRZ 1963, 410 (411f.); 1964, 185; dagegen *Epple*, FamRZ 1964, 184; Burandt/Rojahn/*Große-Boymann*, § 1931 BGB Rn. 5; MüKo/*Leipold*, § 1931 Rn. 11; *Muscheler*, Erbrecht, Rn. 1435.

593 FamRZ 1963, 410 (411f.).

594 Vgl. die Beispiele bei *Ferid*, FamRZ 1963, 410 (412); *Peter*, S. 168ff.

595 So richtig *Epple*, FamRZ 1964, 184 (185).

596 So bereits *Epple*, FamRZ 1964, 184; *Ferids* Erwiderung (FamRZ 1964, 185) enthält keine neuen Argumente.

Kindern aus aufgelösten Ehen auf. Seine eigene Lösung, diese zu den aus der Ehe in Zugewinngemeinschaft erbenden Kindern zu zählen,[597] hat wiederum keine Grundlage im Gesetz und stellt darüber hinaus wertungsmäßig eine zu starke Privilegierung der Kinder aus der Ehe in Gütertrennung dar. Mit dem Normtext vereinbar ist allein die Lösung, die § 1924 Abs. 4 BGB unangetastet lässt und den Teil des Nachlasses gleichmäßig an die überlebenden Kinder verteilt, wobei bei Einschlägigkeit selbstverständlich auch § 1924 Abs. 3 BGB zu beachten ist.

3 Einfluss von § 1931 Abs. 4 BGB

Sobald auch nur eine Ehe im Güterstand der Zugewinngemeinschaft besteht, wird § 1931 Abs. 4 BGB – sofern nicht unwahrscheinlich viele Ehen bestehen – bedeutungslos: Erben etwa ein Ehegatte aus einer Ehe in Zugewinngemeinschaft und ein Ehegatte aus einer Ehe in Gütertrennung neben einem Kind, so steht jenem Kind ohnehin nur ein Viertel des Nachlasses und damit genau so viel wie dem Ehegatten aus der Ehe in Gütertrennung zu. Dem Wortlaut nach wäre § 1931 Abs. 4 BGB allerdings auch einschlägig, wenn neben einem Ehegatten aus einer Ehe in Zugewinngemeinschaft und einem Ehegatten aus einer Ehe in Gütertrennung zwei Kinder vorhanden sind. Doch würde eine Anwendung des § 1931 Abs. 4 BGB in einer solchen Konstellation zu dem absurden Ergebnis führen, dass der Ehegatte, da er ja mit den beiden Kindern zu gleichen Teilen erbt, nur ein Sechstel des Nachlasses erhalten würde. Zweck des § 1931 Abs. 4 BGB ist lediglich, die Besserstellung eines einzelnen Kindes im Vergleich zu einem Ehegatten zu verhindern. Für die beschriebene Konstellation liegt daher eine durch eine teleologische Reduktion zu schließende verdeckte Regelungslücke vor: § 1931 Abs. 4 BGB ist nicht anzuwenden.

Sehr viel schwierigere Fragen müssten sich ergeben, wenn man die Grenze, hinter der das Erbrecht der Verwandten erster Ordnung nicht eingeschränkt werden darf, bei der Hälfte des Nachlasses festlegen wollte. In diesem Fall würde die analoge Anwendung des § 2090 BGB für den Ehegatten aus der Ehe in Gütertrennung zu einer Erbquote von einem Sechstel und für den Ehegatten aus der Ehe in Zugewinngemeinschaft zu einer Erbquote von einem Drittel führen. Wäre nun nur ein Kind vorhanden, so dürfte dieses wegen § 1931 Abs. 4 BGB nicht die Hälfte des Nachlasses erhalten, sondern müsste so wie der Ehegatte aus der Ehe in Gütertrennung gestellt werden. Da dieser nur halb so viel wie der Ehegatte aus der Ehe in Zugewinngemeinschaft erhalten dürfte, wäre der gesamte Nachlass im Verhältnis 2:1:1 aufzuteilen, sodass man zu dem gleichen Ergebnis wie

597 FamRZ 1964, 185 (186).

die von einer Grenze von einem Viertel, hinter der das Erbrecht der Verwandten erster Ordnung nicht eingeschränkt werden darf, ausgehenden Lösung gelangt. Sind hingegen zwei Kinder vorhanden, wäre der gesamte Nachlass im Verhältnis 2:1:1:1 aufzuteilen, sodass der Ehegatte aus der Ehe in Zugewinngemeinschaft zwei Fünftel und alle anderen Beteiligten ein Fünftel des Nachlasses erhielten. Diese Rechenschritte machen die Berechnung der Erbquoten etwas komplizierter, was ein zusätzliches Argument für eine Grenze von einem Achtel darstellt.

4 Bestehen einer Ehe in Gütergemeinschaft

Während das gleichzeitige Bestehen zweier Ehen in dem seltenen Güterstand der Gütergemeinschaft kaum denkbar ist (und schwierige güterrechtliche Fragen aufwirft), erscheint das Bestehen einer Ehe in Gütergemeinschaft neben einer Ehe in einem anderen Güterstand noch gerade eben vorstellbar. Gemäß § 1482 S. 1 BGB fällt der Anteil des verstorbenen Ehegatten am gütergemeinschaftlichen Gesamtgut in seinen Nachlass, für den gemäß § 1482 S. 2 BGB die allgemeinen erbrechtlichen Vorschriften gelten. Eine Teilhabe des anderen Ehegatte des Bi- oder Polygamisten an der – nur bei ausdrücklicher Vereinbarung eintretenden – fortgesetzten Gütergemeinschaft (§§ 1483ff. BGB) droht aufgrund von § 1483 Abs. 1 S. 1 BGB ohnehin nicht. Allerdings fehlt für den überlebenden weiteren Ehegatten eine dem § 1483 Abs. 2 BGB vergleichbare Norm. Da der Gesetzgeber dieser seit 1900 nur orthographisch veränderten Norm vom gesetzlichen Zustand der Einehe ausgehen durfte und der andere Ehegatte nicht völlig von einer Teilhabe am Nachlass ausgeschlossen werden soll, wird wiederum – jedenfalls zugunsten des ersten Ehegatten – eine Analogie erforderlich. Die Erbquote des Ehegatten aus der Ehe in Gütergemeinschaft entspricht der der Gütertrennung, wenngleich § 1931 Abs. 4 BGB nicht angewandt werden kann.

V Zusammenfassung

Der dargestellte Lösungsweg führt für alle einigermaßen realistischen Konstellationen zu sehr einfachen Ergebnissen. Sind nämlich neben Verwandten erster Ordnung zwei Ehegatten vorhanden, in deren Ehe jeweils Gütertrennung galt, oder galt in einer der Ehen Zugewinngemeinschaft, so sind überhaupt keine Korrekturen an den sich aus §§ 1931 Abs. 1 S. 1 1. Var, Abs. 3, 1371 Abs. 1 BGB ergebenden Quoten vorzunehmen, auch § 1931 Abs. 4 BGB kann nur für den Fall, dass nur ein einziges Kind vorhanden ist, relevant werden. Die theoretisch am einfachsten vorstellbare Konstellation, die eine analoge Anwendung von § 2090 BGB erfordert, ist die Erbenstellung von zwei Ehegatten in

Zugewinngemeinschaft neben Verwandten erster Ordnung, wobei aufgrund der Unzulässigkeit eines völligen Ausschlusses der Verwandten erster Ordnung vom Nachlass nicht beide Ehegatten die sich aus §§ 1931 Abs. 1 1. Var., Abs. 3, 1371 Abs. 1 BGB ergebende Hälfte erben können, sondern die analoge Anwendung von § 2090 BGB zu Erbteilen von jeweils drei Achteln führt. Praktisch noch gerade eben vorstellbar, wenn auch ebenfalls eher unrealistisch sind hingegen die Konstellationen, dass keine Verwandten erster Ordnung oder aber, dass mehr als zwei bzw., wenn nur Ehen in Gütertrennung bestehen, sogar mehr als drei Ehegatten vorhanden sind. Eine Berücksichtigung auch dieser Konstellationen war erforderlich, um aufzuzeigen, dass der aufgezeigte Lösungsweg konsequent auf alle denkbaren Konstellationen angewandt werden kann.

Bei Vorhandensein von Kindern neben einem Ehegatten aus einer Ehe in Gütertrennung und mindestens einem aus einer Ehe in Gütertrennung kann zudem eine teleologische Reduktion des § 1931 Abs. 4 BGB erforderlich sein, um zu verhindern, dass die Norm zu einer Reduzierung der Erbquote des Ehegatten aus der Ehe in Gütertrennung führt. Für den überaus unwahrscheinlichen Fall einer bi- oder polygamen Ehe in Gütergemeinschaft ist außerdem § 1483 Abs. 2 BGB auf den anderen Ehegatten des Bi- oder Polygamisten analog anzuwenden, damit dieser überhaupt erbt.

I. Pflichtteilsrechtliche Ansprüche der überlebenden Ehegatten

I Grundlagen

Wie jeder andere gesetzliche Erbe auch kann ein Ehegatte enterbt werden. Die Folge ist – wenn der Ausschluss von der Erbfolge auf der Verfügung von Todes wegen beruht – die Entstehung eines Pflichtteilsanspruchs, § 2303 Abs. 1 S. 1 BGB. Bei einem Ausschluss von der Erbfolge gemäß §§ 1318 Abs. 5, 1933 S. 2 BGB scheidet daher auch ein Pflichtteilsanspruch aus. Zur Höhe der Pflichtteilsquoten finden sich in der Literatur nur wenige Stellungnahmen. Das in dem Urteil des EuGöD v. 1.7.2010, Az. F-45/07, erwähnte Urteil des LG Koblenz ist leider nicht veröffentlicht. Die (verglichen mit Äußerungen zu den Intestaterbquoten wenigen) auffindbaren Stellungnahmen aus der Literatur sprechen sich für eine weitere Halbierung der auf Basis der h.M. zur Intestaterbquote ohnehin schon reduzierten Ehegattenerbquote aus.[598] Setzt man die Quotenreduktion im Intestaterbrecht als selbstverständlich voraus, ist dies auf Basis von § 2303 Abs. 1 S. 2 BGB konsequent. Die sich so ergebenden Pflichtteilsquoten müssen allerdings bedenklich stimmen: Bereits zwei Ehegatten erhielten so lediglich Ansprüche in Höhe einer Quote von jeweils $\frac{1}{16}$. Das Vorhandensein noch weiterer Ehegatten ließe diese Quote auf $\frac{1}{24}$, $\frac{1}{32}$ etc. absinken. Jedoch ist die Halbierung im Intestaterbrecht wie gesehen keineswegs so selbstverständlich, wie die knappen Stellungnahmen der h.M. sie erscheinen lassen. Vielmehr kann und darf eine Reduzierung des Ehegattenerbrechts erst erfolgen, sobald die Verhinderung des Ausschlusses des Verwandtenerbrechts und eines Wertungswiderspruchs sie erfordert. Dementsprechend erfolgt sie auch nicht „einfach so", sondern in analoger Anwendung des § 2090 BGB und auch erst ganz zum Schluss, nachdem (und falls) ausgehend von den sich eigentlich aus einem der anwendbaren Tatbestände des § 1931 BGB (ggf. i.V.m. § 1371 Abs. 1 BGB) ergebenden Erbquoten der Ehegatten eine Überschreitung der Mindestteilhabe der Verwandten, die zur Verhinderung von Wertungswidersprüchen zum Ausgangspunkt der Lückenfeststellung gemacht wurde, droht.[599]

598 Soergel/*Dieckmann*, § 2303 Rn. 27; *Johannsen/Henrich*², § 23 EheG Rn. 19; *Peter*, S. 188; erwägend auch Staudinger/*Otte*, § 2303 Rn. 16.

599 S.o. H.III., IV.

Beim Pflichtteilsrecht ergibt sich die Besonderheit, dass die sich durch die Anwendung des jeweils anwendbaren Tatbestandes des § 1931 BGB (und ggf. § 1371 Abs. 1 BGB) i.V.m. § 2303 Abs. 1 S. 2 BGB ergebenden Pflichtteilsquoten den Nachlass bei Weitem nicht so schnell erschöpfen. So erhalten etwa auch vier Ehegatten neben Verwandten erster Ordnung zusammen Ansprüche im Wert von nur 50 % des Nachlasses (nämlich jeder das sich aus §§ 1931 Abs. 1 S. 1 1. Var., 2303 Abs. 1 S. 2 BGB ergebende Achtel), sodass eine analoge Anwendung von § 2090 BGB nicht erforderlich wird.

Wenn nun aber bereits die Ansprüche der Ehegatten die Hälfte des Nachlasses erschöpfen, stellt sich die Frage, welche Pflichtteilsansprüche den Verwandten noch zustehen und nach welchen Erbquoten sich diese richten. Feste Erbquoten der Verwandten bestehen ohnehin nicht: § 2303 Abs. 1 S. 2 BGB wird auch bei Vorhandensein nur eines Ehegatten nicht einfach auf die sich aus den §§ 1924–1930 BGB ergebenden Erbquoten angewandt, vielmehr wird auch sonst bei der Berechnung von Pflichtteilsansprüchen die Reduzierung der Erbquote der Verwandten durch § 1931 BGB berücksichtigt.[600]

Der Umstand, dass die unter H.II.3. dargestellte Rechtsverweigerungslücke nur durch eine möglichst schonende analoge Anwendung des § 2090 BGB zu schließen ist und diese analoge Anwendung daher erst ganz zum Schluss der Rechtsanwendung zu erfolgen hat, mithin die sich aus den §§ 2303 Abs. 1 S. 2, 1931 (und ggf. § 1371 Abs. 1) ergebenden Quoten möglichst uneingeschränkt zugesprochen werden müssen, führt an dieser Stelle für Fälle, in denen den Ehegatten Intestaterbquoten von insgesamt über 75 % zugesprochen werden müssten, dazu, dass nicht zunächst Erbquoten für sämtliche Beteiligte für eine hypothetische „gesetzliche" Erbfolge gebildet werden können: Eine Einschränkung der sich aus dem Gesetz ergebenden Ehegattenerbquoten würde damit zu früh erfolgen.

Andererseits darf die Beteiligung der Verwandten erster Ordnung am Nachlass auch nicht willkürlich festgelegt werden. Unter Berücksichtigung der §§ 1931 Abs. 3, 1371 Abs. 1 BGB kann die Teilhabe der Verwandten erster Ordnung am Nachlass nunmehr auch in dem BGB entsprechenden Konstellationen auf 25 % des Nachlasses beschränkt werden. An dieser Stelle ist auch im Rahmen des Pflichtteilsrechts die Grenze zu ziehen, unter die die Teilhabe der Verwandten am Nachlass nicht eingeschränkt werden darf. Für eine andere Lösung fände sich kein Anhalt im Gesetz. Für die Verwandten anderer Ordnungen können für den Fall ihrer Stellung als Pflichtteilsberechtigte ebenfalls nur die bereits im Fall

600 Staudinger/*Otte*, § 2303 Rn. 49; Erman/*Röthel*, § 2303 Rn. 12.

ihrer Stellung als Intestaterben geltenden Grenzen festgelegt werden, hinter die ihre Beteiligung am Nachlass nicht eingeschränkt werden kann: Für Verwandte zweiter Ordnung liegt diese Grenze wie bei Großeltern bei einem Achtel.

Im Ergebnis sind die Verwandten, wenn ihnen nur Pflichtteilsansprüche zustehen, in verschiedenen Konstellationen wertmäßig (!) damit in einem ebenso geringen Umfang am Nachlass beteiligt wie im Intestatfall.[601] Eine weitere Reduzierung würde jedoch zu im Erbrecht des BGB nicht vorgesehen Pflichtteilsquoten führen. Dass die im BGB vorgesehenen Pflichtteilsquoten das absolute verfassungsrechtliche Mindestmaß einer Teilhabe am Nachlass darstellen, soll damit nicht behauptet werden. Für die Anwendung des einfachen Rechts muss jedoch eine Lösung in diesem gefunden werden. Die Pflichtteilsansprüche der Verwandten erster Ordnung müssen daher aus den Intestaterbquoten errechnet werden, die ihnen bei einer hälftigen Beteiligung eines Ehegatten am Nachlass zustehen würden, also gleichfalls aus insgesamt der Hälfte.

Dies führt unter Berücksichtigung der Pflichtteilsquoten der Ehegatten allerdings dazu, dass die theoretische Summe der Pflichtteilsquoten 50 % übersteigen kann (im eben angesprochenen Fall vierer Ehegatten neben Verwandten der ersten Ordnung wären es 75 %), was in Fällen außerhalb der Mehrehe nicht möglich ist. Dass die Pflichtteilsquoten maximal insgesamt 50 % betragen sollen, ist im BGB allerdings nirgends ausgesprochen; vielmehr ist dies lediglich die übliche Konsequenz des § 2303 Abs. 1 S. 2 BGB. Im Falle der Ausschlagung der Erbschaft durch den Ehegatten betragen auch in Konstellationen ohne eine Mehrehe die theoretisch denkbaren Forderungen der Pflichtteilsberechtigten (nämlich: Pflichtteilsansprüche und der schuldrechtliche Zugewinnausgleich) wegen § 1371 Abs. 2 2. Hs. BGB mehr als 50 % des Nachlasses. Ohnehin wird die theoretische Summe von über 50 % in den meisten Fällen nicht zu tatsächlichen Pflichtteilsansprüchen in dieser Höhe gegen den Nachlass führen, da zumeist Familienangehörige zu Erben eingesetzt werden[602] und ihre theoretisch denkbaren Pflichtteilsansprüche somit nicht tatsächlich entstehen.

Auf diese Weise erfolgt eine Gesetzeskorrektur so selten wie möglich, die Normen des BGB gelangen so weit wie möglich zur Geltung. Mittelbar erfolgt auf diesem Wege eine weitere Einschränkung der Testierfreiheit als bei monogamen oder unverheirateten Erblassern. Sie ist dem Erblasser indes zuzumuten. Als Bigamist hat er gegen ein auf ihn anwendbares Bigamieverbot verstoßen, im Falle vorsätzlichen Handelns macht er sich nach deutschem Recht sogar

601 S.o. H.III.1.

602 *Dutta*, S. 225.

strafbar. Einem Polygamisten hingegen würde diejenige Rechtsordnung, nach der er seine weitere(n) Ehe(n) geschlossen hat, in nahezu allen denkbaren Fällen (man bedenke den Bezug zu einer islamischen Rechtsordnung der meisten in Deutschland lebenden Polygamisten,[603] aber auch die schwach ausgeprägte Testierfreiheit in polygamen Rechtsordnungen überhaupt) überhaupt keine so weit reichende Testierfreiheit gewähren, wie sie das deutsche Recht kennt. Auch ist zu bedenken, dass er (vor allem als Polygamist) möglicherweise selbst aus mehreren Ehen erbt (sowie Ansprüche auf Unterhalt, Zugewinn- und Versorgungsausgleich haben kann), was ebenfalls das unvermeidliche Ergebnis der Anwendung des einfachen Gesetzes darstellt. Auch kann er aus mehreren Ehen Zugewinn- und Ausgleichsansprüche erlangen. Vor einer faktischen Einschränkung seiner Testierfreiheit zurückzuschrecken, würde daher zu unausgeglichenen Ergebnissen führen.

Immerhin wird in Rechtsprechung[604] und Literatur[605] auch die Sittenwidrigkeit einer letztwilligen Verfügung zugunsten nicht pflichtteilsberechtigter Personen wegen zu geringfügiger Bedenkung naher Angehöriger erwogen, wenngleich die Rechtsprechung diese in keinem Fall bejahte. So sprach der BGH aus, dass die „Schranke des § 138 Abs. 1 BGB […] eine erbrechtliche Zurücksetzung nächster Angehöriger in dem Bereich unterhalb der Schwelle des Pflichtteilsrechts nur in besonders schwerwiegenden Ausnahmefällen abwehren" könne".[606] Das Bestehen einer Mehrehe stellt für das deutsche Recht zweifelsohne eine exzeptionelle Konstellation dar. Anstatt über den unpräzisen § 138 Abs. 1 BGB vorzugehen, sollten jedoch die gesetzlich vorgesehenen Pflichtteilsansprüche möglichst uneingeschränkt zur Geltung gebracht werden.

Bestehen also drei Ehen eines Polygamisten in Gütertrennung und sind außerdem Kinder vorhanden, wohingegen ein Familienfremder zum Alleinerben eingesetzt ist, so steht jedem Ehegatten das sich aus §§ 1931 Abs. 1 S. 1 1. Var, 2303 Abs. 1 S. 2 BGB ergebende Achtel zu, insgesamt ergeben sich Pflichtteilsansprüche der Ehegatten in Höhe von $\frac{3}{8}$. Dennoch stehen den Kindern Pflichtteilsansprüche in Höhe von insgesamt einem Viertel zu, sodass Pflichtteilsansprüche $\frac{5}{8}$ des Nachlasses erschöpfen.

Dies ist nicht mit der Grundrechtsverwirkung i.S.v. Art. 18 GG zu verwechseln. Zwar stellt die Testierfreiheit ein (durch Art. 14 GG gewährleistetes)

603 Vgl. oben Kapitel D.V.

604 Am deutlichsten BayObLG FamRZ 2002, 915 (917).

605 Vor allem Staudinger/*Otte*, vor § 2064 Rn. 156 m.w.N. zu allen Ansichten.

606 BGHZ 111, 36 (39f.).

Grundrecht dar[607] und ist Art. 14 GG auch in Art. 18 GG erwähnt. Allerdings stellt – abgesehen davon, dass die Verwirkbarkeit erbrechtlicher Aspekte des Art. 14 GG umstritten ist[608] – das Leben in Mehrehe, wenn es auch mit dem GG in Widerspruch steht, keinen *Kampf* gegen die freiheitlich-demokratische Grundordnung dar. Vielmehr stellt der dargestellte Lösungsweg das Ergebnis der Anwendung des einfachen Rechts dar, bei der sich die faktische Einschränkung der Testierfreiheit nicht vermeiden lässt. Art. 14 GG gewährleistet ohnehin nicht, dass die Testierfreiheit lediglich durch die Hälfte des Nachlasswertes betragende Pflichtteilsansprüche belastet wird.[609] Ergebnisse wie das eben dargestellte sind daher hinzunehmen.

Rein rechnerisch ist allerdings auch denkbar, dass die Testierfreiheit aufgrund von Mehrehen wegen Pflichtteilsansprüchen in Höhe des gesamten Nachlasses faktisch nahezu leer läuft. In einem besonders abwegigen Szenario wie dem Überleben von sechs Ehegatten neben Verwandten erster Ordnung würden sich die Pflichtteilsquoten sogar auf 100 % summieren, sodass der Erblasser nur noch bestimmen kann, wer Erbe wird und wem lediglich ein Anspruch in Geld zusteht. Würde ein solches Ergebnis noch Art. 14 GG entsprechen? Auch dabei ist zu bedenken, dass der Bi- oder Polygamist den verfassungswidrigen Zustand der Mehrehe selbst herbeigeführt hat. Eine weitere Kürzung der Quoten mag in derlei Konstellationen dennoch geboten sein, jedenfalls bei einer Überschreitung der 100 % wäre sie unumgänglich. An den Ergebnissen der h.M. bestehen jedoch bereits in weit weniger unrealistischen Konstellationen verfassungsrechtliche Zweifel, da diese schon für drei Ehegatten aus Ehen in Gütertrennung Pflichtteilsquoten von jeweils unter 5 % zur Folge hat.

II Der Zusatzpflichtteil gemäß § 2305 BGB

Bei dem Anspruch aus § 2305 S. 1 BGB ergibt sich die gleiche Besonderheit wie bei § 2303 Abs. 1 S. 2 BGB: Der Nachlass ist nicht so schnell erschöpft wie bei der Berechnung der Intestaterbquoten. Unter der „Hälfte des gesetzlichen Erbteils" ist auch im Rahmen von § 2305 BGB in Fällen von Mehrehen der eigentliche,

---

607 BVerfGE 112, 332 (355); Stern/*Becker*, Art. 14 Rn. 112; v. Mangoldt/Klein/Starck/*Depenheuer*, Art. 14 Rn. 511; Maunz/Dürig/*Papier*, Art. 14 Rn. 297; BerlK/*Sieckmann*, Art. 14 Rn. 214.

608 Vgl. Maunz/*Dürig/Klein*, Art. 18 Rn. 21a; Stern/Becker/*v. Coelln*, Art. 18 Rn. 14 einerseits; BeckOK-GG/*Butzer* Art. 18 Rn. 8.1; BerlK/*Höfling/Krings*, Art. 18 Rn. 37; Dreier/*Wittreck*, Art. 18 Rn. 42 andererseits.

609 Vgl. dazu auch BVerfGE 112, 332 (354f.).

gesetzlich vorgesehene Erbteil zu verstehen, auch wenn im Falle der tatsächlichen Verteilung der Erbquoten § 2090 BGB auf diese analog angewandt werden müsste. Wiederum kommt es erst dann zur analogen Anwendung des § 2090 BGB, wenn es nach den unter I. dargestellten Grundsätzen erforderlich wird. So kann selbst vier Ehefrauen aus Ehen in Gütertrennung, die auf jeweils ein Zehntel des Nachlasses eingesetzt worden sind, jeweils ein Zusatzpflichtteil, der zu einer Beteiligung von insgesamt einem Achtel am Nachlass führt, zustehen.

III Besonderheiten bei der Zugewinngemeinschaft

Bestand in mehreren Ehen Zugewinngemeinschaft, so berechnen sich die Pflichtteile gemäß § 1371 Abs. 2 2. Hs. BGB nach dem nicht erhöhten gesetzlichen Erbteil, sodass sich keine anderen Quoten als bei Ehen in Gütertrennung ergeben. Aufgrund von Ansprüchen auf den schuldrechtlichen Zugewinnausgleich kann der den Verwandten verbleibende Teil des Nachlasses gleichwohl spürbar geringer ausfallen.

Bei der Zugewinngemeinschaft entspricht allerdings wegen § 1371 Abs. 2 2. Hs. BGB die Pflichtteilsquote nicht dem im Rahmen von § 2305 BGB relevanten halben gesetzlichen Erbteil. Dieser halbe gesetzliche Erbteil i.S.v. § 2305 BGB ist nämlich unter Berücksichtigung der sich aus §§ 1931 Abs. 3, 1371 Abs. 1 BGB ergebenden Quotenerhöhung zu berechnen.[610] Bei Einsetzung auf einen zu kleinen Erbteil wird ein Ehegatte aus einer Ehe in Zugewinngemeinschaft, der den Anspruch auf den Zusatzpflichtteil gemäß § 2305 BGB geltend macht, daher insgesamt zu einem Viertel am Nachlass beteiligt. Finden tatsächlich solche Erbeinsetzungen statt, ist der Nachlass selbst neben Verwandten der ersten Ordnung „bereits" bei drei Ehegatten erschöpft (das letzte Viertel verbleibt den Verwandten), was gleichfalls kein sonderlich realistischer Fall ist.

610 MüKo/*Lange*, § 2305 Rn. 12; Staudinger/*Otte*, § 2305 BGB Rn. 12.

J. Sonstige Fragen

I Tragung der Pflichtteilslast und der Zugewinnausgleichsforderung

Ferid und *Epple* vertraten die Ansicht, dass für den Fall der Ausschlagung eines Ehegatten aus einer Ehe in Zugewinngemeinschaft (vgl. § 1371 Abs. 3 BGB) der andere Ehegatte in Höhe des erlangten Vorteils die Pflichtteilslast und den Zugewinnausgleich zu tragen habe.[611] Nimmt man die Aufteilung einer einzigen Erbquote zum Ausgangspunkt für die gesamte Problematik, ergibt sich ein solcher Vorteil bei einer Ausschlagung und der Erbenstellung mehrerer Ehegatten immer. Da die Aufteilung der Ehegattenerbquote auf die Ehegatten allerdings nicht Ausgangspunkt der Betrachtung sein darf, ist diese Belastung nur in den wenigen Fällen, in denen ohne die Ausschlagung eines Ehegatten aufgrund analoger Anwendung des § 2090 BGB die Erbquote der/des übrigen Ehegatten vermindert worden wäre, relevant. Eine solche besondere Belastung einzelner Erbquoten durch den Pflichtteilsanspruch ist in § 2320 BGB normiert. Dass es für die Anwendung des § 2320 BGB genügt, dass jemand seine Erbquote nur teilweise dem Vorgang verdankt, der zur Entstehung der Pflichtteilslast geführt hat, ist anerkannt.[612] Dies gilt nicht nur für die Ausschlagung durch den ursprünglichen Erben, sondern auch für den Erbverzicht unter Vorbehalt des Pflichtteilsrechts und die Enterbung.[613] Die Thematik sei hier am Beispiel zweier Ehegatten aus Ehen in Zugewinngemeinschaft neben Verwandten der ersten Ordnung erläutert. Da nicht beide Ehegatten den halben Nachlass erben können, ist für den Fall der gesetzlichen Erbenstellung beider § 2090 BGB analog anzuwenden, sodass ihre Erbquote nur noch in drei Achteln besteht. Erhält nun ein Ehegatte lediglich seinen Pflichtteil in Höhe eines Achtels (§ 1371 Abs. 2 2. Hs. BGB), so hat diesen der andere allein zu tragen, da sich seine Erbquote um eben jenes Achtel erhöht. Sollten tatsächlich drei Eheleute aus Ehen in Zugewinngemeinschaft zur Erbschaft gelangen, so bestünden ihre Erbquoten nach analoger Anwendung des § 2090 BGB in einem Viertel des Nachlasses. Für jeden dieser Eheleute, der allein seinen Pflichtteil erhält, erhöht sich die Erbquote des/

611 FamRZ 1964, 184 (185); 185 (186).
612 MüKo/*Lange*, § 2320 Rn. 4; Staudinger/*Otte*, § 2320 Rn. 3; jeweils m.w.N.
613 Vgl. allgemein zu § 2320 BGB nur Staudinger/*Otte*, § 2320 Rn. 2.

der verbleibenden Ehegatten um ein Achtel, welches zur Zahlung des Pflichtteils aufgewandt werden muss.

Möchte man mit der Zugewinnausgleichsforderung ebenso verfahren, ist allerdings eine analoge Anwendung des § 2320 BGB erforderlich, wie *Ferid*[614] sie ausdrücklich vertrat. Da jedoch der Pflichtteilsanspruch den erlangten Vorteil des/der erbenden Ehegatten stets aufzehrt, stellt sich die Frage überhaupt nicht. Die Belastung durch die Zugewinnausgleichsforderung trifft in diesen Fällen nach allgemeinen Grundsätzen auch die Verwandten. Die Zugewinnausgleichsforderung aus bigamen Ehen darf gemäß § 1318 Abs. 3 BGB vor allem im Hinblick auf die Belange des ersten Ehegatten Einschränkungen erfahren. Eine Norm, aus der sich wegen der Belange des ersten Ehegatten eine ungleichmäßige Verteilung der Zugewinnausgleichsschuld im Verhältnis zwischen ihm und den Verwandten des Bigamisten ergäbe, existiert jedoch nicht. Somit ist der gesamte Anspruch auf Zugewinnausgleich gemäß § 1318 Abs. 3 BGB so weit zu mindern, bis die Höhe des vom ersten Ehegatten zu tragenden Anteils im Hinblick auf seine Belange nicht mehr grob unbillig ist. In Fällen der Bösgläubigkeit des bigamen Ehegatten wird dies regelmäßig zum völligen Fortfall des Anspruchs führen, da dem ersten Ehegatten eine solche Schuld überhaupt nicht zugemutet werden kann und sich ein Anteil von 0 € des ersten Ehegatten an dieser Schuld nur dann ergibt, wenn der Anspruch insgesamt 0 € beträgt, da jeder Bruchteil einer Zahl, die größer ist als 0, selbst größer als 0 wäre. Dass somit mittelbar auch die Verwandten des Bigamisten, vor allem seine Kinder, von einer solchen Reduzierung profitieren, ist durchaus sachgerecht. Auch ihnen wäre eine Reduktion ihrer Beteiligung am Nachlass zugunsten eines bösgläubigen zweiten Ehegatten kaum zuzumuten.

II Erbeinsetzungen

Dem Erblasser ist es möglich, einen seiner Ehegatten zum Erben einzusetzen. § 1318 Abs. 5 BGB verweist nur auf § 1931 BGB, sodass die Bösgläubigkeit des Ehegatten jedenfalls nach jener Norm die Erbenstellung aus gewillkürter Erbfolge nicht ausschließt. Bedenkt man, dass auch ein „Geliebtentestament" nach heute h.M. trotz Wissens der eingesetzten Person vom Bestehen der Ehe grundsätzlich wirksam und nicht etwa sittenwidrig i.S.v. § 138 BGB ist,[615] ist dies auch konsequent. Das Wissen der eingesetzten Person hat ausgehend von der

---

614 FamRZ 1964, 185 (186).

615 BGH FamRZ 1983, 53; Palandt/*Ellenberger*, § 138 Rn. 50; Staudinger/*Otte*, vor § 2064 Rn. 146ff.; jeweils m.w.N.

Dogmatik des § 138 BGB im Verlauf der Diskussion zu dieser Frage niemals eine Rolle gespielt, es wird aber in den meisten Fällen vorgelegen haben. Als weiterer Aspekt für die Sittenwidrigkeit ließe sich die Zurücksetzung des ersten Ehegatten zulasten des zweiten erwägen, wenn der erste besonders bedürftig ist. In „besonders schwerwiegenden Ausnahmefällen" wird die Sittenwidrigkeit einer Erbeinsetzung immerhin diskutiert.[616] An einer solchen Einschränkung der Testierfreiheit neben dem Pflichtteilsrecht sind ohnehin schon Zweifel angebracht. Dies gilt gerade bei Berücksichtigung des hier aufgezeigten Weges der Pflichtteilsberechnung des Ehegatten, der die überaus geringen Pflichtteilsquoten der Ehegatten aus Mehrehen der bisherigen h.M. vermeidet. Der bi- oder polygame Charakter der Ehe führt somit nicht zur Sittenwidrigkeit der Erbeinsetzung des Ehegatten.

Bei bigamen Ehen ist allerdings § 2077 Abs. 1 S. 1, 3 BGB von Bedeutung. Die letztwillige Verfügung zugunsten des Ehegatten aus der aufhebbaren Ehe ist im Zweifel (§ 2077 Abs. 3 BGB) nicht nur nach Aufhebung jener Ehe unwirksam, sondern bereits durch die berechtigte Stellung des Aufhebungsantrags durch den Erblasser. Die Zweifelsregelung des § 2077 BGB gilt gemäß § 2268 BGB für den gesamten Inhalt eines gemeinschaftlichen Testaments und gemäß § 2279 Abs. 2 BGB auch für die Bedenkung eines Dritten in einem Erbvertrag. Verfügungen eines gutgläubigen weiteren Ehegatten zugunsten eines Bigamisten werden zudem häufig wegen Irrtums gemäß § 2078 BGB anfechtbar sein. Denkbar ist dies ist auch bei Ehegatten eines Polygamisten.

III Errichtung eines gemeinschaftlichen Testaments

Für gemeinschaftliche Testamente aus einer bigamen Ehe sind die §§ 2268 Abs. 1, 2077 Abs. 1 S. 3 BGB zu beachten. Danach wird durch die Stellung des Antrags auf Abhebung das gemeinschaftliche Testament seinem ganzen Inhalt nach unwirksam. Für polygame Ehen gelten hingegen grundsätzlich keine Besonderheiten. Wenn man die oben[617] erwogene Schaffung des zur Anwendbarkeit deutschen Rechts führenden hinreichenden Inlandsbezug durch die weitere Ehefrau selbst bejaht, wird ihre Ehe (erst) durch Stellung ihres Aufhebungsantrags überhaupt aufhebbar. Ab dann müssen auch die §§ 2268 Abs. 1, 2077 Abs. 1 S. 3 BGB gelten.

---

616 S.o. Fn. 604ff.

617 S.o. C.II.2.a) vorletzter Absatz.

Gemeinschaftliche Testamente aus bigamen Ehen überhaupt für unwirksam zu halten,[618] widerspricht der abschließenden Regelung in §§ 2268 Abs. 1, 2077 Abs. 1 S. 3 BGB. Erst recht können dann gemeinschaftliche Testamente aus polygamen Ehen, wie sie aufgrund einer Wahl deutschen Erbrechts denkbar sind, nicht unwirksam sein. Die Unwirksamkeit einer Verfügung zugunsten der ersten Ehefrau aufgrund der Bindungswirkung des mit einem weiteren Ehegatten errichteten gemeinschaftlichen Testaments widerspräche allerdings dem Monogamieprinzip. Hier wird im Regelfall eine Korrektur im Rahmen des *ordre public* angezeigt sein, die zur Wirksamkeit der Verfügung zugunsten der ersten Ehefrau führt. Da die erste Ehefrau anders als bei bigamen Ehen (§ 1316 Abs. 1 Nr. 1 BGB) keinen Antrag auf Aufhebung der polygamen Ehe stellen kann, wird der Wertungswiderspruch vermieden, dass der polygamen Ehe eine schwächere Wirkung als der bigamen zukommt.

IV Verteilung des Voraus

In weniger begüterten Verhältnissen, insbesondere bei Fehlen von Grundeigentum, kann der Voraus i.S.v. § 1932 Abs. 1 BGB von größerer Relevanz als die gesetzliche Erbquote sein. Anspruchsvoraussetzung der Norm ist zunächst die Eigenschaft des überlebenden Ehegatten als gesetzlicher Erbe. In den Fällen der §§ 1318 Abs. 5, 1933 S. 2 BGB entfällt daher auch der Voraus, ebenso bei Enterbung, Ausschlagung und Erbverzicht[619]. Dass § 1933, nicht aber § 1318 Abs. 5 BGB den Voraus gesondert erwähnt, ist angesichts des klaren Wortlauts des § 1932 BGB bedeutungslos.[620] Da § 1932 BGB auf die gesetzliche Erbberechtigung des Ehegatten abstellt, wird auch der Fortfall des Anspruchs auf den Voraus bei gewillkürter Einsetzung des überlebenden Ehegatten vertreten.[621] Auch kann die Regelung nur für den Fall, dass ein gemeinsamer Haushalt des Erblassers und (mindestens) zweier Ehegatten bestanden hat, und auch nur für die zum ehelichen Haushalt gehörenden Gegenstände besondere Fragen für die Anwendung im Rahmen der Mehrehe aufwerfen. Hochzeitsgeschenke hingegen gebühren dem Ehegatten aus der Ehe, anlässlich deren Schließung sie erfolgten. Dies allein

618 Zu Recht überhaupt nicht erwogen durch OLG Zweibrücken ZEV 2003, 162 = FamRZ 2003, 1697.

619 BeckOK/*Müller-Christmann*, § 1932 Rn. 3; Staudinger/*Werner*, § 1932 Rn. 7ff.; a.A. zur Ausschlagung vertritt MüKo/*Leipold*, § 1932 Rn. 4.

620 Ausdrücklich Soergel/*Heintzmann*, § 1318 Rn. 43; im Ergebnis auch Staudinger/*Voppel*, § 1318 Rn. 40.

621 Vgl. zu dieser umstrittenen Problematik MüKo/*Leipold*, § 1932 Rn. 5 m.w.N.

wird den Intentionen der Regelung gerecht: So wurde in der ersten Kommission zur Ausarbeitung des Entwurfs eines Bürgerlichen Gesetzbuchs erwogen, dass Hochzeitsgeschenke „Zeichen der Anteilnahme an der zu Stande gekommenen Ehe“ seien; auch sollten Streitigkeiten darüber, ob sich die Schenkung an beide Ehegatten oder nur den Erblasser gerichtet habe, vermieden werden.[622]

Für die zum Haushalt gehörenden Gegenstände, soweit sie nicht Zubehör eines Grundstücks sind, spricht § 1932 Abs. 1 BGB mit einer Einschränkung in S. 2 aus, dass sie „der überlebende Ehegatte“ erhalten soll. Dabei gehen sie allerdings nicht unmittelbar mit dem Erbfall in das Eigentum des Ehegatten über, vielmehr erhält er – wie sich aus §§ 1932 Abs. 2, 2174 BGB ergibt – einen schuldrechtlichen Anspruch auf diese Gegenstände. Erfüllen nun mehrere Ehegatten den Tatbestand der Norm, so sind gemäß §§ 1932 Abs. 2, 2157 BGB die §§ 2089ff. BGB anwendbar. Wenn auch seinen Verfassern diese Konsequenz nicht bewusst war, enthält das BGB damit für diese Konstellation eine sehr klare, sachgerechte Anordnung. Der Verweis des § 2157 BGB auf die §§ 2089ff. BGB bedeutet, da die §§ 2066ff. BGB im Rahmen des gesetzlichen Anspruchs auf den Voraus niemals einschlägig sein können, eine gleichmäßige Aufteilung des Voraus (§ 2091 BGB).

Interessanter ist die Frage, welcher Art die Gläubigerschaft der Ehegatten ist. Die Art der Gläubigerschaft ist bei § 2157 BGB allgemein umstritten. Einigkeit besteht im Schrifttum darüber, dass die Vermächtnisnehmer keine Gesamtgläubiger i.S.v. § 428 BGB darstellen. Die Einschlägigkeit von Teil- oder Mitgläubigerschaft, § 420 bzw. 432 BGB, hängt gemäß der h.M. von der Teilbarkeit des Vermächtnisgegenstands ab.[623] Darüber hinaus wird vertreten, dass § 432 BGB auch bei einer teilbaren Leistung angewandt werden könne, wenn dies dem Willen des Erblassers entspreche.[624] In der Regel wird der Voraus allerdings aufgrund der hohen Voraussetzungen, die dafür erfüllt werden müssen, nicht teilbar i.S.d. §§ 420, 432 BGB sein: Diese Teilbarkeit liegt nämlich nur dann vor, „wenn ein beliebiger Leistungsteil seinem Wesen und Werte nach verhältnismäßig (anteilig) der Gesamtleistung entspricht.“[625] In einigermaßen realistischen Konstellationen werden indes nicht jeweils zwei (drei etc.) identische Kühlschränke, Kleiderschränke, Bügeleisen usw. zum Voraus zählen. Dementsprechend gehen

---

622 Vgl. zu diesen *Jakobs/Schubert*, V.1, S. 105f.

623 MüKo/*Leipold*, § 2157 Rn. 4; Staudinger/*Otte*, § 2157 Rn. 5; jeweils m.w.N.

624 OLG Hamm ErbR 2016, 269 (270); BeckOGK/*Hölscher*, § 2157 Rn. 8; BeckOK/*Müller-Christmann*, § 2157 Rn. 5; Palandt/*Weidlich*, § 2157 Rn. 2; Soergel/*Wolf*, § 2157 Rn. 3.

625 RGZ 155, 306 (313); zustimmend Erman/*Böttcher*, § 420 Rn. 2 m.w.N.; MüKo/*Bydlinski*, § 420 Rn. 4; Soergel/*Gebauer*, § 420 Rn. 2 m.w.N.

die Gegenstände, auf die sich der sich aus § 1932 Abs. 1 S. 1 BGB ergebende Anspruch bezieht, nach dessen Erfüllung auch zunächst in Miteigentum beider Ehegatten über. Gemäß § 749 Abs. 1 BGB (das Miteigentum stellt einen Anwendungsfall der Gemeinschaft i.S.d. §§ 741ff. BGB dar[626]) kann allerdings jederzeit die Aufteilung verlangt werden.

626 BeckOGK/*P. Müller*, § 1008 Rn. 3 m.w.N.; MüKo/*K. Schmidt*, § 1008 Rn. 1; *Westermann/Gursky/Eickmann*, S. 202.

K. Fazit

Mehrehen sind heute wie zu *Ferids* Zeit „glücklicherweise seltene Ausnahmefälle". Die Rechtsfolgen sind dem BGB nur rudimentär zu entnehmen.

Dies gilt vor allem für die gesetzlichen Erb- und Pflichtteilsquoten. Die bislang allgemeine Ansicht, die eine Aufteilung der eigentlich nur einem einzigen Ehegatten zustehenden Quote vertritt, macht es sich zu einfach. Dabei übergeht sie den allgemeinen Grundsatz, dass auf denjenigen, der den Tatbestand einer Norm erfüllt, auch deren Rechtsfolge anzuwenden ist. Methodisch fundiert wurde sie nicht. Entwickelt wurde sie überwiegend von Autoren, die einer umfangreichen Beteiligung von Ehegatten am Nachlass ohnehin ablehnend gegenüberstanden. Wegen der zunächst stark abgesunkenen praktischen Relevanz der Frage blieb eine vertiefte Auseinandersetzung mit der h.M. jahrzehntelang aus.

Ausgehend vom Wortlaut der Tatbestände des § 1931 BGB steht jedem einzelnen Ehegatten die darin vorgesehene Erbquote zu. Eine Lücke besteht jedenfalls dann, wenn überhaupt kein Nachlass mehr an die Verwandten ginge, da dann das jeweilige Tatbestandsmerkmal „neben Verwandten der ersten Ordnung" etc. nicht mehr erfüllt wäre. Der sich beim Vergleich der Beteiligung eines Ehegatten neben Verwandten der ersten Ordnung mit der eines Ehegatten neben Verwandten der zweiten Ordnung ergebende Wertungswiderspruch führt dazu, dass die Lücke etwas größer wird.

Dennoch ist erst bei eher abwegigen Konstellationen eine Rechtsfortbildung erforderlich. Für die meisten Konstellationen können die einschlägigen Tatbestände des § 1931, gegebenenfalls in Verbindung mit § 1371 Abs. 1 BGB, unmodifiziert angewandt werden. So können etwa bis zu drei Gatten aus Ehen in Gütertrennung das in § 1931 Abs. 1 S. 1 1. Var. BGB normierte Viertel erhalten, für die Verwandten bliebe dann immerhin noch ein Viertel des Nachlasses. Erst bei noch mehr Ehegatten entsteht die aufgezeigte Lücke, die durch eine analoge Anwendung des § 2090 BGB zu schließen. Lediglich das verbleibende Viertel darf den Verwandten erster Ordnung nicht genommen werden. Somit können auch ein Ehegatte aus einer Ehe in Zugewinngemeinschaft und ein Ehegatte aus einer Ehe in Gütertrennung neben Verwandten erster Ordnung ihre gesetzlich vorgesehen Erbteile ungekürzt erhalten. Ist bei verschiedenen Güterständen § 2090 BGB analog anzuwenden, sind die sich ergebenden Erbteile unterschiedlich groß. Von den Kindern erhält jedes gemäß § 1924 Abs. 4 BGB einen gleich großen Anteil. Sollte nur ein Abkömmling oder sollten – was unrealistisch ist – sehr viele Ehegatten vorhanden sein, ist gegebenenfalls § 1931 Abs. 4 BGB analog anzuwenden, um sicherzustellen, dass jeder einzelne Ehegatte aus einer Ehe in Gütertrennung mindestens so viel wie ein einzelnes Kind erhält. Für die Verwandten zweiter Ordnung und Großeltern besteht die Grenze, unter die ihre Beteiligung nicht abgesenkt werden darf, bei einem Achtel.

Noch weitergehend können für die Berechnung pflichtteilsrechtlicher Ansprüche die §§ 2303 Abs. 1 S. 2, 2305 BGB unmodifiziert angewandt werden. Auch hier verbleibt es für Verwandte erster Ordnung bei der Grenze von 25 %, für Verwandte zweiter Ordnung und Großeltern von 12,5 %, unter die ihre Beteiligung am Nachlass nicht abgesenkt werden darf. Dabei kann es dazu kommen, dass die Summe der insgesamt entstehenden Pflichtteilsansprüche 50 % übersteigt.

Für den Voraus hingegen befinden sich aufgrund der Verweisung des § 1932 Abs. 2 BGB auch auf § 2157 BGB passende Regelungen selbst für abseitige Konstellationen unmittelbar im Gesetz, wenngleich der Gesetzgeber dies nicht bedacht haben wird. Gemäß diesen gelangt der Voraus in das Miteigentum der Ehegatten, das allerdings jederzeit geteilt werden kann. Auch für die Tragung der Pflichtteilslast und des Anspruchs auf Zugewinnausgleich sind sachgerechte Normen im BGB vorhanden, sodass keine Rechtsfortbildung erforderlich ist.

Um ein gewöhnliches Auslegungsproblem handelt es sich bei der Frage, wann § 1318 Abs. 5 BGB erfüllt ist. Nach hier vertretener Ansicht erfordert die Kenntnis der Aufhebbarkeit im Sinne der Norm grundsätzlich auch eine rechtliche Würdigung, wenngleich vielfach nach der Lebenserfahrung von einem Wissen um die Illegalität der Mehrehe ausgegangen werden kann und zuungunsten desjenigen, der sich der Einsicht in diesen Umstand verschließt, eine teleologische Reduktion angebracht ist. Ein Auslegungsproblem stellt auch die Frage dar, ob die Erbeinsetzung des Ehegatten aus einer bi- oder polygamen Ehe gegen § 138 BGB verstößt. Nach hier vertretener Ansicht führt die Irregularität der Ehe nicht zur Sittenwidrigkeit der Erbeinsetzung.

Die methodischen Schwierigkeiten, zu denen die Mehrehe bei der Ermittlung der Erb- und Pflichtteilsquoten führt, werfen die Frage auf, ob diese Konstellation nicht umfassend gesetzlich geregelt werden sollte. Durch eine solche Normierung würde dieser grund- und einfachgesetzlichen Wertungen widersprechenden Konstellation allerdings ein zu hoher Stellenwert eingeräumt. Neben der Seltenheit der Fälle spricht auch der Umstand, dass man zumeist mit der Anwendung des einfachen Gesetzes zu tragbaren Ergebnissen gelangt, ohne dass eine Rechtsfortbildung erforderlich ist, gegen eine solche Normierung. Auch für die Fälle, in denen eine Rechtsfortbildung erforderlich ist, gelangt man zu in sich stimmigen Lösungen, wie sie in den letzten Kapiteln dieser Arbeit dargestellt wurden.

Anhänge

A. Sachverhaltszusammenfassungen

Dargestellt ist stets die Lage bei Prozessende, wie sie die letzte gerichtliche Instanz, deren Entscheidung veröffentlicht wurde, für feststehend erachtet hat; wenn die Ausführungen vorheriger Instanzen deutlich länger sind, wird auf diese abgestellt. Dabei wurden den zitierten Entscheidungen möglichst nahe kommende Formulierungen, auch soweit sie vom Sprachgebrauch des Autors abweichen, gewählt. Lediglich bei unklaren Formulierungen zu für diese Arbeit interessanten Umständen wurden gesondert Anführungszeichen gesetzt.

Die Klammer hinter der Zitierung der Entscheidung umreißt den juristischen Inhalt. Wo die Gefahr des falschen Eindrucks eines positiven Prozessausgangs besteht, soll dieser durch die Setzung eines Frage- bzw. eingeklammerten Minuszeichens, je nach Prozesslage, ausgeräumt werden. Der *Bi- oder Polygamist* ist jeweils kursiv angegeben, dessen vermuteter **gewöhnlicher Aufenthalt** i.S.d. EuErbVO ist jeweils fett gedruckt, dessen (vermutete) Staatsangehörigkeit unterstrichen, jeweils für den Zeitpunkt des Prozesses oder den Todeszeitpunkt, falls zu diesem Zeitpunkt eine Mehrehe vorlag, ansonsten für den letzten Zeitpunkt, in dem diese vorlag. Bei der Rücknahme von Einbürgerungen wurde auf Vermutungen, welche Staatsangehörigkeit im Nachgang erworben worden sein könnte, verzichtet und die letzte feststehende Staatsangehörigkeit unterstrichen. Klammern hinter lediglich vermuteten Umständen beinhalten die nicht ohnehin im Fließtext aufgeführten Anhaltspunkte, aus denen der vermutete Umstand geschlossen wurde.

Die Zusammenfassungen enthalten als feststehend betrachtete für die Vermutung des gewöhnlichen Aufenthaltes im Sinne der EuErbVO relevante Aspekte. Zudem flossen in die Vermutungen Behauptungen eines Prozessbeteiligten, denen nicht oder nicht glaubhaft widersprochen wurde, ein. Auf die Wiedergabe nicht feststehender, aber in die Vermutung des gewöhnlichen Aufenthalts eingeflossener Aspekte wurde weitestgehend verzichtet. Bei manchen Sachverhalten wurde auf die Vermutung des gewöhnlichen Aufenthalts verzichtet. Aufgrund häufig fehlender Angaben zur Kinderzahl sind auch Angaben, die Rückschlüsse auf diese ermöglichen, enthalten (etwa: Geburtsdaten der Ehegatten). Angaben zur Kinderzahl können nach dem Verfahren gezeugte Kinder selbstverständlich nicht berücksichtigen.

Legende zu den Überschriften
Wertung als „zwei Fälle“ i.S.v. Kapitel D., da zwei Personen in Mehrehe lebten
Lediglich möglicherweise aus deutscher Sicht wirksame Mehrehe

Zu den grau hinterlegten Jahresahlen vgl. Kapitel D.II. am Ende

BGH v. 29.4.1959, BGHZ 30, 140 (Ehenichtigkeitsklage als Rechtsmissbrauch):
Der *Kläger*, ein Deutscher heiratete 1944 in Rybnik eine Deutsche. Am 4.8.1945 heiratete er eine Frau, mit der er drei Kinder hat. 1948 wurde er durch das polnische Amtsgericht Rybnik für tot erklärt. 1957 heiratete die erste Ehefrau erneut.[627] **[Deutschland]**

BGH v. 28.6.1961, FamRZ 1961, 427 (Ehenichtigkeitsklage als Rechtsmissbrauch):
Der *Kläger*, ein Deutscher, heiratete 1939 eine Deutsche. Obwohl der letzte gemeinsame gewöhnliche Aufenthalt i.S.d. ZPO beider Ehegatten in **Deutschland** war, wurde die Ehe 1945 in Österreich, wo sich die Ehefrau zu der Zeit dauerhaft aufhielt, geschieden, wegen unbekannten Aufenthalts in Abwesenheit des *Klägers*. Am 31.8.1957 ging er eine Ehe ein, aus der eine Tochter hervorging. Am 1.2.1958 beantragte er die Anerkennung des österreichischen Scheidungsurteils, seit Mai 1958 schliefen er und seine neue Ehefrau innerhalb der Ehewohnung getrennt, am 16.7.1958 bat er um Bestätigung, dass seine erste Ehe nicht geschieden sei.

BGH v. 21.3.1962, BGHZ 37, 51 (Ehenichtigkeitsklage):
Der *Kläger*, ein Deutscher, heiratete erstmals 1922. 1933 emigrierte er und 1935 wanderte er nach Argentinien aus, wohin die wohl deutsche *Ehefrau* 1936 nachfolgte. Dort hatten sie ihren „gemeinschaftlichen Aufenthaltsort“. 1938 trennten sie sich, 1944 sprach ein mexikanisches Gericht die Scheidung der Ehe aus. 1946 schloss der *Kläger* in Mexiko eine Ehe mit einer Deutschen durch Stellvertreter, was beiden Parteien am Orte ihres damaligen Wohnsitzes in Argentinien nicht möglich gewesen wäre. Dort lebten sie zusammen, bis der *Kläger* 1949 nach **Deutschland** zurückkehrte. 1951 folgte die zweite Ehefrau nach. Beide Ehen blieben kinderlos. Die *erste Ehefrau* lebt – erneut verheiratet – in **Argentinien**.

BGH v. 22.4.1964, FamRZ 1964, 418 (Ehenichtigkeitsklage?):
Der 1918 geborene *Kläger*, wohl Deutscher, heiratete 1941 eine Frau, mit der er genau ein Kind hat. 1945 heiratete er in einer anderen Stadt eine 1919 geborene Frau. **[Deutschland]**

---

627 Zur juristischen Problematik in Bezug auf die erste Ehe vgl. bereits Fn. 339.

LSG Mainz v. 17.9.1971, SozVers 1972, 276 (Witwenrente):
Der 1900 geborene *Versicherte* heiratete 1922. Nach seiner Entlassung aus der Kriegsgefangenschaft 1948 verblieb er in England. Seine Ehefrau besuchte ihn auch dort, lebte aber weiter in Deutschland. 1955 erwarb er die englische Staatsangehörigkeit. Am 17.1.1966 sprach ein englisches Gericht die Scheidung der Ehe aus. Am 30.4.1966 heiratete der *Versicherte* in **England** eine andere Deutsche. Am 18.12.1967 verstarb er.

VG Gelsenkirchen v. 18.7.1974, FamRZ 1975, 338 (Aufenthaltserlaubnis):
Ein *jordanischer Muslim* lebte und arbeitete seit 1963 in **Deutschland**, wohin 1968 seine erste Ehefrau nachzog, die 1970 eine Aufenthaltserlaubnis erhielt. Diese Ehe blieb kinderlos. Am 3.8.1971 heiratete er eine 1953 geborene Jordanierin, die im September 1971 nach Deutschland einreiste und im September 1972 ein gemeinsames Kind gebar.

BSG v. 5.12.1974, FamRZ 1975, 336 (Witwenrente):
Der *Versicherte*, wohl Deutscher, war gegen Ende des zweiten Weltkrieges in ein Scheidungsverfahren vor dem LG Graudenz und dem OLG Danzig involviert, das wegen der Kriegs- und Nachkriegsverhältnisse nicht beendet wurde. 1946 ging er eine Ehe ein, die 1952 in **Deutschland** geschieden wurde. Die geschiedenen Eheleute gingen 1957 erneut miteinander die Ehe ein. 1965 starb der *Versicherte*. 1970 wurden beide Ehen mit der zweiten Ehefrau für nichtig erklärt.

BGH v. 21.2.1975, StAZ 1975, 338 (Anerkennung der Scheidung?):
Der *Kläger* heiratete 1938 als Deutscher eine Deutsche, mit der er 1948 nach Argentinien auswanderte. 1952 erwarb er die argentinische Staatsangehörigkeit, 1964 kehrte seine Ehefrau nach Deutschland zurück. 1966 erwirkte er eine Scheidung in Mexiko, wo er 1967 erneut heiratete. 1972 wurde festgestellt, dass die Voraussetzungen für die Anerkennung der Scheidung nicht vorliegen. Der *Kläger* ließ sich erneut in **Deutschland** nieder und erwarb die deutsche Staatsangehörigkeit.

BGH v. 26.2.1975, FamRZ 1975, 332 (Ehenichtigkeitsklage):
Der *Beklagte zu 1*, wohl Deutscher, ging 1931 in Danzig eine Ehe ein, aus der vier Kinder hervorgingen. Seit 1937 oder 1938 leben die Eheleute getrennt. 1945 verzog die Ehefrau mit den Kindern, der Ehemann zog 1946 zu einer im selben Jahr in **Deutschland** geheirateten Frau. Auch nach Verbüßung einer zehnmonatigen Gefängnisstrafe wegen Doppelehe, Abgabe einer falschen eidesstattlichen Versicherung und Unterhaltspflichtverletzungen lebte er mit dieser Frau, mit der er ebenfalls gemeinsame Kinder hat.

LSG Berlin v. 27.6.1975, FamRZ 1976, 349 (Witwenrente):
Der 1893 in Russland geborene *Versicherte* heiratete 1919 in Deutschland. Wohl 1937 wanderte er, bereits von seiner Ehefrau getrennt lebend, nach **Brasilien** aus, von wo aus er 1948 ein erfolgreiches Scheidungsverfahren gegen diese in Mexiko betrieb. Im selben Jahr heiratete er in Brasilien erneut. 1966 verstarb er in Brasilien.

KG v. 12.7.1975, OLGZ 1976, 38 (Nichtanerkennung der Scheidung):
Der *Antragssteller* heiratete 1961 in **Deutschland**. 1967 erfolgte eine Scheidung in Mexiko. Keiner der Ehegatten besaß die mexikanische Staatsangehörigkeit oder hatte seinen gewöhnlichen Aufenthalt in Mexiko. Später heiratete der *Antragssteller* erneut.

LG Hamburg v. 4.11.1975, IPRspr 1975 Nr. 40 (Ehenichtigkeitsklage):
Der *Beklagte zu 1*, wohl Deutscher, heiratete 1967 im Alter von 19 Jahren eine Französin. Diese Ehe wurde 1972 in Frankreich geschieden, eine Anerkennung in Deutschland erfolgte jedoch nicht. 1974 schloss er in **Deutschland** mit einer anderen Frau eine Ehe, aus der ein Kind hervorging.

LG Frankfurt v. 21.11.1975, NJW 1976, 1096 (Unzulässigkeit der Ehenichtigkeitsklage):
Der *Beklagte zu 1*, wohl Deutscher, heiratete 1962 vor dem Standesbeamten in Marokko. Die eheliche Gemeinschaft besteht seit 1963 nicht mehr. 1964 ging er eine weitere Ehe vor dem Botschafter der Bundesrepublik **Deutschland** in Beirut ein. Aus dieser ging ein Kind hervor. 1967 wurde die erste Ehe in Marokko gerichtlich geschieden.

LG Frankfurt v. 12.1.1976, FamRZ 1976, 217 (Bestehen der Ehe i.R.v. § 15a EheG):
Der *Beteiligte zu 2a*, jordanischer Muslim und Chemiefacharbeiter, war bereits mit einer Jordanierin verheiratet, als er 1974 vor dem Bevollmächtigten Beamten für Eheschließungen der indonesischen Botschaft in **Deutschland** eine ebenfalls muslimische indonesische Krankenschwester heiratete, deren gemeinsamer Sohn 1975 geboren wurde.

BGH v. 7.4.1976, FamRZ 1976, 336 (Ehenichtigkeitsklage):
Der *Beklagte zu 1* ging 1957 als Türke in der Türkei mit einer Türkin eine Ehe ein, aus der 1958 eine Tochter hervorging. Die Eheleute lebten gemeinsam in Deutschland. Nach der Trennung 1968 kehrte die Ehefrau in die Türkei zurück. 1970 erwarb der *Beklagte zu 1* die deutsche Staatsangehörigkeit und erfolgten die Scheidung in der Türkei und die Einleitung eines diesbezüglichen

Wiederaufnahmeverfahrens durch die Ehefrau. Am 22.3.1971 heiratete er in **Deutschland** eine andere Türkin. Am 19.10.1971 wurde das Scheidungsurteil aufgehoben.

LG Hamburg v. 12.5.1976, IPRspr 1976 Nr. 32 (Ehenichtigkeitsklage):
Der *Beklagte*, ein Italiener mit Wohnsitz in **Deutschland**, wurde 1967 in der Schweiz von einer Schweizerin geschieden. Eine Anerkennung der Scheidung wurde nicht beantragt. 1972 heiratete er in Dänemark eine andere Schweizerin.

BayObLG v. 10.6.1976, FamRZ 1976, 700 (Nichtanerkennung der Scheidung):
Die *Antragstellerin*, eine Deutsche, ging 1947 mit dem Deutschen *Otto H.* in Deutschland eine kinderlos gebliebene Ehe ein. Die Eheleute wanderten nach Argentinien aus. Ihre Ehe wurde 1949 in Mexiko geschieden. Keiner der beiden besaß die mexikanische Staatsangehörigkeit oder hatte seinen gewöhnlichen Aufenthalt i.S.d. ZPO in Mexiko. Während des Verfahrens hielten sie sich in Argentinien auf, wo auch der letzte gemeinsame gewöhnliche Aufenthalt i.S.d. ZPO war. Die *Antragstellerin* heiratete 1951 in Mexiko einen Mann, mit dem sie nach Deutschland zurückkehrte und zwei Kinder hat. *Otto H.* heiratete 1964 als Peruaner in **Peru**, wo er heute noch lebt. 1974 wurde der Antrag der *Antragstellerin* auf Anerkennung der mexikanischen Scheidung in **Deutschland** abgelehnt. Ihre zweite Ehe wurde 1975 in Deutschland geschieden.

BSG v. 30.3.1977, BSGE 43, 238 (Witwenrente):
Der aus Beuthen/Oberschlesien stammende *Versicherte* heiratete 1924. 1945 zog seine Ehefrau ohne ihn nach Berlin, später in die BRD. 1948 sprach das LG seiner mittlerweile polnischen Heimatstadt die Scheidung dieser Ehe aus, eine Anerkennung erfolgte nicht. 1949 heiratete er erneut in Beuthen. 1967 verstarb er, sein letzter Wohnsitz lag jedenfalls in **Polen**.

BSG v. 28.9.1978, BSGE 47, 68 (Witwenrente):
Die wohl deutsche *Klägerin* heiratete erstmals 1943. 1947 heiratete sie in der BRD erneut. Der erste Ehemann wurde 1950 in der DDR für tot erklärt. 1955 wurde die zweite Ehe durch ein bundesdeutsches Gericht für nichtig erklärt. 1956 ging die *Klägerin* in der **BRD** eine weitere Ehe ein, die dort 1972 geschieden wurde.

OLG Schleswig v. 8.6.1979, SchlHA 1979, 223 (Versorgungsausgleich):
HB, wohl Deutscher, heiratete 1933 und 1946. 1976 verstarb er, wohl in **Deutschland**, 1978 wurde die zweite Ehe für nichtig erklärt.

BSG v. 11.9.1979, FamRZ 1980, 135 (Witwenrente):
Der *Versicherte*, wohl Deutscher, heiratete 1923 und 1945; die Nichtigerklärung der zweiten Ehe wurde 1968 rechtskräftig. Danach wurde die erste Ehe

geschieden. 1970 heiratete der *Versicherte* die zweite Ehefrau erneut. Mit dieser hat er wohl fünf Kinder. 1974 verstarb er, wohl in **Deutschland**.

OLG Koblenz v. 10.3.1980, FamRZ 1980, 589 (Versorgungsausgleich):
Der um 1918 geborene *Antragssteller*, wohl Deutscher, heiratete 1939 nach der Geburt eines gemeinsamen Kindes eine um 1908 geborene Frau. Diese verzog mit dem Kind nach der Zerstörung der ehelichen Wohnung 1943 nach Ostpreußen, während ihr Mann Kriegsdienst leistete. Nach Rückkehr aus der Kriegsgefangenschaft stellte er keine Nachforschungen über seine Familienangehörigen an, sondern heiratete 1946 eine Frau, der gegenüber er den Tod seiner Ehefrau und des gemeinsamen Kindes behauptete. 1950 kam der gemeinsame Sohn zur Welt und wurde der *Antragssteller* durch ein deutsches Gericht für tot erklärt. 1978 wurde die zweite Ehe für nichtig erklärt. Der *Antragssteller* beantragte die Scheidung der ersten Ehe. **[Deutschland].**

OLG München v. 25.3.1980, FamRZ 1980, 565 (Ehenichtigkeitsklage):
Der 1906 geborene *Beklagte*, ein Deutscher, heiratete erstmals 1938. 1977 erfolgte die Scheidung vor einem Gericht in **Deutschland**, die jedoch wegen einer noch anhängigen Folgesache nicht wirksam wurde (Art. 12 Nr. 7 d 1. EheRG). Am 26.1.1978 ging er eine andere, kinderlos gebliebene Ehe ein, am 21.4.1978 verstarb er.

BGH v. 26.3.1980, FamRZ 1980, 768 (Zugewinnausgleich):
Der *Beklagte*, wohl Deutscher, ging 1942 eine Ehe ein, deren Aufhebung, hilfsweise Scheidung, er 1944 in erster Linie wegen Unfruchtbarkeit der Frau beantragte. Über den Ausgang des Verfahrens ist nichts bekannt. 1945 ging er eine zweite Ehe ein, aus der zwei Kinder hervorgingen. Diese Ehe wurde im Januar 1976 wegen Bigamie für nichtig erklärt. Im September 1976 wurde die erste Ehe geschieden. **[Deutschland]**

BSG v. 27.11.1980, BSGE 51, 40 (Witwenrente):
Der *Versicherte*, wohl Deutscher, heiratete 1931 und 1947. Die zweite Ehe wurde 1959 für nichtig erklärt, dennoch lebte er weiter mit der zweiten Ehefrau zusammen. 1976 starb er, wohl in **Deutschland**.

BGH v. 9.12.1981, FamRZ 1982, 475 (Versorgungsausgleich):
Der *Antragsgegner*, ein Deutscher, heiratete 1942 eine Deutsche. Beide waren um 1920 geboren. Das im November 1943 geborene Kind verstarb Anfang 1944. Seit dem Mai 1944 leben die Parteien getrennt. Im September 1945 heiratete der *Antragsgegner* erneut, ohne die neue Ehefrau von der bereits eingegangenen Ehe

zu unterrichten. 1954 ließ ihn die erste Ehefrau für tot erklären. Erst 1974 erfuhr sie, dass er noch lebte. 1977 beantragte sie die Scheidung. [**Deutschland**]

BSG v. 29.11.1984, FamRZ 1985, 384 (Witwenrente):
Der 1899 in Jugoslawien geborene *Versicherte* heiratete 1919 in Jugoslawien. 1941 kam er als Kriegsgefangener nach **Deutschland**, wo er 1948 er eine andere Ehe einging. 1967 starb er, ohne dass die zweite Ehe zuvor für nichtig erklärt worden wäre.

BGH v. 12.12.1984, FamRZ 1985, 270 (Versorgungsausgleich (-)):
Ein wahrscheinlich deutscher Mann war bereits verheiratet, als er 1950 eine Ehe schloss. 1969 starb er, wohl in **Deutschland**. 1980 wurde die Ehe für nichtig erklärt.

OVG Münster v. 7.3.1985, IPRspr 1985 Nr. 2 (Aufenthaltserlaubnis (-)):
Ein *pakistanischer Muslim* heiratete zuerst eine deutsche und 1977 eine pakistanische Staatsangehörige. Danach erwarb er die deutsche Staatsangehörigkeit. Die zweite Ehefrau möchte die Ehe in **Deutschland** führen.

BVerwG v. 30.4.1985, BVerwGE 71, 228 (Aufenthaltserlaubnis?):
Ein *Jordanier* war seit 1961 in Deutschland ansässig. 1964 schloss er eine kinderlos gebliebene Ehe mit einer Jordanierin. Beide besitzen eine zur Arbeitsaufnahme berechtigende unbefristete Aufenthaltserlaubnis. 1972 heiratete der Mann in Jordanien nach den dortigen Gesetzen eine weitere Jordanierin, die seit 1976 den Haushalt in **Deutschland** führt. Aus dieser Ehe sind drei Kinder hervorgegangen. Alle Personen leben in einem gemeinsamen Haushalt.

OLG Karlsruhe v. 12.7.1985, IPRspr 1985 Nr. 53 (Unzulässigkeit der Ehenichtigkeitsklage):
E.S., ein 1909 geborener Deutscher schloss insgesamt fünf Ehen. Er war noch mit einer Kenianerin verheiratet, als er am 19.1.1977 in Kamerun eine 1953 geborene Kamerunerin heiratete. Die Ehe mit der Kenianerin wurde am 11.11.1977 in Deutschland geschieden. Kurz nach der Eheschließung in Kamerun kamen die Eheleute nach **Deutschland**, wo sie seither leben. Die Behauptung der Ehefrau, drei vorehelich geborene Kinder stammten von *E.S.* ab, ist wohl unwahr.

KG v. 6.11.1985, FamRZ 1986, 355 (Unzulässigkeit der Ehenichtigkeitsklage):
Dr. W W, wohl Deutscher, heiratete 1949. 1977 erfolgte die Scheidung dieser Ehe, die jedoch wegen der noch anhängigen Folgesachen nicht wirksam wurde (Art. 12 Nr. 7 d 1. EheRG). Am 8.3.1983 heiratete *Dr. W W* erneut vor einem Standesbeamten in **Deutschland**. Am 30.3.1983 verstarb er.

BFH v. 6.12.1985, BFH/NV 1986, 394 (Zusammenveranlagung):
Der *Kläger*, ein Jordanier, ist nach jordanischem Recht gültig mit zwei Jordanierinnen verheiratet. 1978 und 1979 lebte seine erste Frau in Jordanien und seine zweite Frau, mit der der Kläger seit 1974 verheiratet ist, zusammen mit ihm in **Deutschland**.

BFH v. 6.12.1985, BFHE 146, 39 (Zusammenveranlagung):
Der *Kläger*, ein Marokkaner, heiratete 1950 eine Marokkanerin, die noch 1979 mit vier gemeinsamen Kindern in Marokko lebte. 1977 heiratete er nach marokkanischem Recht eine weitere Marokkanerin, mit der er in **Deutschland** lebt, wo er als Gastarbeiter einkommensteuerpflichtig ist.

KG Berlin v. 27.1.1986, IPRspr 1986 Nr. 51 (Heilung der Nichtigkeit):
Der *Beklagte*, ein Niederländer, ließ sich in den Niederlanden 1975 von einer Deutschen scheiden. Diese Scheidung wurde in Deutschland nicht anerkannt. 1980 heiratete er in den Niederlanden eine andere Deutsche. Diese erwarb später die niederländische Staatsangehörigkeit und lebt mit dem Beklagten in den **Niederlanden**.

OLG Stuttgart v. 24.2.1986, FamRZ 1986, 1006 (Versorgungsausgleich):
Der 1912 geborene *Antragssteller*, ein Deutscher, ging 1933 in Rumänien mit einer 1915 geborenen Deutschen eine Ehe ein, aus der mehrere Kinder hervorgingen. Nach Kriegsende verblieb er in **Deutschland** und ging 1945 eine Ehe ein, aus der möglicherweise ebenfalls Kinder hervorgingen. 1981 wurde die zweite Ehe für nichtig erklärt.

OLG Hamm v. 28.4.1986, FamRZ 1986, 1204 (Unzulässigkeit der Ehenichtigkeitsklage):
Herr X, wohl Deutscher, heiratete 1933, gab sich nach dem Krieg als verwitwet aus und ging 1949 eine andere Ehe ein, aus der drei Kinder hervorgingen. 1974 starb er. [**Deutschland**]

BGH v. 18.6.1986, FamRZ 1986, 879 (Ehenichtigkeitsklage):
Der *Beklagte*, wohl Deutscher, ging 1939 in Deutschland eine Ehe ein, aus der keine Kinder hervorgingen. Nach dem Krieg galt er als verschollen. 1946 heiratete er in **Deutschland** eine Frau, mit der er seither zusammenlebt und zwei Kinder hat. 1983 wurde der ersten Ehefrau bekannt, dass der *Beklagte* noch lebt, 1984 erreichte dieser die Scheidung der ersten Ehe.

OLG Hamm v. 12.9.1986, IPRspr 1986 Nr. 53 (Anlegung eines Familienbuchs):
Der *Beteiligte zu 1*, ein Muslim, heiratete als Jordanier 1980 eine Deutsche und am 9.6.1983 eine Jordanierin. Am 26.9.1983 erhielt er die deutsche Staatsangehörigkeit, die erste Ehe wurde am 5.5.1984 geschieden.

BFH v. 22.10.1986, BFHE 148, 322 (Erbschaftssteuerrecht):
Der *Erblasser* war mit einer verstorben geglaubten Frau verheiratet, als er 1947 eine weitere Ehe einging, die 1955 für nichtig erklärt wurde. 1976 verstarb er. Aufgrund letztwilliger Verfügung beerbte ihn die 1947 geheiratete Frau zur Hälfte.

OLG Hamm v. 8.1.1987, FamRZ 1987, 947 (Unterhalt nach Scheidung):
Die aus Kenia stammende *Klägerin* heiratete 1969 im Einklang mit ihren heimatlichen Gebräuchen nach dem sog. Kamba Customary Law, aber auch aus staatlicher Sicht wirksam, einen Kenianer. 1973 heiratete sie in Kenia einen Deutschen, mit dem sie seither in **Deutschland** lebte. In der Folge erhielt sie die deutsche Staatsangehörigkeit und wurden zwei 1970 und 1971 geborene Kinder nach Deutschland geholt. Beide Ehen wurden 1986 geschieden.

OLG München v. 23.9.1987, IPRspr 1987 Nr. 43 (Ehenichtigkeit nach italienischem Recht):
Der *Beklagte*, ein Italiener, ließ sich 1979 von einer Deutschen in Deutschland scheiden. Eine Anerkennung dieser Scheidung in Italien erfolgte nicht. 1980 ging er in Dänemark mit einer Italienerin eine Ehe ein, aus der ein Kind hervorging. Zum Zeitpunkt der Klageerhebung war sein gewöhnlicher Aufenthalt i.S.d. ZPO in **Deutschland**.

FG Köln v. 9.2.1988, EFG 1988, 361 (Einkommenssteuerrecht):
Der *Kläger*, ein Marokkaner, heiratete erstmals 1968 in Marokko und gründete dort einen eigenen Hausstand. Seit 1971 war er in Deutschland berufstätig, wo er allein einen eigenen Haushalt führt. 1978 heiratete er nach islamischem Recht[628] eine zweite Ehefrau, die in den Haushalt in Marokko aufgenommen wurde, in dem auch die aus beiden Ehen stammenden Kinder leben. 1985 wurde die erste Ehe geschieden und die erste Ehefrau verließ mit ihren Kindern den gemeinsamen Haushalt in **Marokko**.

628 Dies stellt die in Marokko vorgesehene Form der Eheschließung dar, vgl. Bergmann/Ferid/Henrich/*Nelle*, Marokko S. 35.

BFH v. 25.3.1988, BFHE 152, 537 (Einkommenssteuerrecht):
Der *Kläger*, ein marokkanischer Gastarbeiter, heiratete 1962 seine erste Frau, mit der er drei Kinder hat und die weiterhin in Marokko lebt. Seit 1969 arbeitete er in Deutschland. 1977 heiratete er nach marokkanischem Recht eine Marokkanerin, die 1979 nach **Deutschland** einreiste, wo sie mit ihm und den beiden aus der zweiten Ehe stammenden Kindern lebt.

OVG Berlin v. 3.2.1988, EZAR 221 Nr. 33 (unbegründeter Asylantrag):
Ein anerkannter *Asylberechtigter*, wohl Ghanaer (Vortrag über den Umgang der ghanaischen Behörden mit ihm und seiner zweiten Ehefrau) hat mit seiner zweiten Ehefrau, wohl Ghanaerin, wohl exakt ein Kind. Er floh 1982 nach Togo und von dort 1986 nach **Deutschland**.

BGH v. 21.9.1988, FamRZ 1989, 42 (Versorgungsausgleich):
Die im Jahre 1949 geborenen Parteien, wohl beide Deutsche, gingen 1976 miteinander eine Ehe ein, aus der zwei Kinder hervorgingen. Der *Ehemann* verließ die Ehewohnung am 29.10.1983 und heiratete am 2.2.1984 eine andere Frau. Der ersten Frau wurde am 10.4.1984 ein Scheidungsantrag zugestellt. [**Deutschland**]

BVerwG v. 11.1.1990, Az. 7 B 189/8 (Namensänderung):
Eine Ehe des wohl deutschen *Klägers*, aus der mindestens eine Tochter hervorgegangen war, wurde 1983 für nichtig erklärt. [**Deutschland**]

AG Bremen v. 27.4.1990, IPRspr 1990 Nr. 69 (Anlegung eines Familienbuchs):
Der *Beteiligte zu 2*, ein Jordanier, schloss 1958 in Jordanien eine Ehe. 1971 wurde gerichtlich seine Vaterschaft über ein 1968 geborenes Kind einer Deutschen festgestellt. Am 24.8.1975 erklärte diese vor einem Schariagericht in Jordanien ihren Übertritt zum Islam, am 4.9.1975 wurde von diesem eine tatsächlich nicht stattgefundene Eheschließung in Bremen aus dem Jahre 1966 „bestätigt"; in der Folge wurde diese Ehe als zweite Ehe des *Beteiligten zu 2* im Familienbuch eines jordanischen Standesamtes registriert. Ab dem 3.11.1975 führt auch das Kind den Namen des *Beteiligten zu 2*. Das AG Bremen wertete die Bestätigung als Eheschließung; in **Deutschland** wurde ebenfalls ein Familienbuch angelegt.

OLG Düsseldorf v. 27.1.1992, FamRZ 1992, 815 (Ehenichtigkeitsklage):
Die *Beklagte*, eine Italienerin, war mit einem Italiener verheiratet. Am 17.5.1967 erfolgte in Mexiko, wo keiner der beiden Ehegatten seinen gewöhnlichen Aufenthalt hatte, eine nicht anerkennungsfähige Scheidung. Dort heiratete sie vier Monate später einen Deutschen. Seit Ende 1969 besitzt sie auch die deutsche Staatsangehörigkeit. Eine erneute Scheidung der ersten Ehe erfolgte 1971 in Italien. Aus der Ehe mit dem Deutschen ging 1974 ein Sohn hervor. [**Deutschland**]

OLG Düsseldorf v. 19.2.1992, FamRZ 1992, 961 (Ehenichtigkeitsklage):
Zwei Bulgaren, deren einer bereits verheiratet war, heirateten 1980 in **Deutschland**. Vor der Nichtigerklärung der Ehe erhielten beide die deutsche Staatsangehörigkeit.

OVG Lüneburg v. 6.7.1992, InfAuslR 1992, 364 (Aufenthaltserlaubnis (-)):
Ein *Ägypter* heiratete 1969 eine Deutsche. 1972 ging er „nach islamischem Recht" eine „durch den ägyptischen Staat anerkannte" Ehe mit einer Ägypterin ein. Diese reiste nach mehreren vorübergehenden Aufenthalten 1985 mit zwei gemeinsamen minderjährigen Kindern nach **Deutschland** ein, 1987 wurde ein drittes Kind geboren. Der Ehemann verfügt über eine unbefristete Aufenthaltserlaubnis.

BVerwG v. 29.9.1992, DokBer B 1993, 105 (Entfernung aus dem Dienst):
Ein deutscher *Berufskonsularbeamter*[629] betrieb ein Scheidungsverfahren, als er 1987 eine von ihm schwangere weitere Frau unter Vorlage eines falschen Ehefähigkeitszeugnisses heiratete. Insgesamt hat er zwei Kinder. [**Deutschland**]

FG Münster v. 26.1.1993, EFG 1993, 380 (Einkommenssteuerrecht):
Der *Kläger*, ein Marokkaner, lebt mit zwei nach marokkanischem Recht geheirateten Ehefrauen in einem Haushalt in **Deutschland**.

BGH v. 27.10.1993, FamRZ 1994, 498 (Ehenichtigkeitsklage):
Der *Beklagte zu 1*, ein 1915 geborener Deutscher, ging 1937 eine Ehe ein, aus der zwei 1939 und 1940 geborene Söhne hervorgingen. Nach dem Krieg kehrte er jedoch nicht zu seiner Familie zurück und wurde 1948 von einem polnischen Amtsgericht für tot erklärt. 1957 heiratete er in **Deutschland** eine 1923 geborene Deutsche.

BSG v. 13.9.1994, FamRZ 1995, 600 (Witwenrente):
Der 1920 geborene *Versicherte*, wohl Deutscher, heiratete 1941. Was aus dieser Ehe wurde, ist nicht bekannt. 1949 heiratete er eine andere Frau, von der er seit 1954/55 getrennt lebte. 1962 ging er eine Ehe, aus der ein 1962 geborenes Kind hervorging, ein. Keine der beiden letzten Ehen ist geschieden oder durch gerichtliches Urteil für nichtig erklärt worden. Am 1. März 1989 verstarb er.

---

629 Diese gehören stets dem Entsendestaat an, vgl. *Schladebach*, Verwaltungsrundschau 2002, 298 (299).

BSG v. 21.6.1995, HVBG-INFO 1996, 783 (Witwenrente (-)):
Die *Klägerin*, eine in der **Ukraine** lebende Ukrainerin, heiratete dort 1937 den in einem später an die UdSSR gefallenen Teil Polens geborenen *Versicherten*, einen Ukrainer oder Polen. 1938 kam eine Tochter zur Welt, die wohl das einzige Kind blieb (letztwillige Bedenkung nur ihrer und der Mutter). Der *Versicherte* kam 1942 als Zwangsverpflichteter nach Deutschland, wo er seitdem lebte. Die *Klägerin* heiratete 1952 erneut. 1960 schloss der *Versicherte* in Deutschland eine zweite Ehe, aus der keine Kinder hervorgingen. Diese wurde 1968 in Deutschland geschieden. 1983 verstarb er in **Deutschland**.

BayObLG v. 26.10.1995, FamRZ 1996, 694 (belgisches Testamentsrecht):
Der *Erblasser*, ein Belgier, wurde 1967 von einer Frau, mit der er drei Kinder hatte, geschieden. 1973 ging er in Südafrika mit einer anderen Frau eine Ehe ein, aus der ein Kind stammt. 1983 schloss er in Äthiopien mit einer weiteren Frau einen Ehevertrag, ein gemeinsames Kind wurde noch im selben Jahr geboren. Ab 1984 arbeitete er in leitender Stellung auf Großbaustellen eines deutschen Unternehmens in afrikanischen Staaten. 1987 schloss er in Uganda eine weitere Ehe nach Ortsbrauch ("customary marriage") mit einer 1986 zur Alleinerbin eingesetzten Frau[630], aus der 1987 ein Kind hervorging. 1990 verstarb er in Botswana. Sein Domizil im Sinne des belgischen IPR befand sich in **Belgien**. Sein in Deutschland befindlicher Nachlass besteht im Wesentlichen aus einem Bankguthaben i.H.v. 275.000 DM.

FG Kassel v. 28.11.1995, EFG 1996, 315 (Einkommenssteuerrecht):
Der *Kläger*, ein Marokkaner, kam 1970 nach Deutschland. Seine aus einer Frau und gemeinsamen Kindern bestehende Familie verblieb in Marokko. Regelmäßig trug der *Kläger* zu deren Unterhalt bei und nahm am Familienleben teil.

---

630 Das Gericht äußerte sich lediglich zu dem Verstoß gegen das belgische Bigamieverbot durch die vierte Eheschließung, das Ehestatut der Ehefrauen wurde nicht angesprochen. Zu Mehrehen in Äthiopien OLG München FamRZ 2015, 2056 (2057); in Uganda wird die Polygamie wohl erlaubt sein, vgl. Staudinger/*Mankowski*, Art. 13 EGBGB Rn. 243. Zur Eheform in Äthiopien vgl. Bergmann/Ferid/Henrich/*Nelle*, S. 26, auch die in Uganda geschlossene Ehe könnte formwirksam sein. Zur Mehrehe im belgischen Recht vgl. Art. 147, 184, 201f. des belgischen Code Civil, wiedergegeben bei Bergmann/Ferid/Henrich/*Pintens*, S. 89ff. Dort auch der Verweis auf die bei *Rigaux*, Nr. 1362 wiedergegebene h.M.: „Aucune nullité de mariage n'est vraiment *absolue* et le droit belge ne connaît plus de nullité de mariage qui soit totalement relative". Somit führt jedenfalls das Abstellen auf belgisches Recht nicht zu Nichtehen. Bei den Ehefrauen ist ein *renvoi* wohl abwegig.

1979 heiratete er nach islamischem Recht eine bereits in Deutschland lebende Marokkanerin und begründete mit dieser einen weiteren Haushalt. 1990 kam es zur Trennung von dieser Frau, sodass diese mit den drei zwischenzeitlich geborenen gemeinsamen Kindern auszog. In der Folge kam es wohl zur Scheidung (Leitsatz). Zu dieser Zeit lebten regelmäßig zwei Kinder aus der ersten Ehe, die in **Deutschland** ausgebildet werden, mit dem *Kläger* in dessen Wohnung.

AG Goslar v. 12.4.1996, StAZ 1996, 335 (Nichtigkeitsklage als Rechtsmissbrauch):
Die *Beklagte*, eine 1955 in **Deutschland** geborene Deutsche, heiratete am 12.1.1989 standesamtlich in Ghana einen Ghanaer. Am 25.10.1989 ging sie in Dänemark mit einem Gambier eine Ehe ein, aus der 1990 eine Tochter hervorging. 1992 wurde die erste Ehe in Deutschland geschieden. Mit dem Gambier lebt sie nach vorübergehendem Getrenntleben dauerhaft in ehelicher Gemeinschaft.

StA München v. 26.4.1996, NStZ 1996, 436 (Einstellung des Ermittlungsverfahrens):
Der *Beschuldigte*, ein ursprünglich syrischer Muslim, heiratete 1973 in Deutschland eine Deutsche und am 4.1.1993 in Syrien eine Syrierin. Mit beiden Frauen lebte er in **Deutschland**, am 15.11.1993 erhielt er die deutsche Staatsangehörigkeit.

OVG Münster v. 2.9.1996, FamRZ 1997, 1147 (Rücknahme der Einbürgerung):
Der *Kläger*, ursprünglich Pakistani, heiratete 1984 in Deutschland eine deutsche und im Januar 1989 in Pakistan eine pakistanische Staatsangehörige. Im April 1989 erhielt er die deutsche Staatsangehörigkeit. Im Juni 1990 wurde die erste Ehe geschieden.

VGH Mannheim v. 24.6.1997, InfAuslR 1997, 450 (Aufenthaltsgenehmigung):
Herr X X war bereits verheiratet, als er 1990 in Pakistan die Antragstellerin, deren drittes Kind 1996 geboren wurde, heiratete. Er ist im Besitz einer Aufenthaltserlaubnis. Er gehört wohl dem Islam an und besitzt die pakistanische Staatsangehörigkeit (Hinweis auf die Muslim Family Law Ordinance).

OLG Nürnberg v. 30.6.1997, FamRZ 1998, 1109 (Unzulässigkeit der Nichtigkeitsklage):
Der 1953 in Polen geborene *Beklagte zu 2* war zunächst wohl allein polnischer Staatsangehöriger. Sein Großvater und sein Vater hatten durch die Eintragung in die deutsche Volksliste gemäß der Verordnung über die deutsche Volksliste und die deutsche Staatsangehörigkeit in den eingegliederten Ostgebieten vom

4.3.1941 die deutsche Staatsangehörigkeit erworben und diese nicht ausgeschlagen. Der *Beklagte zu 2* ging 1976 mit einer Polin eine Ehe ein, aus der zwei 1977 und 1978 geborene Kinder hervorgingen. 1990 siedelte er nach Deutschland über. 1990 erhielt er einen deutschen Staatsangehörigkeitsausweis, am 24.3.1993 einen deutschen Pass. Daneben behielt er seine polnische Staatsangehörigkeit. Am 5.10.1993 wurde seine erste Ehe vor einem polnischen Gericht geschieden, am 25.11.1993 reichte die zwischenzeitlich in Deutschland wohnhafte erste Ehefrau ebenda einen Antrag auf Bewilligung von Prozesskostenhilfe für einen Antrag auf Scheidung derselben Ehe ein. Am 25.12.1993 heiratete der *Beklagte zu 2* in Polen eine 1946 in Polen geborene Polin, die sich seit 1989 in **Deutschland** aufhält. Am 31.8.1995 stellte das Bayerische Staatsministerium der Justiz auf Antrag der ersten Ehefrau fest, dass die gesetzlichen Voraussetzungen für die Anerkennung des polnischen Scheidungsurteils nicht gegeben sind, soweit dieses auf Scheidung lautet. Am 16.10.1995 erfolgte auf ihren Antrag hin die Scheidung derselben Ehe vor einem deutschen Gericht.

OLG Oldenburg v. 9.7.1997, IPrax 1998, 491 (Kindesadoption (-)):
Der *Antragssteller zu 2*, ein Ägypter, ging 1986 mit einer Deutschen eine kinderlos gebliebene Ehe ein. 1993 ging er in Ägypten mit einer Ägypterin eine Ehe (wohl rein kultisch) nach islamischem Recht ein, aus der zwei Kinder hervorgingen. Alle Personen leben gemeinsam in einem Haushalt in **Deutschland**.

OVG Münster v. 10.9.1997, Az. 17 A 4727/95 (Visum (-)):
Herr A., ein 1933 geborener Deutscher ging 1990 in christlichem Ritus eine standesamtlich registrierte Ehe mit einer 1969 geborenen Philippinin ein. 1992 heiratete er nach islamischem Ritus[631] eine 1956 geborene Philippinin, die kurz darauf ein Kind gebar und offenbar zum Islam übertrat (das Gericht spricht von

631 Auf den Philippinen ist Muslimen die Polygamie wieder erlaubt, Art. 27, 13 Code of Muslim Personal Laws, in deutscher Übersetzung im Stand von 2003 wiedergegeben bei Bergmann/Ferid/Henrich/*Cieslar*/*Weishaupt*, S. 47ff., zu dessen Einführung 1977 *ebd.*, S. 9f. Dass *Herr A.* zum Zeitpunkt der letzten beiden Eheschließungen bereits Muslim war, ist wahrscheinlich, spricht doch gegen eine kultische Trauung einer Muslima mit einem Nichtmuslim, dass das klassische islamische Recht eine solche Ehe verbietet, nicht hingegen (jedenfalls nach sunnitischer Lehre) die Hochzeit eines Muslims mit einer Nichtmuslima, vgl. *Rohe*, S. 82f., 88 und Ferid/Firsching/Dörner/Hausmann/*Weishaupt*, Philippinen Rn. 468; zur absoluten Nichtigkeit als Rechtsfolge Bergmann/Ferid/Henrich, Religiöse Eherechte – Islam, S. 15; *Fyzee*, S. 99; *Nasir*, S. 70, 82. Auch erlaubt Art. 13 des dortigen Code of Muslim Personal Laws die Anwendung muslimischen Eherechts auf gemischtreligiöse Ehen nur dann, wenn der Ehemann Muslim ist. Ein *renvoi* erscheint abwegig.

einem Übertritt „des Klägers" zum Islam, Klägerin war diese Ehefrau). Danach heiratete er noch eine andere Philippinin nach islamischem Ritus. Die drei Frauen leben nach Angaben von Herrn A. auf den **Philippinen**. Dorthin verreist *Herr A.* drei Mal pro Jahr für mehrere Monate.

OVG Hamburg v. 17.2.1998, HmbJVBl 1998, 37 (Ausweisung):
Der *Antragssteller*, wohl Inder, möglicherweise kein Muslim (Hinweis auf möglichen Charakter als Nichtehe) heiratete 1975 in Indien eine Inderin. Wohl danach heiratete er eine andere Frau.

VG Hamburg v. 2.4.1998, Az. 18 VG 867/98 (Rücknahme der Aufenthaltserlaubnis):
Frau I, eine Deutsche, heiratete Anfang 1988 in zwei verschiedenen Städten in **Deutschland** zwei verschiedene Ausländer. Bei dem ersten handelt es sich wohl um einen Ghanaer. Die zweite Ehe wurde am 2.9.1988 für nichtig erklärt. *Frau I* verstarb 1997.

VGH Kassel v. 18.5.1998, InfAuslR 1998, 505 (Rücknahme der Einbürgerung):
Der 1951 in Pakistan geborene *Kläger*, ursprünglich Pakistani, hielt sich in den Jahren 1977, 1980 und 1985 zeitweilig als Asylbewerber in **Deutschland** auf und heiratete 1985 eine Deutsche, woraufhin ihm der Aufenthalt erlaubt wurde. Diese Ehe blieb nach Angaben des *Klägers* kinderlos, weshalb er 1987 mit einer pakistanischen Staatsangehörigen eine Ehe einging, aus der drei Kinder hervorgingen. 1989 erhielt er die deutsche Staatsangehörigkeit. 1991 wurde die erste Ehe geschieden. 1996 beantragte die zweite Frau Familiennachzug.

BSG v. 7.7.1998, HVBG-INFO 1999, 1262 (Witwerrente):
Der 1932 geborene *Kläger*, ein marokkanischer Muslim, heiratete erstmals 1956. Seit 1962 lebt er in Deutschland. 1972 heiratete er eine von 1972 bis 1987 in Deutschland versicherungspflichtig beschäftigte Frau, die 1988 verstarb. Im gleichen Jahr übersiedelte die erste Frau nach **Deutschland**. Wohl beide Ehen sind mit Marokkanerinnen in Marokko geschlossen worden (Namen, Ausführungen der Vorinstanz bezüglich Wirksamkeit der Ehen).

VG Hamburg v. 9.2.1999, Az. 13 VG 3697/98 (Rücknahme von Aufenthaltstiteln):
Der aus Pakistan stammende, muslimische (eigene Behauptung) *Kläger* reiste 1974 nach **Deutschland** ein und stellte 1975 erfolglos Antrag auf Asyl. 1978 heiratete er eine pakistanische Staatsangehörige. 1984 heiratete er eine Deutsche, von der er 1991 geschieden wurde. In der Zwischenzeit erhielt er verschiedene

Aufenthaltstitel. 1992 beantragte die pakistanische Ehefrau ein Visum zur Familienzusammenführung.

BSG v. 30.8.2000, BSGE 87, 88 (Witwenrente):
Der *Versicherte*, ein Marokkaner, wurde 1920 geboren und heiratete 1956 eine 1934 geborene Marokkanerin, die seit 1981 in **Deutschland** lebt. 1990 heiratete er in Marokko rechtmäßig eine 1960 geborene Frau wohl marokkanischer Staatsangehörigkeit (Name). 1993 starb er.

AG Darmstadt v. 1.11.2000, IPRspr 2000 Nr. 50 (Eheaufhebung):
Der *Antragsgegner zu 1*, wohl Muslim (eigene Aussage), heiratete 1984 als Marokkaner in Deutschland eine Deutsche. 1994 erhielt er die deutsche Staatsangehörigkeit. 1997 heiratete er vor einem polnischen Standesbeamten eine Polin, noch im selben Jahr wurde ein gemeinsames Kind geboren. 1998 wurde die erste Ehe geschieden.

BGH v. 10.1.2001, FamRZ 2001, 991 (Nichtigerklärung nach türkischem Recht):
Die *Antragsgegnerin*, eine Türkin, heiratete einen Nichtdeutschen, mit dem sie nicht in Deutschland lebte. Eventuell fand eine Scheidung in den USA statt, diese wurde jedenfalls nicht anerkannt. Dann heiratete sie in Deutschland einen Mann, mit dem sie auch in **Deutschland** zusammen lebte.

BGH v. 17.1.2001, FamRZ 2001, 685 (Nichtigkeitserklärung):
K, wohl Deutscher, ging 1937 vor einem deutschen Standesamt eine Ehe ein, aus der drei Kinder hervorgingen. Nach Kriegsende ging er 1946 vor einem Standesamt in der SBZ mit einer anderen Deutschen eine Ehe ein, aus der vier Kinder hervorgingen. 1951 wurde er für tot erklärt, 1953 heiratete seine erste Frau erneut. 1985 verstarb er, wohl in **Deutschland**.

LSG Essen v. 25.1.2001, HVBG-INFO 2001, 3224 (Witwenrente):
Herr N., wohl Deutscher, war bereits verheiratet und hatte wohl exakt ein Kind, als er 1946 die 1920 geborene Witwe eines 1942 gefallenen Berufssoldaten heiratete, die bereits einen Sohn hatte. 1948/1949 verbüßte *Herr N.* deswegen eine Haftstrafe, 1949 wurde diese Ehe für nichtig erklärt. Nach der Haftstrafe wurde die Lebensgemeinschaft fortgeführt, aus der drei 1946, 1951 und 1957 geborene Kinder hervorgingen. Ende der 40er Jahre wurde die erste Ehe geschieden. 1959 heiratete *Herr N.* die Witwe erneut. 1994 verstarb er, wohl in **Deutschland**.

OVG Hamburg v. 28.8.2001, InfAuslR 2002, 81 (Rücknahme der Einbürgerung):
Der 1935 geborene, aus Indien stammende *Antragsteller* reiste erstmals 1979 in das Bundesgebiet ein und betrieb erfolglos ein Asylverfahren. Wenige Monate später folgte ihm seine indische Ehefrau und beantragte ebenfalls Asyl. Beide

lebten auch in **Deutschland** zusammen. 1983 heiratete er eine Deutsche und erhielt eine Aufenthaltserlaubnis, 1990 eine Aufenthaltsberechtigung, 1996 die deutsche Staatsangehörigkeit. Kurz darauf ließ er sich von seiner deutschen Ehefrau scheiden.

BGH v. 9.1.2002, BGHZ 149, 357 (Unzulässigkeit der Eheaufhebung):
Die *Antragsgegnerin zu 1*, eine Russin, heiratete 1984 im heutigen Russland einen Russen. 1986 wurde ein gemeinsamer Sohn geboren. In der Folge zog die Familie nach Deutschland, der Ehemann kehrte nach einer Zeit nach Russland zurück. Die Ehe wurde auf Antrag der *Antragsgegnerin zu 1* am 20.7.1995 in Abwesenheit des Ehemannes in Russland geschieden. Die Scheidung wurde standesamtlich eingetragen. Am 6.9.1995 heiratete die *Antragsgegnerin zu 1* in Deutschland einen Deutschen. 1996 wurde die Scheidung durch ein höherinstanzliches Gericht aufgehoben und die Sache zurückverwiesen. Dabei kam es zur erneuten Scheidung. In der Zwischenzeit hatte die *Antragsgegnerin zu 1* den gemeinsamen Sohn nach **Deutschland** verbracht. Die ursprüngliche standesamtliche Eintragung der Scheidung wurde 1997 für unwirksam erklärt.

BayObLG v. 4.2.2002, FamRZ 2002, 1227 (Testamentsauslegung):
Ein wohl deutscher *Ehemann* ging 1962 eine weitere Ehe ein; mit jeder der der Ehefrauen hat er exakt ein Kind. Er starb 1989, wohl in **Deutschland**.

OLG Zweibrücken v. 28.5.2002, ZEV 2003, 162 = FamRZ 2003, 1697 (Wirksamkeit eines gemeinschaftlichen Testaments):[632]
Der *Erblasser* ging 1942 eine Ehe ein, aus der zwei Kinder hervorgingen. 1951 heiratete er in Deutschland, wo er zu diesem Zeitpunkt seinen gewöhnlichen Aufenthalt i.S.d. EGBGB hatte, als Staatenloser eine andere, ebenfalls staatenlose Frau. Mit dieser errichtete er 1997 ein gemeinschaftliches Testament in deutscher Sprache. Zu dieser Zeit und zum Zeitpunkt seines Todes 1999 waren beide kroatische Staatsbürger. Ihm gehörte in **Deutschland** unbewegliches Vermögen.

AG Hanau v. 7.6.2002, FamRZ 2004, 949 (Eheaufhebung):
Der ursprünglich marokkanische *Antragsgegner* heiratete 1992 in Deutschland. Am 15.9.2000 heiratete er in Marokko rechtmäßig eine Marokkanerin. Am 22.1.2001 erfolgten die Einbürgerung und die Scheidung der ersten Ehe. Die zweite Ehe sollte in **Deutschland** gelebt werden, wo er seinen gewöhnlichen Aufenthalt i.S.d. ZPO hat.

632 Informationen zum Sachverhalt auch aus *Riering*, MittBayNot 2003, 149 (149).

VG Darmstadt v. 5.9.2002, NVwZ 2003 Beilage Nr I 3, 23 (Verteilung von Asylbewerbern):
Der *Asylberechtigte X*, wohl irakischer (Ausführungen zum Heimatrecht beziehen sich nur auf den Irak) Muslim, heiratete 2002 rein kultisch in **Deutschland** als vierte Frau eine Irakerin, wobei die Heiratsurkunde in kurdischer Sprache abgefasst wurde.

VGH München v. 6.3.2003, BayVBl 2003, 507 (Aufenthaltsrecht (-)):
Herr B. war 2001 mit einer möglicherweise ehemaligen jugoslawischen Staatsangehörigen, deren erste Ehe, aus der ein Sohn hervorgegangen war, 1999 geschieden wurde, und einer Ukrainerin verheiratet.

VG Augsburg v. 27.5.2003, Az. Au 1 K 00.1479 (Ausweisung):
Der 1955 geborene *Kläger*, ein wohl muslimischer (Name, Aussage, auch nicht nach islamischem Recht verheiratet zu sein) Pakistani, war bereits mit einer pakistanischen Staatsangehörigen verheiratet, als er 1986 nach Deutschland einreiste und erfolglos einen Antrag auf Anerkennung als Asylberechtigter stellte. 1988 stellte er einen Asylfolgeantrag und kündigte die Bestellung eines Aufgebots mit einer Deutschen an, dessen Entgegennahme abgelehnt wurde. 1989 heiratete er diese in Pakistan. In der Folge reist er erneut nach **Deutschland** ein. Mit der ersten Frau hat er vier Kinder.

BVerfG v. 22.9.2003, BVerfGK 2, 16 (Rücknahme der Einbürgerung):
Der aus Pakistan stammende *Kläger* heiratete 1977 als Pakistani eine pakistanische Staatsangehörige und reiste 1979 nach Deutschland ein, wo er erfolglos ein Asylverfahren durchführte. Am 15.2.1984 heiratete er in den USA eine Deutsche. Am 7.10.1984 reiste er nach Deutschland ein. Vom 23.2.1985 bis zum 6.1.1986 hielt er sich in den USA auf, danach kehrte er nach **Deutschland** zurück. Seit 1988 lebt er von der deutschen Ehefrau getrennt, 1989 erhielt er die deutsche Staatsangehörigkeit, 1990 wurde die zweite Ehe geschieden. Mit der zweiten Ehefrau, für die 1996 ein Visum beantragt wurde, hat er insgesamt vier Kinder.

VG Dessau v. 7.10.2003, Az. 3 A 76/03 (Rücknahme der Aufenthaltsgenehmigung):
Der *Kläger* heiratete 1984 in Algerien. 1988 reiste er in die DDR ein und heiratete eine Deutsche. Mit Inkrafttreten des Einigungsvertrages war § 23 EheG auch auf in der DDR geschlossene Ehen anzuwenden, sodass die nichtige Ehe ab diesem Zeitpunkt wie eine wirksame zu behandeln war. 2001 wurde die erste Ehe geschieden, 2002 die zweite aufgehoben.

AG Tempelhof-Kreuzberg v. 29.10.2003, FamRZ 2004, 1488 (Eheaufhebung):
Der *Antragsgegner* mit der Staatsangehörigkeit der Republik Guinea heiratete 1992. 1995 heiratete er eine Deutsche, von der er seit Dezember 1998/Januar 1999 getrennt lebt.

OLG Zweibrücken v. 21.11.2003, FamRZ 2004, 950 (Eheaufhebung):
Der *Antragsgegner*, ein pakistanischer Muslim, war bereits mit einer pakistanischen Staatsangehörigen verheiratet, als er 1996 eine deutsche Staatsangehörige heiratete, mit der er zwei Kinder hat. Die erste Ehe wurde 1998 geschieden. Der gewöhnliche Aufenthalt i.S.d. ZPO besteht in **Deutschland**.

OLG Dresden v. 2.2.2004, FamRZ 2004, 952 (Internat. Zuständigkeit für die Eheaufhebung):
Der *Antragsgegner zu 2*, ein Pakistani, heiratete erstmals 1978. 1996 heiratete er in Pakistan nach islamischem Recht eine Deutsche. Jedenfalls die zweite Ehe blieb kinderlos. Nach Aktenlage lebte er mit seiner ersten Frau in **Pakistan** zusammen und hatte niemals einen gewöhnlichen Aufenthalt i.S.d. ZPO in Deutschland.

OVG Koblenz v. 12.3.2004, InfAuslR 2004, 294 (Aufenthaltsbefugnis der Zweitehefrau):
Ein irakischer *anerkannter Flüchtling* heiratete 1977 eine Irakerin und 1990 im Irak eine weitere, 1963 geborene, Irakerin. 1996 reiste er nach **Deutschland** ein, die Frauen folgten 1999. Ihre Asylverfahren hatten keinen Erfolg. Durch amtsgerichtlichen Beschluss vom 7.6.2001 „wurden beide Ehen als rechtsgültig anerkannt", woraufhin die erste Frau eine Aufenthaltsbefugnis erhielt.

OLG Karlsruhe v. 28.4.2004, FamRZ 2005, 370 (Versorgungsausgleich):
Die 1970 in Sri Lanka geborene *Antragstellerin* heiratete 1991 in einem nicht ihren Heimatort darstellenden Ort in Sri Lanka einen 1961 geborenen Mann. In den Jahren 1991/1992 betrieb sie zudem an ihrem Heimatort erfolglos ein Scheidungsverfahren über eine andere Ehe. Die zweite Ehe, aus der eine Tochter hervorging, wurde 2003 in **Deutschland** aufgehoben.

VG Gießen v. 7.6.2004, Az. 10 E 2666/03 (Rücknahme der Einbürgerung):
Der 1959 in Pakistan geborene *Kläger*, ein ehemals pakistanischer Muslim, heiratete 1980 in Pakistan eine Frau, die zwischenzeitlich die deutsche Staatsangehörigkeit erlangt hat und mit dem Kläger in Deutschland lebt. Von ihren vier Kindern ist das letzte in Deutschland geboren. 1985 reiste er erstmals nach **Deutschland** ein, wo er seitdem seinen dauernden Aufenthalt hat. Seit 1995 betreibt er mit seiner Frau einen Naturkostladen. Am 10.9.1996 beantragte er gemeinsam mit seiner Ehefrau die Einbürgerung ihrer selbst und ihrer Kinder.

Am 4.10.1996 heiratete er in Pakistan eine weitere Frau, die 2000 einen Sohn gebar. Im selben Jahr erhielt der Kläger die deutsche Staatsangehörigkeit.

BGH v. 23.6.2004, BGHZ 159, 370 (Prozesskostenhilfe im Scheidungsverfahren):
Die *Antragsgegnerin*, eine Italienerin, war noch mit einem Italiener verheiratet, als sie jedenfalls vor Wirksamkeit der Scheidung dieser Ehe eine weitere Ehe einging. Aus der ersten Ehe ist wohl mindestens ein Kind vorhanden.

LSG Darmstadt v. 29.6.2004, IPRax 2005, 43 (Ausschluss der Witwerrente bei Zweitehe):
Der *Kläger*, ein 1951 geborener Marokkaner, lebt seit 1980 in Deutschland, wo er im Mai 1980 mit der am 15.10.1949 geborenen Versicherten eine Ehe einging, aus der drei Kinder hervorgingen. Er war in **Deutschland** als Geschäftsmann im eigenen Gewerbebetrieb tätig. Im Juli 1997 heiratete er in Marokko eine Marokkanerin, die weiterhin dort lebt. Dies hatte die erste Ehefrau, die am 4.10.1997 verstarb, nach marokkanischem Recht genehmigt.

VG Augsburg v. 5.1.2005, 8.3.2005, Az. Au 1 K 04.697 (Rücknahme der Aufenthaltserlaubnis):
Der in Pakistan geborene muslimische *Kläger* reiste 1990 als Pakistani nach Deutschland ein und stellte einen Antrag auf Anerkennung als Asylberechtigter, der abgelehnt wurde. 1995 kündigte eine Deutsche der Ausländerbehörde die beabsichtigte Eheschließung mit *dem Kläger* an. Am 9./10.2.1996 erklärte sie die Aufgabe dieses Ansinnens. Zwei Monate später erklärte eine andere Deutsche, den *Kläger* heiraten zu wollen, was am 29.9.1996 in Pakistan geschah. Am 7.3.1997 heiratete er in Pakistan eine pakistanische Staatsangehörige. Am 11.4.1997 reiste er nach Deutschland ein, wo er mehrere Aufenthaltsgenehmigungen, im Jahr 2000 eine unbefristete Aufenthaltsgenehmigung erhielt. 2001 verstarb seine erste Ehefrau, deren Mutter jedoch 2002 noch lebte. Wohl danach heiratete er eine weitere pakistanische Staatsangehörige, wohl ebenfalls in **Pakistan** (Bekanntwerden erst durch Ermittlungen der Polizei).

VG Berlin v. 11.3.2005, 16.8.2005, Az. 2 A 161.04 (Rücknahme der Einbürgerung):
Der 1962 geborene *Kläger* reiste 1982 als pakistanischer Muslim nach Deutschland ein. 1983 ging er in Pakistan mit einer Deutschen eine Ehe ein, aus der fünf Kinder hervorgingen. Dort ging er 1991 auch mit einer pakistanischen Staatsangehörigen eine Ehe ein, aus der vier Kinder stammen, die die deutsche und die pakistanische Staatsangehörigkeit besitzen und mit ihrer Mutter in Pakistan leben. 1992 erhielt der *Kläger* die deutsche Staatsangehörigkeit.

VG Berlin v. 4.4.2005, Az. 2 A 32.05 (Rücknahme der Einbürgerung):
Der ursprünglich pakistanische *Antragssteller* heiratete in **Pakistan** 1984 eine pakistanische Staatsangehörige und 1989 eine Deutsche, mit der er im selben Jahr nach Deutschland reiste. 1990 wurde ein gemeinsames Kind geboren. 1993 erhielt er die deutsche Staatsangehörigkeit, 1995 wurde die zweite Ehe geschieden. Gemeinsame Kinder mit der ersten Ehefrau wurden 1986, 1989, 1993 und 1998 geboren. Später wurden Visa zur Familienzusammenführung beantragt.

VGH München v. 4.5.2005, Az. 5 B 03.1371 (Rücknahme der Einbürgerung):
Der muslimische (Ausführungen zu Recht und Gepflogenheiten), 1964 als Pakistani in Pakistan geborene *Kläger* ging im Alter von 12 oder 13 Jahren mit einer wohl pakistanischen Staatsangehörigen eine Ehe ein, aus der drei 1978, 1979 und 1981 geborene Kinder hervorgingen. 1981 reiste er nach **Deutschland** ein und beantragte erfolglos eine Anerkennung als Asylberechtigter. 1986 heiratete er eine Deutsche; ein gemeinsames Kind wurde 1987 geboren. 1991 erhielt er die deutsche Staatsangehörigkeit. Nach Scheidung der zweiten Ehe ging er 1992 mit einer anderen Deutschen eine Ehe ein, aus der ebenfalls ein Kind hervorging. Diese erfuhr 1994, als der *Kläger* von einer Reise nach Pakistan nicht rechtzeitig zurückkehrte von der ersten Ehe und erreichte die Erklärung der Ehenichtigkeit.

OLG Frankfurt v. 29.7.2005, IPRspr 2005 Nr. 42 (Eheaufhebung):
Der *Antragsgegner zu 1* ist seit 1987 mit einer Frau, mit der er sechs Kinder hat, verheiratet. Beide Ehegatten sind (auch) deutsche Staatsangehörige. 2005 schloss er in Pakistan eine weitere Ehe mit einer während des Prozesses schwangeren, wohl einem polygamem Ehestatut unterworfenen (Anwendung deutschen Aufhebungsrechts) nicht deutschen Staatsangehörigen. [**Deutschland**]

VGH Mannheim v. 15.8.2005, StAZ 2006, 298 (Rücknahme der Aufenthaltserlaubnis):
Der *Kläger*, wahrscheinlich Kongolese (Vortrag bezüglich des dortigen Bürgerkrieges)[633], ging 1971 in Polen mit einer Polin eine Ehe ein, aus der zwei Kinder hervorgingen. 1974 reiste er von dort aus nach **Deutschland** ein. 1986 heiratete er dort eine Deutsche, mit der er mindestens ein Kind hat. 1987 wurde ihm eine Aufenthaltserlaubnis erteilt, die 1990 unbefristet verlängert wurde. Zu seiner

633 In der Demokratischen Republik Kongo war die Polygamie zu diesem Zeitpunkt bereits abgeschafft, vgl. *Kalala*, Revue juridique de Zaïre 66/67 (1990/91), 99 (101). In der Republik Kongo (Brazzaville) hingegen ist sie legal, vgl. Bergmann/Ferid/Henrich/*Weishaupt*, Republik Kongo S. 25. Das Ehestatut ist somit völlig unklar.

polnischen Tochter hielt er durchgehend Kontakt. 2002 wurde die zweite Ehe aufgehoben.

VG Saarlouis v. 28.10.2005, Az. 12 K 235/04 (Rücknahme der Einbürgerung):
Der wohl muslimische (eigene Behauptung, Behauptung einer Scheidung per Telefon), ursprünglich pakistanische, 1946 geborene *Kläger* war wohl seit 1970 mit einer pakistanischen Staatsangehörigen verheiratet, als er 1975 erfolglos mehrere Asylverfahren betrieb. 1987 heiratete er in London eine Deutsche. In der Folge erhielt er verschiedene Aufenthaltserlaubnisse in Deutschland. 1998 wurde die zweite Ehe geschieden. 1999 erhielt er die deutsche Staatsangehörigkeit. Die erste Frau, mit der er sieben Kinder hat, beantragte 2003 ein Visum. Auch ein mittlerweile deutscher Bruder des *Klägers* lebt seit mehreren Jahren in **Deutschland**.

BVerwG v. 26.7.2006, Az. 1 B 25/06 (1 C 15/06) (Aufenthaltsrecht (-)):
D.K., ein Libanese, hält sich seit 1989 in **Deutschland** auf. Er war bereits mit einer Frau, mit der er fünf von 1992 bis 2000 geborene Kinder hat, verheiratet, als er 1999 „nach islamischem Recht" im Libanon eine Libanesin heiratete,[634] mit der er ebenfalls ein Kind hat. Er lebt mit beiden Frauen und den Kindern zusammen.

OVG Münster v. 11.12.2006, Az. 19 B 883/06 (Widerruf der Aufenthaltserlaubnis):
Der *Antragssteller* ging 1997 mit einer Deutschen eine Ehe nach deutschem Recht ein, die 1999 aufgehoben wurde.

OLG Frankfurt v. 11.1.2007, IPRspr 2007 Nr. 60 (Eheaufhebung (-)):
Der *Antragsgegner zu 1*, der die deutsche und die jordanische Staatsangehörigkeit besitzt, ging 1987 mit einer Jordanierin eine Ehe ein, deren Scheidung am 8.10.2002 in Jordanien ausgesprochen wurde. Dort heiratete er am 9.10.2002 eine andere Jordanierin. 2006 wurde die ausgesprochene Scheidung nach deutschem Recht anerkannt.

634 Im Libanon wird die Ehe vor einem Religionsgericht geschlossen, vgl. Bergmann/Ferid/Henrich/*Chaussade-Klein*, S. 15ff.; *Gannagé*, FS El-Kosheri, S. 485 (491); *Nasir*, S. 71. Die zitierte Formulierung der Vorinstanz kann allerdings ebenso gut bedeuten, dass lediglich die geringeren Formvorschriften des klassischen islamischen Rechts eingehalten wurden.

OVG Lüneburg v. 13.7.2007, StAZ 2008, 110 (Rücknahme der Einbürgerung):
Der 1961 in Pakistan geborene *Kläger*, ursprünglich Pakistani, reiste 1985 als Asylbewerber nach Deutschland ein. Nachdem er im September 1988 eine Deutsche geheiratet hatte, nahm er seinen Asylantrag zurück. Aufgrund der Eheschließung wurde ihm zunächst eine befristete und im Oktober 1991 eine unbefristete Aufenthaltserlaubnis erteilt. Im Dezember 1988 reiste er nach Pakistan. Dort ging er am 7.2.1989 mit einer pakistanischen Staatsangehörigen eine Ehe ein, aus der im Dezember 1989 ein Kind hervorging. Am 14.11.1990 beantragte er seine Einbürgerung. 1991 brachte seine pakistanische Ehefrau in Pakistan erneut ein Kind zur Welt, als dessen Vater er im dortigen Geburtsregister eingetragen wurde.
Nachdem die deutsche Ehefrau des Klägers zunächst Scheidungsabsichten bekundet hatte, erklärte sie am 14.12.1992 gegenüber der Bezirksregierung, an ihrer Ehe festhalten zu wollen. Auch der *Kläger* bestätigte, dass er sich nicht von ihr scheiden lassen wolle. Am Folgetag erhielt er die deutsche Staatsangehörigkeit. Seit dem 16.12.1992 lebte er von seiner deutschen Ehefrau getrennt, die Scheidung erfolgte 1995. 1996 und 1997 wurden zwei weitere Kinder aus der zweiten Ehe in Pakistan geboren. 2001 zog die Ehefrau mit allen vier Kindern nach Deutschland. 2002 wurde die Einbürgerung zurückgenommen, 2003 das fünfte gemeinsame Kind geboren.

VGH Mannheim v. 21.8.2007, FamRZ 2008, 787 (Rücknahme eines Aufenthaltstitels):
Der *Antragssteller*, wohl muslimischer Libanese, heiratete 1992 vor dem jafaritischen[635] Religionsgericht[636] Beirut eine Libanesin. 1997 heiratete er eine Deutsche. Am 14.2.2005 ließ er sich von der Libanesin vor einem anderen jafaritischen Religionsgericht im **Libanon** scheiden und heiratete sie „offenbar in gleicher Form" am 24.5.2005 erneut. Mit ihr hat er zwei Kinder.

VG München v. 8.11.2007, Az. M 24 K 06.3979 (Rücknahme von Aufenthaltstiteln):
Der 1955 geborene *Kläger*, ein muslimischer Ägypter, hielt sich bis zum Juli 1994 etwa ein Jahr in Deutschland auf und ging sodann in **Ägypten** eine auch nach staatlichem Recht gültige Ehe mit einer Ägypterin ein. 1995 reiste er mit einem Visum zur Eheschließung erneut nach Deutschland ein und heiratete eine

635 Der Begriff stellt ein Synonym zu „zwölferschiitisch" bzw. die Bezeichnung ihrer „Rechtsschule" dar, vgl. *Nasir*, S. 28; *Sachedina*, OxfEnclslW 397; *Yassari*, RabelsZ 73 (2009), 985 (988).
636 Dazu Bergmann/Ferid/Henrich/*Chaussade-Klein*, S. 5f., vgl. auch Fn. 634.

Deutsche. Diese starb 1996. 1997 und 1998 wurden in Ägypten seine beiden Kinder geboren. 1999 heiratete er eine andere Deutsche. 2002 erhielt er eine bis 2004 befristete Einbürgerungszusicherung. 2004 wurde die ägyptische Ehe wieder geschieden und wohl im Juni 2005 in seiner Abwesenheit vor einem Standesbeamten erneut geschlossen. Im September 2005 wurde die Ehe mit der deutschen Ehefrau geschieden.

VG Gelsenkirchen v. 4.1.2008, Az. 15 K 2307/07 (Rückforderung von Unterhaltsvorschuss):
Der *Kläger*, ein Deutscher, lebt seit 2002 von einer Ehefrau, mit der er zwei 1996 und 1998 geborene Kinder hat, getrennt. 2004 schloss er im Irak eine Stellvertreterehe mit einer Irakerin. 2005 erfolgte die Scheidung von der ersten Frau. [**Deutschland**]

BVerwG v. 14.2.2008, BVerwGE 130, 209 (Rücknahme einer Einbürgerung (-)):
Der ursprünglich pakistanische 1956 geborene *Kläger* reiste 1981 als Asylsuchender nach Deutschland ein. 1987 wurde er nach **Pakistan** abgeschoben. 1989 heiratete er eine Deutsche, 1991 eine pakistanische Staatsangehörige. 1993 erhielt er die deutsche Staatsangehörigkeit. 1997 wurde die erste Ehe geschieden. Er ist als Vater dreier 1991, 1993 und 1995 geborener Kinder in einem pakistanischen Geburtsregister registriert. 1999 wurden Visa zur Familienzusammenführung beantragt.

AG Offenbach v. 3.3.2008, IPRspr 2008 Nr. 56 (Eheaufhebung):
Der *Erstbeklagte*, ein Deutscher, heiratete am 23.7.2006 in Pakistan eine pakistanisch-kanadische Staatsangehörige und unter Verschweigung dieses Umstandes am 10.8.2007 in **Deutschland** eine pakistanische Staatsangehörige.

OVG Lüneburg v. 23.6.2008, Az. 7 ME 58/08 (Rücknahme eines Aufenthaltstitels):
Der *Antragssteller* schloss 1993 in Algerien eine Ehe, die möglicherweise drei Jahre gelebt wurde. Im Jahre 2000 ging er in Deutschland mit einer Deutschen eine aufhebbare Ehe ein. Die Frau gebar 2003 eine Tochter, die bis 2005 als eheliches Kind galt und mit in der gemeinsamen Wohnung lebte. Diese Ehe wurde im Jahre 2005 geschieden. Insgesamt hielt er sich über elf Jahre in Deutschland auf, davon rund sieben mit einer Aufenthaltserlaubnis. Gelegentlich betreute er auch nach der Scheidung noch die Tochter seiner Ex-Frau. Eine wirtschaftliche Integration in die deutschen Lebensverhältnisse fehlt. Durchgängig unterhielt er Beziehungen zu seiner Heimat, auch zu den Verwandten in seinem Heimatort, den er wiederholt besuchte.

VG Darmstadt v. 20.8.2008, Az. 5 E 840/07 (Rücknahme der Einbürgerung):
Der 1958 in Marokko geborene *Kläger* heiratete wohl 1984 eine Marokkanerin in Marokko, mit der er drei Kinder hat. 1993 reiste er nach Deutschland ein und heiratete noch im selben Jahr standesamtlich eine Deutsche, die bereits ein Jahr zuvor eine Tochter geboren hatte, für die er ebenfalls 1993 die Vaterschaft nach deutschem Recht anerkannte. Im selben Jahr verließ er Deutschland. 1994 reiste er mit einem Visum zur Familienzusammenführung wieder ein. In der Folge erhielt er zunächst eine mehrfach verlängerte befristete, schließlich eine unbefristete Aufenthaltserlaubnis. 2001 erhielt er die deutsche Staatsangehörigkeit, 2006 wurde die zweite Ehe geschieden. 2007 wurde die Einbürgerung zurückgenommen.

ArbG Stuttgart v. 19.11.2008, AE 2009, 155 (Witwenrente der Zweitehefrau):
Ein Syrer war seit 1955 mit wohl nur kurzen Unterbrechungen bei einer deutschen AG als Ingenieur beschäftigt, bei der er eine Anwartschaft auf Betriebsrentenzahlungen erwarb. 1963 heiratete er nach deutschem Recht eine Deutsche. 1978 heiratete er in Syrien eine 1952 geborene Syrierin, die Ehe wurde 1981 genehmigt und damit wirksam[637]. 1984 starb er.

OVG Münster v. 6.1.2009, FamRZ 2009, 1145 (Duldungsanspruch (-)):
Der *Antragssteller*, wohl nigerianischer (Affidavit englischsprachig) Stammesangehöriger, heiratete in Nigeria stammesrechtlich eine Nigerianerin und in Dänemark eine Deutsche. Die erste Ehefrau leitete 2008 in Nigeria ein Scheidungsverfahren ein.

VG Augsburg v. 27.1.2009, Az. Au 1 K 08.684 (Rücknahme einer Aufenthaltserlaubnis (-)):
Der *Kläger*, Staatsangehöriger von Serbien-Montenegro, wurde 1969 im damaligen Jugoslawien geboren. 1992 heiratete er in seiner Heimat eine Frau, mit der drei 1988[638], 1992 und 1997 geborene Kinder hat. 1993 reiste er nach Deutschland ein und beantragte zunächst Asyl, zog diesen Antrag aber zurück, bevor er

637 Laut Sachverhalt, wohl gemäß Art. 52 des syrischen Personalstatutgesetzes v. 17.9.1953, geändert durch Gesetz Nr. 34 v. 31.12.1975, in der von 1975 bis 2003 (vgl. *van Eijk*, S. 79) gültigen Fassung wiedergegeben bei Bergmann/Ferid/Henrich, S. 14f. (Bearbeitungsstand dort: 1993); ebenso zur aktuellen Rechtslage *van Eijk*, S. 144ff., v.a. S. 149.

638 Die Jahreszahl ist im Urteil ist wohl falsch wiedergegeben, wie sich aus der Reihenfolge der Geburtsjahre und den Angaben bei VGH München v. 18.4.2008, 10 B 08.297 (offensichtlich den gleichen Sachverhalt betreffend) ergibt.

1994 eine Deutsche heiratete, von der er sich 1998 trennte. Die Ehe wurde 2000 geschieden. 2003 ließ er sich von der ersten Frau scheiden und heirate sie erneut.

VG Berlin v. 16.2.2009, KirchE 53, 50 (Verteilung von Asylbewerbern):
R.S., ein 1956 geborener iranischer Muslim lebt seit etwa 1980 in Deutschland mit einem verfestigten Aufenthaltsrecht und war bereits verheiratet, als er 2005 eine „Ehe auf Zeit"[639] für 50 Jahre mit einer 1975 geborenen, iranischen Muslima einging, die 2006 nach Deutschland einreiste. Diese „Ehe auf Zeit" sollte in Deutschland geführt werden. Die erste Frau lebt jetzt überwiegend im Iran, lebte aber auch zeitweise mit *R.S.* in Deutschland zusammen.

OLG Zweibrücken v. 2.3.2009, FamRZ 2009, 1923 (Feststellung der Vaterschaft):
Die *Antragstellerin*, eine Deutsche, heiratete 2001 in Nigeria einen Nigerianer. 2003 heiratete sie einen anderen Mann und gebar ein Kind. Die erste Ehe wurde 2006 geschieden.

LSG Essen v. 4.3.2010, Az. L 5 KR 22/07 (Bestehen einer Familienversicherung):
Der *Kläger* ist Deutscher marokkanischer Abstammung. Er heiratete eine sich seitdem durchgehend in Marokko Aufhaltende. 1971 ging er in Marokko mit einer Marokkanerin eine weitere Ehe ein. Die zweite Ehefrau lebte mit ihm in **Deutschland**, mit ihr gemeinsam wurde er 1994 eingebürgert. 2009 erfolgte die Scheidung der ersten Ehe nach marokkanischem Recht.

OVG Lüneburg v. 29.6.2010, Az. 11 LA 477/09 (Rücknahme von Aufenthaltstiteln):
Der 1964 geborene *Kläger*, ein Pakistani, ging wohl schon 1989 mit einer pakistanischen Staatsangehörigen eine Ehe ein, aus der vier Kinder hervorgingen. Zudem heiratete er 1991 in Frankreich eine 1960 geborene Deutsche. In der Folge erhielt er verschiedene Aufenthaltstitel, besuchte aber regelmäßig die in **Pakistan** gegründete Familie. Der Gebrauch der deutschen Sprache bereitet ihm noch immer Schwierigkeiten.

EuGöD v. 1.7.2010, Az. F-45/07 (Witwerrente):
Frau N., eine Deutsche, heiratete 1993 in Deutschland einen Deutschen, mit dem sie sich in Belgien niederließ. In Belgien erging 1995 ein Scheidungsurteil, dessen Anerkennung zuletzt 1999 abgelehnt wurde. Am 25.4.2000 heiratete *Frau N.* in den USA einen anderen Deutschen mit Wohnsitz zu diesem Zeitpunkt

---

639 Eine Qualifizierung dieses Instituts als Ehe ist zweifelhaft; dafür *Andrae*, § 1 Rn. 7; Staudinger/*Mankowski*, Art. 13 EGBGB Rn. 793; *Schulze*, StAZ 2009, 197 (203f.) m.w.N.; dagegen *Bock*, NJW 2012, 122 (124); *Rohe*, S. 361.

oder zur Zeit der Einreichung der Klage in Deutschland. Nach Eintritt in den Ruhestand 2001 verzog sie 2002 wohl nach **Deutschland**. 2003 betrieb ihr erster Ehemann ein Scheidungsverfahren, 2004 verstarb sie. Sie hinterließ jedenfalls einen Sohn, der einen Pflichtteil wohl an den ersten Ehemann auszahlte.

VGH München v. 10.3.2011, Az. 5 ZB 10.1170 (Rücknahme der Einbürgerung): Der 1968 geborene, muslimische (Ausführungen der Vorinstanz), ursprünglich pakistanische *Kläger* hielt sich seit 1990 in Deutschland auf. 1993 heiratete er eine Deutsche. Infolgedessen erhielt er verschiedene Aufenthaltstitel. 2000 schloss er in Pakistan eine weitere Ehe. Um diese Ehe ging es in verschiedenen Gerichtsverfahren, u.a. einem Scheidungsverfahren in Pakistan. 2004 erhielt er die deutsche Staatsangehörigkeit. 2006 erfolgte die Scheidung von seiner deutschen Ehefrau. 2008 trat die Rechtskraft der Scheidung der Ehe mit der pakistanischen Ehefrau ein.

VG Köln v. 13.4.2011, Az. 10 K 201/10 (Einbürgerung):[640]
Der 1968 in Marokko geborene *Kläger*, ein marokkanischer Muslim, reiste 1982 nach Deutschland ein. In Deutschland erwarb er den Hauptschulabschluss und schloss danach eine Ausbildung mit der Gesellenprüfung ab. 1990 heiratete er in Marokko eine Marokkanerin. Seit 1991 verfügt er über eine unbefristete Aufenthaltserlaubnis bzw. Niederlassungserlaubnis. Von 2003 bis 2007 Vorsitzender eines religiösen Vereins. Einige seiner Kinder besitzen die deutsche Staatsangehörigkeit. 2005 ging er in Libyen eine nach Ortsrecht gültige Ehe mit einer schwangeren Frau ein, aus der zwei Kinder hervorgingen. 2007 beantragte er seine Einbürgerung in den deutschen Staatsverband. Die erste Ehe, aus der drei Kinder hervorgegangen waren, wurde 2008 in **Deutschland** geschieden.

BVerwG v. 19.4.2011, NVwZ 2011, 1277 (Aufenthaltserlaubnis?):
Der *Kläger*, ein 1958 geborener, wohl muslimischer (Ausführungen in VGH Kassel AuAS 2002, 76 zur Scharia) Staatenloser, heiratete 1985, damals noch selbst Pakistani, eine pakistanische Staatsangehörige, mit der er nach eigenen Angaben fünf Kinder hat. 1989 kam er ohne seine Familie nach Deutschland, wo er einen Asylantrag stellte, den er nach seiner 1990 erfolgten Hochzeit mit einer Deutschen zurücknahm. In der Folge erhielt er verschiedene Aufenthaltstitel und 1996 die deutsche Staatsangehörigkeit. Wenige Monate darauf wurde die zweite Ehe geschieden. 1997 beantragte die pakistanische Ehefrau für sich und ihre Kinder ein Visum zum Nachzug zu ihrem Ehemann. 1999 wurde die

640 Weitergehende Sachverhaltsinformationen entstammen OVG Münster NVwZ-RR 2016, 756 vom 14.01.2016 (wegen des Datums ist jenes Urteil nicht selbst erfasst).

Einbürgerung zurückgenommen. Der *Kläger* hielt sich mehrfach in **Pakistan** auf, wo nach wie vor seine Familie lebt.

BVerwG v. 19.4.2011, BVerwGE 139, 337 (Aufenthaltsrecht (-)):
Der *Kläger*, ein 1959 geborener, wohl muslimischer (eigene Angabe, Heirat nach islamischem Ritus[641]), ehemals pakistanischer Staatenloser, reiste 1977 nach Deutschland ein, wo er erfolglos einen Asylantrag stellte. Im März 1982 kehrte er nach Pakistan zurück, wo er im August mit einer 1963 geborenen, in Pakistan verbleibenden Frau eine Ehe einging, aus der drei Kinder hervorgingen. 1985 reiste er erneut nach Deutschland ein, wo er erfolglos einen Asylfolgeantrag stellte. Im Juli 1986 reiste er wieder nach Pakistan aus. Im September behauptete er die Heirat einer (tatsächlich existierenden) Deutschen vor der (tatsächlich nicht existierenden) „Orthodox Church of Pakistan", die durch die Deutsche Botschaft legalisiert wurde,[642] und durfte nach Deutschland einreisen, wo er im November eine befristete und im August 1989 eine unbefristete Aufenthaltserlaubnis erhielt. 1991 erging ein Scheidungsurteil über diese Scheinehe. 1994 heiratete der *Kläger* in Dänemark eine andere Deutsche, woraufhin er im selben Jahr eine Aufenthaltsberechtigung erhielt und 1998 eingebürgert wurde. Diese Ehe wurde im Oktober 2000 geschieden. 2001 begehrte die in Pakistan lebende Ehefrau ein Visum zur Familienzusammenführung. In der Folge wurden die 1982 erfolgte Hochzeit und die Nichtexistenz der „Orthodox Church of Pakistan" den deutschen Behörden bekannt, woraufhin die Einbürgerung zurückgenommen wurde. 2004 beantragte er erneut eine Aufenthaltsgenehmigung. Neben drei Kindern mit der pakistanischen Frau hat er drei Kinder mit deutschen Frauen.

VG Bayreuth v. 14.9.2011, IPRspr 2011 Nr 278 (Ablehnung einer Aufenthaltserlaubnis):
Ein in Indien geborener, 1996 eingebürgerter *Deutscher* heiratete 2003 in Indien. Diese Ehe wurde dort 2009 gerichtlich geschieden, eine Anerkennung erfolgte jedoch nicht. 2011 heiratete er in Dänemark eine in jenem Jahr über Italien nach **Deutschland** eingereiste Inderin. Diese ist nach eigenen Angaben Mutter einer am 21.01.2006 geborenen Tochter. Der *Deutsche* ist Vater zweier nicht ehelicher deutscher Kinder.

---

641 Dies ergibt sich aus der Sachverhaltsdarstellung des VG Braunschweig v. 4.11.2003, Az. 5 A 308/03, in dem es offensichtlich um dieselbe Person geht.

642 Darin wird für Zwecke der hier geführten Statistik keine wirksame Eheschließung gesehen.

OVG Lüneburg v. 21.3.2012, Az. 13 LA 245/11 (Familienasyl (-)):[643]
Jedenfalls eine der drei Ehefrauen eines in Deutschland anerkannten irakischen yezidischen *Flüchtlings* ist eine irakische Yezidin, die er im Irak geheiratet und wohl neben einer anderen Ehefrau in seine Wohnung in Deutschland aufgenommen hat. Mindestens zwei Söhne sind vorhanden, möglicherweise stammen allein vier Kinder von einer einzigen Ehefrau.

BVerwG v. 19.7.2012, BVerwGE 143, 369 (Visumserteilung?):
Der 1956 geborene *Vater des Klägers*, ein Inder, war mit einer Inderin verheiratet, als er 1994 nach Deutschland einreiste. Nach Ablehnung eines Asylantrags heiratete er 1997 in Dänemark eine Deutsche. Bereits zu diesem Zeitpunkt hatte er seinen gewöhnlichen Aufenthalt i.S.d. EGBGB in **Deutschland**. 2004 reiste der Kläger nach Deutschland ein und stellte einen erfolglosen Asylantrag. Im Mai 2007 wurde die Ehe des *Vaters* geschieden, im September 2007 scheiterte der Versuch des Klägers, dieselbe Frau in Schweden zu heiraten, was ihm im Februar 2008 in Indien gelang. Der *Vater* verfügt über eine Niederlassungserlaubnis, ein Einbürgerungsantrag scheiterte.

BVerfG v. 25.9.2012, Az. 1 BvL 6/11 (Normenkontrollverfahren zu § 1318 BGB):
Die *Ehefrau* ging im Alter von 15 oder 16 Jahren auf den Philippinen eine Ehe ein. 1983 heiratete sie zudem als Philippinin einen Deutschen. Diese Ehe wurde 2007 unter Anwendung deutschen Rechts aufgehoben.

VG Karlsruhe v. 8.5.2013, VBlBW 2014, 150 (Einbürgerung):
Der *Kläger*, ein Iraner, lebt seit 1977 in Deutschland. 1980 heiratete er in Dänemark eine 1950 geborene Deutsche. 1986 erwarb er ein universitäres Diplom in **Deutschland**, wo er seitdem berufstätig ist. 1999 begann er im Iran mit einer 1973 geborenen Iranerin eine nach iranischem Recht strafbare Beziehung, aus der diese ein Kind erwartete; im selben Jahr kam es dort zur wirksamen Eheschließung und zur Geburt des Kindes. In der Folge verhalf der *Kläger* seiner deutschen Ehefrau zur Schaffung der Voraussetzungen einer eigenen Erwerbstätigkeit und war beruflich viel unterwegs, vor allem im Iran. 2006 erfolgte die Scheidung der ersten Ehe. 2012 ging aus der zweiten Ehe ein zweites Kind hervor.

VGH München v. 25.6.2013, Az. 10 B 11.2217 (Niederlassungserlaubnis):
Die 1973 geborene *Klägerin*, eine myanmarische Staatsangehörige, ging 1992 eine Ehe mit einem myanmarischen Staatsangehörigen ein, aus der 1994 ein Sohn

643 Im Irak gilt islamisches Eherecht auch für Yeziden, vgl. *Nasir*, S. 37; vgl. auch § 2 Abs. 1 qānūn al-ahwāl aš-Šahsīya, in deutscher Übersetzung wiedergegeben bei Bergmann/Ferid/Henrich/*Löschner*, Irak S. 10.

hervorging, der offenbar stets bei ihr lebte (jedenfalls für die Zeit in Deutschland feststehend). Von diesem Mann lebte sie wohl ab 1995 getrennt. Offenbar hielt sie sich zwischenzeitig für mehrere Jahre in Thailand auf. Am 5.3.2003 reiste sie nach Deutschland ein, am 2.5.2003 heiratete sie in Dänemark einen Deutschen. In der Folge erhielt sie eine mehrfach verlängerte Aufenthaltserlaubnis. Spätestens Ende 2004 wurde ihre erste Ehe geschieden. Zwischenzeitig hielt sie sich offenbar jedenfalls kurzfristig im Ausland auf, jedenfalls reiste sie am 11.4.2006 wieder nach **Deutschland** ein. Am 8.6.2006 erhielt sie eine Niederlassungserlaubnis. Offenbar seit August 2007 lebte sie von ihrem zweiten Ehemann getrennt, 2008 wurde die zweite Ehe als Doppelehe aufgehoben. (Alle Vermutungen ohne Klammerzusatz beruhen auf Aussagen der Beteiligten).

BGH v. 10.7.2013, NVwZ 2013, 1568 (Aufteilung der Witwenrente):
Ein nach marokkanischem Recht mit zwei wohl marokkanischen (Namen) Frauen verheirateter bei der Versorgungsanstalt des Bundes und der Länder pflichtversicherter *Marokkaner* verstarb 2005 und hinterließ mindestens zwei Kinder. [**Deutschland**]

OLG Jena v. 14.10.2013, FamRZ 2014, 579 (Bestehen der Ehe):
Der *Beteiligte zu 1*, Kameruner und Angehöriger eines Stammes (Umgang mit Customary Court[644]), heiratete 2003 eine deutsche und 2010 eine kamerunische Staatsangehörige, jeweils in Kamerun. Das dabei jeweils gewählte monogame Ehestatut führt nicht zur Unwirksamkeit der Zweitehe. Mit der zweiten Frau hat er jedenfalls ein Kind. Er behauptet regelmäßigen Aufenthalt und Domizil[645] in **Deutschland**.

BVerwG v. 16.1.2014, Az. 10 B 1/14, 10 PKH 1/14 (Rücknahme der Einbürgerung):
Der 1961 geborene *Kläger*, wohl Muslim (Behauptung eines *ṭalāq*, islamische Prägung des Umfeldes), heiratete 1984 in Pakistan eine pakistanische Staatsangehörige. 1991 reiste er als Pakistani nach Deutschland ein und beantragte die Zuerkennung von Asyl. 1995 heiratete er dort eine Deutsche. 1999 erhielt er eine unbefristete Aufenthaltserlaubnis, nachdem er zuvor mehrere befristete

---

644 Dazu Ferid/Firsching/Dörner/Hausmann/*Nelle*, Kamerun Rn. 27, 41. In Kamerun ermöglicht jedes Stammesgewohnheitsrecht die Polygamie, vgl. Bergmann/Ferid/Henrich/*Nelle*, Kamerun S. 47f.

645 Sollte dies zum Zeitpunkt der zweiten Eheschließung tatsächlich der Fall gewesen sein, liegt ein *renvoi* nahe, vgl. zu den Problemen Bergmann/Ferid/Henrich/*Nelle*, Kamerun S. 36ff.

Aufenthaltstitel erhalten hatte. 2004 erhielt er die deutsche Staatsangehörigkeit. Am 18.11.2004 erfolgte die Scheidung der Ehe mit der deutschen Staatsangehörigen, die kurz darauf verstarb. 2003 und 2005 fanden Aufenthalte in **Pakistan** statt, während denen er mit seiner ersten Frau in einem Haus lebte. Diese und drei gemeinsame Kinder (geboren um 1990) unterstützte er auch finanziell. 2007 fand ein Verfahren seiner pakistanischen Ehefrau auf Erteilung eines Visums zum Familiennachzug statt. 2008 wurde die Einbürgerung zurückgenommen.

OLG Hamburg v. 14.4.2014, FamRZ 2014, 1563 (Berichtigung eines Vaterschaftsantrages):
Die *Antragstellerin*, eine deutschtürkische Doppelstaatlerin (bis 1998 Türkin, bis 1999 nur Deutsche), ging 1996 in der Türkei mit einem Türken eine Ehe ein, die 1999 ebenda geschieden wurde. Deren Anerkennung wurde nicht beantragt. 2000 ging sie in der Türkei eine Ehe mit einem anderen Türken ein, die im selben Jahr in Deutschland geschieden wurde. 2005 wurde eine Tochter geboren. 2007/08 verstarb der erste Mann. (**Deutschland**).

VG Würzburg v. 8.12.2014, Az. W 7 K 13.962 (Einbürgerung (-)):
Der *Kläger*, ein 1955 geborener Afghane, heiratete 1971 und 1993 jeweils eine Afghanin. 2001 reiste er erstmals nach Deutschland ein. Die Flüchtlingseigenschaft wurde ihm zuerkannt, 2009 erhielt er eine Niederlassungserlaubnis. Mit der ersten Ehefrau hat er acht, mit der zweiten drei Kinder, beide leben in **Deutschland**, die erste jedoch vom *Kläger* getrennt.

OLG Naumburg v. 11.3.2015, FamRZ 2015, 2054 (Personenstandsrecht):
Der *Verstorbene*, ein Deutscher, ging 1978 mit einer Deutschen eine Ehe ein, aus der zwei Kinder hervorgingen. 2004 schloss er in **Paraguay** eine Ehe mit der bereits verheirateten paraguayischen Staatsangehörigen *S.D.* 2007 wurde die erste Ehe des noch im selben Jahr *Verstorbenen* geschieden. [**Deutschland**]

VG Berlin v. 8.5.2015, AuAS 2015, 146 (Ablehnung eines Visums):
Ein *Afghane* heiratete im Jahre 2000 eine 1980 geborene Afghanin und 2007 eine weitere wohl ebenfalls afghanische (Beantragung der Visa für alle Personen bei der deutschen Botschaft in Kabul) Frau, mit der er mehrere gemeinsame Kinder hat. Seit 2011 lebt er als Inhaber einer Aufenthaltsgenehmigung in **Deutschland**.

OLG München v. 3.7.2015, FamRZ 2015, 2056 (Eheschließungsrecht):
Der *Antragsgegner*, ein Deutscher, heiratete 1999 in **Deutschland**. 2006 ging er in Äthiopien mit einer Äthiopierin eine Ehe ein, die am selben Tag von einem dortigen Bundesschariaobergericht anerkannt wurde. 2009 wurde die erste Ehe geschieden.

BGH v. 14.10.2015, FamRZ 2016, 120 (Anerkennung eines Scheidungsurteils?):
Die aus Polen stammende *Antragsgegnerin* ging 1990 eine Ehe ein und gebar 1995 einen Sohn. 1995 erging in Polen ein laut Aussage der Antragstellerin „gekauftes" Scheidungsurteil über diese Ehe. 1998 heiratete sie einen anderen Mann, der bereits zwei Kinder hatte und 2010 verstarb. Mit dessen erster Ehefrau trägt sie in Deutschland Rechtsstreitigkeiten aus.

In Kapitel D. nicht erfasst:

KG v. 31.05.2016, FamRZ 2016, 1585 (Anerkennung des Bestätigungsurteils):
Der *Beteiligte zu 2)*, ein Syrer, heiratete am 1.11.2011 in Damaskus außergerichtlich eine Deutsche. Spätestens ab diesem Zeitpunkt lebten die Beteiligten in **Syrien**. Am 31.1.2012 wurde seine erste Ehe mit einer Syrerin geschieden, am 26.3.2012 bestätigte ein Scharia-Gericht seine Ehe aus dem Jahr 2011. Dieses Bestätigungsurteil erkannte die Landesjustizverwaltung am 11.2.2015 an.

VG Berlin v. 16.6.2016, Az. 33 L 171.16 V (Visum (-)):
Herr I., ein wohl syrischer Moslem, war bereits mit einer Frau, mit der er vier Kinder hat, verheiratet, als er 2011 in Syrien eine Marokkanerin heiratete. Eine gemeinsame Tochter gebar diese Frau in Syrien. Am 1.2.2015 reiste er über Griechenland nach **Deutschland** ein und stellte am 9.7.2015 einen Asylantrag. Die zunächst in Syrien verbliebene Antragstellerin kehrte im Juni 2015 mit ihrer Tochter nach Marokko zurück. Mit Bescheid des Bundesamtes für Migration und Flüchtlinge vom 13.10.2015 wurde Herrn I. die Flüchtlingseigenschaft zuerkannt. Unter dem 19.11.2015 beantragte Herr I. gegenüber der Ausländerbehörde die Familienzusammenführung mit seinen beiden Ehefrauen und dem Kind aus der zweiten sowie einem Kind aus seiner ersten Ehe. Am 25.11.2015 stellte sodann die Antragstellerin bei der deutschen Botschaft in Rabat einen Antrag auf Erteilung eines Visums zum Familiennachzug für sich und ihre Tochter. Die Botschaft lehnte diese Anträge ab.

VG Karlsruhe v. 06.04.2017, Az. A 2 K 2941/16 (Abschiebungsverbot):
Der *Kläger zu 2* reiste am 4.12.2015 mit seinen beiden Ehefrauen und mindestens zwei Töchtern nach **Deutschland** ein. Alle genannten Personen sind schiitische Afghanen. Der *Kläger zu 2* hat insgesamt drei Kinder. Zuvor hatten alle Erwähnten einen großen Teil ihres Lebens im Iran verbracht, wo auch viele ihrer Verwandten leben. Die Voraussetzungen für die Zuerkennung der Flüchtlingseigenschaft liegen nicht vor.

VGH Mannheim v. 25.04.2017, FamRZ 2017, 1529 (Rücknahme der Einbürgerung (-)):
Der 1981 geborene *Kläger*, ein Syrer, reiste 1999 in das Bundesgebiet ein und absolvierte nach einem Studienkolleg von 2000 bis 2002 zwischen 2003 und 2007 ein Bauingenieurstudium. Seit 2008 arbeitet er als Bauingenieur, seit 2009 verfügt er über eine Niederlassungserlaubnis. 2008 heiratete er eine 1980 in Litauen geborene, 2007 eingebürgerte Deutsche. Aus dieser Ehe gingen 2010, 2013 und 2015 jeweils ein Kind hervor. Ferner heiratete er 2008 in Syrien eine 1983 geborene Syrerin. 2010 wurde er in Deutschland eingebürgert. Am 1.1.2012 gebar die Syrerin ein Kind, über das der Kläger am 11.6.2012 die Vaterschaft anerkannte. Am 11.9.2012 erhielt die Behörde Kenntnis von der in Syrien eingegangenen Ehe. Seit dem Herbst 2013 lebt das Kind der syrischen Frau im Haushalt des Klägers und der deutschen Frau. Die syrische Frau lebte einige Zeit in Istanbul, bei den Eltern des Klägers in Abu Dhabi und in den Jahren 2015 und 2016 in Schweden. Seit dem April 2017 lebt sie in einem eigenen Haushalt in **Deutschland**.

B. Beteiligte mit polygamem Ehestatut

Legende

Einordnung beruht auf einer Vermutung
Lediglich möglicherweise Mehrehe

*	Verlegung um eine Kategorie nach vorn in den nach Jahren sortierten Statistiken (vgl. zum Hintergrund Kapitel D.II. am Ende)
**	Verlegung um zwei Kategorie nach vorn in den nach Jahren sortierten Statistiken (vgl. zum Hintergrund Kapitel D.II. am Ende)

Die Kästchen hinter den Fällen geben die vorkommenden Staatsangehörigkeiten bzw. (unter Nummer 5) Staaten, zu denen der Fall einen Bezug hat, an. Dabei werden folgende Abkürzungen gebraucht:

Afgh = Afghanistan
Äg = Ägypten
Ind = Indien
Indo = Indonesien
Jor = Jordanien
Kam = Kamerun
Lib = Libanon
Mar = Marokko

Pak = Pakistan
Phil = Philippinen
Syr = Syrien

Polygames Ehestatut zum Zeitpunkt der letzten Eheschließung:

1. Bei allen Beteiligten

VG Gelsenkirchen FamRZ 1975, 338 Jor
LG Frankfurt FamRZ 1976, 217 Jor/Indo
BVerwGE 71, 228 v. 30.4.1985 Jor
BFHE 146, 39 v. 6.12.1985 Mar
BFH/NV 1986, 394 v. 6.12.1985 Jor
FG Köln EFG 1988, 361* Mar
BFHE 152, 537 v. 25.3.1988 Mar
FG Münster EFG 1993, 380 Mar
FG Kassel EFG 1996, 315 Mar
BSG HVBG-INFO 1999, 1262 Mar
BSGE 87, 88 v. 30.8.2000 Mar
VG Darmstadt v. 5.9.2002, NVwZ 2003 Beilage Irak
OVG Koblenz InfAuslR 2004, 294 Irak
VG Berlin KirchE 53, 50 v. 16.2.2009 Iran
LSG Essen v. 4.3.2010, L 5 KR 22/07 Mar
VG Köln v. 13.4.2011, 10 K 201/10 Mar
BGH NVwZ 2013, 1568 Mar
OVG Lüneburg v. 21.3.2012, 13 LA 245/11 Irak
VG Würzburg v. 8.12.2014, W 7 K 13.962 Afgh
VG Berlin v. 8.5.2015, AuAS 2015, 146 Afgh

2. Nur bei den Partnern der zweiten Ehe

OVG Münster IPRspr 1985 Nr. 2 Pak
OLG Hamm IPRspr 1986 Nr. 53* Jor
*OVG Lüneburg InfAuslR 1992, 364*Äg
StA München NStZ 1996, 436 Syr
OVG Münster FamRZ 1997, 1147 Pak
VGH Mannheim InfAuslR 1997, 450 Pak
OLG Oldenburg IPrax 1998, 491 Äg
VGH Kassel InfAuslR 1998, 505 Pak
AG Hanau FamRZ 2004, 949 Mar
VG Gießen v. 7.6.2004, 10 E 2666/03 Pak
LSG Darmstadt IPRax 2005, 43* Mar
VG Augsburg v. 5.1.2005, 8.3.2005, Au 1 K 04.697 Pak
VG Berlin v. 11.3.2005, 16.8.2005, 2 A 161.04 Pak
*BVerwG v. 26.7.2006, 1 B 25/06 (1 C 15/06)*Lib
OLG Frankfurt IPRspr 2007 Nr. 60 Jor (u.a.)
BVerwGE 130, 209 v. 14.2.2008* Pak
OVG Lüneburg StAZ 2008, 110* Pak
VGH München v. 10.3.2011, 5 ZB 10.1170 Pak
VG Karlsruhe VBlBW 2014, 150 Iran
OLG Jena v. 14.10.2013, 9 W 366/13 Kam

3. *Nur bei den Partnern der ersten Ehe*

AG Bremen IPRspr 1990 Nr. 69 Jor
VG Hamburg v. 9.2.1999, 13 VG 3697/98 Pak
VG Augsburg v. 27.5.2003, Au 1 K 00.1479 Pak
BVerfGK 2, 16 v. 22.9.2003* Pak
OLG Zweibrücken FamRZ 2004, 950* Pak
OLG Dresden FamRZ 2004, 952 Pak
VG Berlin v. 4.4.2005, 2 A 32.05* Pak
VGH München v. 4.5.2005, 5 B 03.1371* Pak
VG Saarlouis v. 28.10.2005, 12 K 235/04* Pak
VG München v. 8.11.2007, M 24 K 06.3979 Äg
VGH Mannheim FamRZ 2008, 787 Lib
VG Darmstadt v. 20.8.2008, 5 E 840/07 Mar
ArbG Stuttgart AE 2009, 155** Syr
OVG Münster FamRZ 2009, 1145 Nigeria
OVG Lüneburg v. 29.6.2010, 11 LA 477/09 Pak
BVerwG NVwZ 2011, 1277 Pak
BVerwGE 139, 337 v. 19.4.2011* Pak
BVerwG v. 16.1.2014, 10 B 1/14, 10 PKH 1/14 Pak

4. *Polygames Ehestatut der zweiten Ehefrau, aber nicht des Mannes*

VG Gelsenkirchen v. 4.1.2008, 15 K 2307/07 Irak
AG Offenbach IPRspr 2008 Nr. 56 Pak

5. *Lediglich möglicherweise polygames Ehestatut eines oder mehrerer Beteiligten gegeben*

BGH NJW 1976, 1096
OLG Karlsruhe IPRspr 1985 Nr. 53 verschiedene
OVG Berlin EZAR 221 Nr. 33 Ghana Togo
BayObLG FamRZ 1996, 694 verschiedene
OVG Hamburg HmbJVBl 1998, 37 Ind
OVG Münster v. 10.9.1997, 17 A 4727/95 Phil
*OVG Hamburg InfAuslR 2002, 81** Ind
VG Dessau v. 7.10.2003, 3 A 76/03 Algerien
OLG Frankfurt IPRspr 2005 Nr. 42 Pak
VGH Mannheim StAZ 2006, 298 Kongo
OVG Münster v. 11.12.2006, 19 B 883/06*
OVG Lüneburg v. 23.6.2008, 7 ME 58/08 Algerien
VG Bayreuth IPRspr 2011 Nr 278 Ind
BVerwGE 143, 369 v. 19.7.2012 Ind
OLG München FamRZ 2015, 2056 Äthiopien

C. Dauer des gleichzeitigen Bestehens mehrerer Ehen

Legende

Ehe endete durch den Tod des Bi- oder Polygamisten

Einordnung beruht auf einer Vermutung

Lediglich möglicherweise Mehrehe

*	Verlegung um eine Kategorie nach vorn in den nach Jahren sortierten Statistiken (vgl. zum Hintergrund Kapitel D.II. am Ende)
**	Verlegung um zwei Kategorie nach vorn in den nach Jahren sortierten Statistiken (vgl. zum Hintergrund Kapitel D.II. am Ende)
(insg.)	Dauer beruht auf Zusammenaddierung mehrerer Zeiträume, in denen Mehrehe bestand, nachdem dieser Zustand durch die Auflösung einer Ehe zunächst beendet war

Es sei an dieser Stelle daran erinnert, dass auch, wenn später noch eine Nichtigerklärung erfolgt, die Ehe bereits mit dem Tod eines Ehepartners aufgelöst ist.

I. 0–2 Jahre

LSG Mainz SozVers 1972, 276
LG Hamburg IPRspr 1975 Nr. 40
OLG München FamRZ 1980, 565
OLG Karlsruhe IPRspr 1985 Nr. 53
KG FamRZ 1986, 355
OLG Hamm IPRspr 1986 Nr. 53*
OVG Münster FamRZ 1997, 1147
OLG Nürnberg FamRZ 1998, 1109
VG Hamburg v. 2.4.1998, 18 VG 867/98
AG Darmstadt IPRspr 2000 Nr. 50
*OVG Hamburg InfAuslR 2002, 81**
AG Hanau FamRZ 2004, 949
BGHZ 159, 370 v. 23.6.2004
LSG Darmstadt IPRax 2005, 43*
VG Augsburg v. 5.1.2005, 8.3.2005, Au 1 K 04.697
OLG Frankfurt IPRspr 2005 Nr. 42
VG Gelsenkirchen v. 4.1.2008, 15 K 2307/07
AG Offenbach IPRspr 2008 Nr. 56
OLG Hamburg v. 14.4.2014, 2 W 17/11*
VGH München v. 25.6.2013, 10 B 11.2217

II. 2–4 Jahre

BGH FamRZ 1964, 418
BGH NJW 1976, 1096
AG Goslar StAZ 1996, 335
BSGE 87, 88 v. 30.8.2000
LSG Essen HVBG-INFO 2001, 3224*
OLG Zweibrücken FamRZ 2004, 950*
OVG Münster v. 11.12.2006, 19 B 883/06*
OLG Frankfurt IPRspr 2007 Nr. 60
ArbG Stuttgart AE 2009, 155**
VG Köln v. 13.4.2011, 10 K 201/10
OLG Naumburg FamRZ 2015, 2054 (beide)
OLG München FamRZ 2015, 2056

III. 4–6 Jahre

OLG Düsseldorf FamRZ 1992, 815
VGH Kassel InfAuslR 1998, 505
BVerfGK 2, 16 v. 22.9.2003*
VGH München v. 4.5.2005, 5 B 03.1371* (insg.)
VG München v. 8.11.2007, M 24 K 06.3979 (insg.)
OVG Lüneburg v. 23.6.2008, 7 ME 58/08
EuGöD v. 1.7.2010, F-45/07
BVerwG NVwZ 2011, 1277

IV. 6–8 Jahre

BGH FamRZ 1976, 336
BFHE 148, 322 v. 22.10.1986*
OLG München IPRspr 1987 Nr. 43
FG Köln EFG 1988, 361*
[redacted]
VG Hamburg v. 9.2.1999, 13 VG 3697/98
BGH FamRZ 2001, 685**
AG Tempelhof-Kreuzberg FamRZ 2004, 1488
VG Berlin v. 4.4.2005, 2 A 32.05*
OVG Lüneburg StAZ 2008, 110*
BVerwGE 130, 209 v. 14.2.2008*
VG Augsburg v. 27.1.2009, Au 1 K 08.684*
BVerwGE 139, 337 v. 19.4.2011*
VG Karlsruhe VBlBW 2014, 150

V. 8–10 Jahre

BSG HVBG-INFO 1996, 783* (er)
BVerwGE 143, 369 v. 19.7.2012

VI. 10–20 Jahre

BGHZ 30, 140
BGHZ 37, 51 v. 21.3.1962 (er)
[redacted]
BSGE 43, 238 v. 30.3.1977
BSGE 51, 40 v. 27.11.1980
BSG FamRZ 1985, 384
BGH FamRZ 1985, 270
OLG Hamm FamRZ 1987, 947
OLG Düsseldorf FamRZ 1992, 961
BSG HVBG-INFO 1999, 1262
VG Dessau v. 7.10.2003, 3 A 76/03
OLG Karlsruhe FamRZ 2005, 370
VG Saarlouis v. 28.10.2005, 12 K 235/04*
VGH Mannheim StAZ 2006, 298
VG Darmstadt v. 20.8.2008, 5 E 840/07
VGH München v. 10.3.2011, 5 ZB 10.1170
BVerwG v. 16.1.2014, 10 B 1/14, 10 PKH 1/14
BGH FamRZ 2016, 120

VII. 20–30 Jahre

BGH FamRZ 1975, 332
BayObLG FamRZ 1976, 700 (sie)
OLG Schleswig SchlHA 1979, 223
BSG FamRZ 1980, 135
OLG Hamm FamRZ 1986, 1204*
BSG FamRZ 1995, 600 (evtl. noch mehr)
BayObLG FamRZ 2002, 1227*
BVerfG v. 25.9.2012, 1 BvL 6/11

VIII. Mehr als 30 Jahre

OLG Koblenz FamRZ 1980, 589
BGH FamRZ 1980, 768
BGH FamRZ 1982, 475
OLG Stuttgart FamRZ 1986, 1006*
BGH FamRZ 1986, 879*
BGH FamRZ 1994, 498
BSG HVBG-INFO 1996, 783* (sie)
OLG Zweibrücken FamRZ 2003, 1697*
LSG Essen v. 4.3.2010, L 5 KR 22/07

IX. Nach Prozessende lag noch immer mehr als eine Ehe vor

BGH FamRZ 1961, 427
BGH StAZ 1975, 338
VG Gelsenkirchen FamRZ 1975, 338
KG OLGZ 1976, 38
LG Frankfurt FamRZ 1976, 217
BayObLG FamRZ 1976, 700 (er)
OVG Münster IPRspr 1985 Nr. 2
BVerwGE 71, 228 v. 30.4.1985
BFHE 146, 39 v. 6.12.1985
BFH/NV 1986, 394 v. 6.12.1985
KG IPRspr 1986 Nr. 51
BFHE 152, 537 v. 25.3.1988
BGH FamRZ 1989, 42
AG Bremen IPRspr 1990 Nr. 69
OVG Lüneburg InfAuslR 1992, 364
BVerwG DokBer B 1993, 105
FG Münster EFG 1993, 380
StA München NStZ 1996, 436
VGH Münster InfAuslR 1997, 450
OLG Oldenburg IPrax 1998, 491
OVG Münster v. 10.9.1997, 17 A 4727/95
OVG Hamburg HmbJVBl 1998, 37
VG Darmstadt v. 5.9.2002, NVwZ 2003 Beilage
VGH München BayVBl 2003, 507
VG Augsburg v. 27.5.2003, Au 1 K 00.1479
OLG Dresden FamRZ 2004, 952
OVG Koblenz InfAuslR 2004, 294
VG Gießen v. 7.6.2004, 10 E 2666/03
VG Berlin v. 11.3.2005, 16.8.2005, 2 A 161.04
BVerwG v. 26.7.2006, 1 B 25/06 (1 C 15/06)
VGH Mannheim FamRZ 2008, 787
OVG Münster FamRZ 2009, 1145
VG Berlin KirchE 53, 50
OLG Zweibrücken FamRZ 2009, 1923
OVG Lüneburg v. 29.6.2010, 11 LA 477/09
VG Bayreuth IPRspr 2011 Nr 278
OLG Jena v. 14.10.2013, 9 W 366/13
OVG Lüneburg v. 21.3.2012, 13 LA 245/11
VG Würzburg v. 8.12.2014, W 7 K 13.962
VG Berlin AuAS 2015, 146

X. Dauer unklar

BGHZ 37, 51 v. 21.3.1962 (sie)
LG Hamburg IPRspr 1976 Nr. 32
BSGE 47, 68 v. 28.9.1978
OVG Berlin EZAR 221 Nr. 33
BVerwG v. 11.1.1990, 7 B 189/8 *
FG Kassel EFG 1996, 315
BGH FamRZ 2001, 991
BGHZ 149, 357 v. 9.1.2002
BGH NVwZ 2013, 1568

Literaturverzeichnis

Aberle, David F. Navaho. In: Schneider, David Murray/Gough, Kathleen (Hrsg.): Matrilineal Kinship, Berkeley [u.a.] 1974, S. 96–201

Adams, William Y./Krutz, Gordon V. Wage Labor and the San Carlos Apache. In: Basso, Keith Hamilton/Opler, Morris Edward (Hrsg.): Apachean Culture History and Ethnology, Tucson 1971, S. 115–134

AK-BGB *Wassermann, Rudolf* (Gesamthrsg.): Kommentar zum Bürgerlichen Gesetzbuch (Reihe Alternativkommentare), Luchterhand 1990. Zit.: AK-BGB/*Bearb.*

AK-GG *Denninger, Erhard/Hoffamnn-Riem, Wolfgang/Schneider, Hans-Peter/Stein, Ekkehart* (Hrsg): Kommentar zum Grundgesetz für die Bundesrepublik Deutschland (Reihe Alternativkommentare, hrsg. v. *Rudolf Wassermann*), 3. Aufl., Band 1, Loseblatt Neuwied 2001. Zit.: AK-GG/*Bearb.*

Al-Krenawi, Alean Women of Polygamous Marriages in Primary Health Care Centers. In: Contemporary Family Therapy 21 (1999), S. 417–430

Alliot, Michel Über die Arten des „Rechts-Transfers". In: Fikentscher, Wolfgang/Franke, Herbert/Köhler, Oskar (Hrsg.): Entstehung und Wandel rechtlicher Traditionen, Freiburg u. München 1980, S. 161–231

Amjahid, Mohamed Arabische Polygamisten, bitte melden! In: DIE ZEIT N° 9 v. 23.2.2017, S. 51

Andrae, Marianne Internationales Familienrecht, 3. Aufl., München 2014

v. Bar, Christian Internationales Privatrecht, Zweiter Band, München 1991

v. Bar, Christian/Mankowski, Peter Internationales Privatrecht, Erster Band, 2. Aufl., München 2003

Bärmann, Johannes Kritik am neuen Ehegüterrecht. In: JZ 1958, S. 225–230

Barth, Thomas/Wagenitz, Thomas Zur Neuordnung des Eheschließungsrechts. In: FamRZ 1996, S. 833–844

Bauer, Andreas Die innere Rechtfertigung des Pflichtteilsrechts, Bielefeld 2008 (zugl. Diss. jur., Konstanz 2006/07). Zit.: *A. Bauer*

Bauer, Johann Paul „Guter Glaube" und Rechtsirrtum. In: Jahr, Günther (Hrsg.): Gedächtnisschrift für Dieter Schultz, Köln [u.a.] 1987, S. 21–39

Beaglehole, Ernest Ownership and Inheritance in an American Indian Tribe. In: Iowa Law Review 20 (1934/1935), S. 304–316

Beckert, Jens Unverdientes Vermögen: Soziologie des Erbrechts, Frankfurt 2004

BeckOGK *Gsell, Beate/Krüger, Wolfgang/Lorenz, Stephan/Mayer, Jörg* (Hrsg.): beck-online GROSSKOMMENTAR BGB, München, Stand: 15.1.2018. Zit.: BeckOGK/*Bearb.*

BeckOK *Bamberger, Heinz Georg/Roth, Herbert* (Hrsg.): Beck'scher Online-Kommentar BGB, Edition 34, Stand: 1.11.2017. Zit.: BeckOK/*Bearb.*

BeckOK-GG *Epping, Volker/Hillgruber, Christian* (Hrsg.): Beck'scher Online-Kommentar GG, 35. Edition, Stand: 15.11.2017. Zit.: BeckOK-GG/*Bearb.*

BeckOK-StGB v. *Heintschel-Heinegg, Bernd* (Hrsg.): Beck'scher Online-Kommentar StGB, 37. Edition, Stand: 1.2.2018. Zit.: BeckOK-StGB/*Bearb.*

Beitzke, Günther Zum Ehegesetz vom 20. 2. 1946. In: DRZ 1946, S. 136–13

Beitzke, Günther Familienrecht, 1. Aufl., München u. Berlin 1947. Zit.: *Beitzke*, FamR

de Bel Air, Françoise Structures familiales et État national. In: CERMOC (Hrsg.): Du privé au public: Espaces et valeurs du politique au Proche-Orient (Les cahiers du CERMOC n° 8), Beirut 1994, S. 113–131

v. Benda-Beckmann, Franz Property in Social Continuity: Continuity and Change in the Maintenance of Property Relationships through Time in Minangkabau (Verhandlingen van het koninklijk instituut voor taal-, land- en volkenkunde, Band 86), Den Haag 1979

v. Benda-Beckmann, Franz/v. Benda-Beckmann, Keebet Islamic Law in a Plural Context: The Struggle over Inheritance Law in Colonial West Sumatra. In: Journal of the Economic and Social History of the Orient 55 (2012), S. 771–793

Bergmann, Alexander (Begr.)/*Ferid, Murad* (Bearb.)/*Henrich, Dieter* (Hrsg.) Internationales Ehe- und Kindschaftsrecht. Frankfurt u. Berlin, Loseblatt (Stand: 225. EL, Februar 2018). Zit.: Bergmann/Ferid/Henrich/*Bearb.*, Name des Staates (wenn nicht aus dem Kontext ersichtlich), Vorauflagen sind durch hochgestellte Angabe des Erscheinungsjahres gekennzeichnet

BerlK *Friauf, Karl Heinrich/Höfling, Wolfram* (Hrsg.): Berliner Kommentar zum Grundgesetz, Loseblatt (Stand: März 2018). Zit.: BerlK/*Bearb.*

BK *Kahl, Wolfgang/Waldhoff, Christian/Walter, Christian* (Hrsg.): Bonner Kommentar zum Grundgesetz, Heidelberg Loseblatt, 189. Aktualisierung, Februar 2018. Zit.: BK/*Bearb.*

Blackburn, Susan Two Views of Indonesian Women: Mariarchy vs. Patriarchy. In: Australian Feminist Studies 19 (2004), S. 241–243

Blackwood, Evelyn Webs of Power: Women, Kin and Community in a Sumatran Village, Oxford 2000

Bock, Wolfgang Der Islam in der Entscheidungspraxis der Familiengerichte. In: NJW 2012, S. 122–127

Boehmer, Gustav Die „erbrechtliche Lösung“ des § 1371 BGB n.F. im Lichte des Stiefkinderproblems (§ 1371 IV). In: FamRZ 1961, S. 41–49

Böhmer, Christof Die Neuregelung des Eheschließungsrechts. In: StAZ 1975, S. 5–10

Borth, Helmut Versorgungsausgleich in anwaltlicher und familiengerichtlicher Praxis, 8. Aufl., Köln 2017. Zit: *Borth*, Versorgungsausgleich

Borth, Helmut Einschränkung von Anschlussrechtsmitteln gegen Verbundentscheidun gen zur Vermeidung von Doppelehen. In: FamRZ 2016, S. 2065–2067

Bosch, Friedrich Wilhelm Die geplante Neuregelung des Eheschließungsrechts. Teil 2. In: FamRZ 1997, S. 138–143

Bosch, Friedrich Wilhelm Anmerkung zu OLG Hamm FamRZ 1986, 1204. In: FamRZ 1986, S. 1205–1207

Bove, Riley/Valeggia, Claudia Polygyny and women's health in sub-Saharan Africa. In: Social Science & Medicine 68 (2009), S. 21–29

Bowman, Cynthia Grant/Kuenyehia, Akua Women and Law in Sub-Saharan Africa, Accra 2003

Brem, Ursula Der Nebenbesitz, Diss. jur., Marburg 1976

Bundesamt für Statistik Statistisches Jahrbuch 2017, Wiesbaden 2017. Abrufbar unter: https://www.destatis.de/DE/Publikationen/StatistischesJahrbuch/StatistischesJahrbuch2017.pdf;jsessionid=99E9CA61D425AC0E0AD7A9FA743A8A36.InternetLive1?__blob=publicationFile, zuletzt abgerufen am 13.3.2018

Burandt, Wolfgang/Rojahn, Dieter (Hrsg.) Erbrecht (Beck'sche Kurz-Kommentare, Band 65), 2. Aufl., München 2014. Zit.: Burandt/Rojahn/*Bearb.*

v. Busse, Carl-David Die Methoden der Rechtsvergleichung im öffentliches Recht als richterliches Instrument der Interpretation von nationalem Recht, Baden-Baden 2015 (zugl. Diss. jur., München 2014)

Bydlinksi, Franz Juristische Methodenlehre und Rechtsbegriff, 2. Aufl., Wien 1991

Canaris, Claus-Wilhelm Die Feststellung von Lücken im Gesetz, 2. Aufl., Berlin 1983 (zugl. Diss. jur., München 1965)

Coendet, Thomas Rechtsvergleichende Argumentation, Tübingen 2012 (zugl. Diss. jur., Bern 2012)

Coester-Waltjen, Dagmar/Coester, Michael Formation of Marriage. In: International Encyclopedia of Comparative Law, Bd. IV, Tübingen/Leiden/Boston 2007, Kap. 3

Coester-Waltjen, Dagmar/Coester, Michael Polygamie im 21. Jahrhundert. In: Schwab, Dieter (Hrsg.): Familienrecht in Theorie und Praxis. Festschrift für Meo-Micaela Hahne, Bielefeld 2012, S. 21–34

Cooter, Robert D. Inventing Market Property: The Land Courts of Papua New Guinea. In: Law & Society Review 1991, S. 759–801

Cooter, Robert D./Fikentscher, Wolfgang Indian Common Law: The Role of Custom in American Indian Tribal Courts. In: AmJCompL 46 (1998), S. 287–337, 509–580

Cooter, Robert D./Fikentscher, Wolfgang American Indian Law Codes: Pragmatic Law and Tribal Identity. In: AmJCompL 56 (2008), S. 29–74

Coulson, Noel James Succession in the Muslim Family, Cambridge 1971

Cowlishaw, Guy/Mace, Ruth Cross-Cultural Patterns of Marriage and Inheritance: A Phylogenetic Approach. In: Ethology and Sociobiology 17 (1996), S. 87–97

Cullmann, Peter Die Behandlung polygamer Ehen im internationalen Privatrecht von England, Frankreich und Deutschland, Diss. jur., Bonn 1976

Däubler, Wolfgang Entwicklungstendenzen im Erbrecht. In: ZRP 1975, S. 136–146

Derrett, John Duncan Martin Introduction to Modern Hindu Law, Bombay 1963

Derrett, John Duncan Martin/Iyer, T. K. Krishnamurthy Hindu Family Law. In: International Encyclopedia of Comparative Law, Bd. IV, Tübingen/Leiden/Boston 2007, Kap. 11, Unterkapitel IV

Derstadt, Eva-Maria Der Zugewinnausgleich nach § 1371 BGB bei Geltung des französischen Erbrechts. In: IPrax 2001, S. 84–91

Dethloff, Nina Familienrecht in Europa – Quo vadis? In: NJW 2018, S. 23–28

Dölle, Hans Ehenichtigkeit und Erbrecht nach dem Ehegesetz vom 6. Juli 1938. In: ZAkfDR 1939, S. 155–157

Dölle, Hans Familienrecht, Bd. 1, Karlsruhe 1964. Zit.: *Dölle*, FamR

Dörner, Heinrich Zur Beerbung eines in der Bundesrepublik verstorbenen Iraners. In: IPrax 1994, S. 33–37

Dörner, Heinrich EuErbVO: Die Verordnung zum Internationalen Erb- und Erbverfahrensrecht ist in Kraft! In: ZEV 2012, S. 505–513

Dozier, Edward P. The Pueblo Indians of North America, New York u.a. 1970

Dreier, Horst (Hrsg.) Grundgesetz, Band I, 3. Aufl., Tübingen 2013. Zit.: Dreier/*Bearb.*

Dutta, Anatol Warum Erbrecht?, Tübingen 2014 (zugl. Habil. jur. Hamburg 2012)

Ebert, Hans Georg Das Personalstatut arabischer Länder: Problemfelder, Methoden, Perspektiven, Frankfurt 1996. Zit.: *Ebert*, Personalstatut

Ebert, Hans Georg Das Erbrecht arabischer Länder, Frankfurt 2004. Zit.: *Ebert*, Erbrecht

Ebrahimi, Seyed Nasrollah Marriage Laws of Iran under Islamic Perspectives. In: Bainham, Andrew (Hrsg.): The International Survey of Family Law, Bristol 2005, S. 315–354

Eder, James F. Batak Foraging Camps Today: A Window to the History of a Hunting-Gathering Economy. In: Human Ecology 16 (1988), S. 35–54

Elwan, Omaia Die Form von zwischen Ägyptern und Deutschen in Ägypten geschlossenen Ehen aus dem Blickwinkel des deutschen Kollisionsrechts. In: Mansel, Heinz-Peter/Pfeiffer, Thomas/Kronke, Herbert/Kohler, Christian/ Hausmann, Rainer (Hrsg.): Festschrift für Erik Jayme, München 2004, Bd. I, S. 153–167

Elwan, Omaia (Verfasser der Gutachten)/*Menhofer, Bruno/Otto, Dirk* (Hrsg.) Gutachten zum ausländischen Familien- und Erbrecht. Naher und Mittlerer Osten, Afrika und Asien, Frankfurt 2005

Enneccerus, Ludwig (Begr.)/*Nipperdey, Hans Carl* (Bearb.) Allgemeiner Teil des Bürgerlichen Rechts: 2. Entstehung, Untergang und Veränderung der Rechte, Ansprüche und Einreden, Ausübung und Sicherung der Rechte (Lehrbuch des Bürgerlichen Rechts, Erster Band), Tübingen 1960

Epple, Dieter Noch einmal: Beerbung eines bigamen Erblassers, in dessen einer Ehe die Zugewinngemeinschaft gegolten hat. In: FamRZ 1964, S. 184–185

Erdsiek, Gerhard Umwelt und Recht. In: NJW 1961, S. 2246–2248

Erman, Walter Handkommentar zum Bürgerlichen Gesetzbuch, 2 Bände, 15. Aufl., Münster 2017. Zit.: Erman/*Bearb.*, Vorauflagen sind durch hochgestellte Angabe der Auflage gekennzeichnet

Esser, Josef Vorverständnis und Methodenwahl in der Rechtsfindung, durchges. u. erg. Aufl., Frankfurt 1972

Fenrich, Jeanmarie/Higgins, Tracy E. Promises Unfulfilled: Law, Culture, and Women's Inheritance Rights in Ghana. In: Fordham International Law Journal 25 (2001), S. 259–341

Ferid, Murad Zwei Gesichtspunkte zur „erbrechtlichen Lösung" des Zugewinnausgleichs bei Auflösung der Ehe durch den Tod eines Ehegatten. In: FamRZ 1957, S. 70–73

Ferid, Murad Beerbung eines bigamen Erblassers, in dessen einer Ehe die Zugewinngemeinschaft gegolten hat. In: FamRZ 1963, S. 410–412

Ferid, Murad Noch einmal: Beerbung eines bigamen Erblassers, in dessen einer Ehe die Zugewinngemeinschaft gegolten hat. In: FamRZ 1964, S. 185–186

Ferid, Murad Internationales Privatrecht, 3. Aufl., Frankfurt 1986. Zit.: *Ferid*, IPR

Ferid, Murad (Begr.)/*Firsching, Karl* (Begr.)/*Dörner, Heinrich* (Hrsg.)/*Hausmann, Rainer* (Hrsg.) Internationales Erbrecht: Quellensammlung mit systematischen Darstellungen des materiellen Erbrechts sowie des Kollisionsrechts der wichtigsten Staaten, München, Loseblatt (Stand: 103. EL, November 2017). Zit.: Ferid/Firsching/Dörner/Hausmann/*Bearb.*, Name des Staates

Fikentscher, Wolfgang Law and Anthropology, 2. Aufl., München 2016

Finger, Peter Doppel- und Mehrehen – Voraussetzungen und Rechtsfolgen. In: FuR 2008, S. 419–427

Fischer, Thomas Strafgesetzbuch mit Nebengesetzen, 65. Aufl., München 2018

Flume, Werner Das Rechtsgeschäft (Allgemeiner Teil des Bürgerlichen Gesetzbuches, Band 2), 4. Aufl., Berlin [u.a.] 1992

Fortes, Meyer The Structure of Unilineal Descent Groups. In: American Anthropologist 55 (1953), S. 17–41

Frank, Rainer Die verfassungsrechtliche Gewährleistung des Pflichtteilsrechts. In: Appel, Ivo/Hermes, Georg/Schönberger, Christoph (Hrsg.): Öffentliches Recht im offenen Staat. Festschrift für Rainer Wahl zum 70. Geburtstag, Berlin 2011, S. 303–321

Frede, Karl Der Rechtsirrtum im bürgerlichen Recht, Diss. jur., Halle-Wittenberg 1933

Friedman, Lawrence M. The Law of the Living, the Law of the Dead: Property, Succession and Society. In: Wisconsin Law Review 1966, S. 340–378

Frieser, Andreas (Hrsg.) Fachanwaltskommentar Erbrecht, 4. Aufl., Neuwied 2013. Zit.: Frieser/*Bearb.*

Frommhold, Georg Das Erbrecht des Bürgerlichen Gesetzbuchs, Berlin 1900

Füller, Jens Thomas Eigenständiges Sachenrecht?, Tübingen 2006 (zugl. Habil. jur. Berlin 2005)

Fyzee, Asaf Ali Asghar Outlines of Muhammadan Law, 4. Aufl., Delhi 1974

Gaaz, Berthold Anmerkung zu OVG Münster FamRZ 1997, 1147. In: StAZ 1997, S. 141–143

Gaier, Reinhard Die Bedeutung der Grundrechte für das Erbrecht. In: ZEV 2006, S. 2–8

Gannagé, Pierre L'Etat libanais face à la diversité des statuts personnels: Respect des identités communautaires et modernisation du droit. In: From the Arab World to the Globalization of International Law and Arbitration. Festschrift Ahmed Sadek El-Kosheri, Alphen aan den Rijn 2015, S. 485–492

Gernhuber, Joachim (Begr.)/Coester-Waltjen, Dagmar Familienrecht, 6. Aufl., München 2010

Gluckman, Max Politics, Law and Rituals in Tribal Society, 3. Aufl., Oxford 1971

Godin, Hans Freiherr von Diskussionsbeitrag in den Verhandlungen des neunundvierzigsten Deutschen Juristentages, Band II, München 1972. Zit.: *Godin*, 49. DJT

Godin, Reinhard Freiherr von/Godin, Hans Freiherr von Ehegesetz, 2. Aufl., Berlin 1950

Goltz, Hanno Motivirrtum und Geschäftsgrundlage: Rechtsvergleichende Untersuchung unter Berücksichtigung des französischen, schweizerischen, italienischen und deutschen Rechts, Köln [u.a.] 1973

Goody, Jack Death, Property and the Ancestors: A Study of the Mortuary Customs of the Lodagaa of West Africa, Stanford 1962

Göppinger, Horst/Wax, Peter Unterhaltsrecht, 9. Aufl., Bielefeld 2008. Zit.: Göppinger/Wax/*Bearb.*

Görgens, B. Anmerkung zu BGH FamRZ 1980, 768. In: JR 1981, S. 117f.

Gratton, Nancy/Skoggard, Ian Kapauku. In: eHRAF World Cultures, New Haven 1998. Online abrufbar unter: http://ehrafworldcultures.yale.edu/ehrafe/browseCultures.do?owc=OJ29#owc, zuletzt abgerufen am 13.3.2018

Große-Wilde, Franz M./Ouart, Peter E. Deutscher Erbrechtskommentar, 2. Aufl., Köln 2010. Zit.: Große-Wilde/Ouart/*Bearb.*

Gura, Susanne Die sozialökonomische Rolle der Frauen in der ländlichen Entwicklung West-Sumatras, Saarbrücken 1983 (zugl. Diss., Bonn 1982)

Haas, Ulrich Anmerkung zu OLG Hamm FamRZ 1993, 607. In: FamRZ 1993, S. 610–611

Häberle, Peter Grundrechtsgeltung und Grundrechtsinterpretation im Verfassungsstaat: Zugleich zur Rechtsvergleichung als „fünfter Auslegungsmethode". In: JZ 1989, S. 913–919

Hailbronner, Kay Ausländerrecht, Heidelberg, Loseblatt (Stand: 104. EL, November 2017)

Hailbronner, Kay/Maaßen, Hans-Georg/Hecker, Jan/Kau, Marcel Staatsangehörigkeitsrecht, 6. Aufl., München 2017

Hartung, John Polygyny and Inheritance of Wealth. Mit Anmerkungen von *Mildred Dickemann, Umberto Melotti, Leopold Pospíšil, Eugenie C. Scott, John Maynard Smith* und *William D. Wilder* und einer Erwiderung. In: Current Anthropology 23 (1982), S. 1–12

Hayase, Yasuko/Liaw, Kao-Lee Factors in Polygamy in Sub-Saharan Africa: Findings based on the Demographic and Health Surveys. In: The Developing Economies 35.3 (1997), S. 293–327

Henrich, Dieter Anmerkung zu BVerwGE 71, 228 und OVG Münster IPRspr 1985 Nr. 2. In: IPrax 1985, S. 351–352

Henrich, Dieter Anmerkung zu LG Hamburg StAZ 1960, 99. In: StAZ 1960, S. 100–102

Herman, Shael From Generation to Generation: Continuities of Jewish and Isreali Inheritance Regulation in the Light of Jewish Legal Sources. In: Zimmermann, Reinhard (Hrsg.): Der Einfluss religiöser Vorstellungen auf die Entwicklung des Erbrechts, Tübingen 2012, S. 139–183

Hoebel, Edward A. The Anthropology of Inheritance. In: Cahn, Edmond (Hrsg.): Inheritance of Property and the Power of Testamentary Disposition (Social Meaning of Legal Concepts, Band 1), New York 1948, S. 5–26. Zit.: *Hoebel*, Inheritance

Hoebel, Edward A. Das Recht der Naturvölker, Olten [u.a.] 1968 (englische Originalausgabe Cambridge (Massachusetts) 1954)

Hoffmann, Edgar/Stephan, Walter (Begr.) Ehegesetz, 2. Aufl., München 1968 (neu bearbeitet und fortgeführt von Wilhelm Appell)

Hutter, Silvan Die Gesetzeslücke im Verwaltungsrecht, Freiburg (Schweiz) 1989 (zugl.: Diss. jur., Freiburg (Schweiz), 1988)

Isensee, Josef/Kirchhof, Paul (Hrsg.) Handbuch des Staatsrechts der Bundesrepublik Deutschland, Band XII (Normativität und Schutz der Verfassung), 3. Aufl., Heidelberg 2014. Zit.: Isensee/Kirchhof/*Bearb.*

Jakobs, Horst Heinrich/Schubert, Werner Die Beratung des Bürgerlichen Gesetzbuchs in systematischer Zusammenstellung der unveröffentlichten Quellen, Familienrecht I, Berlin 1987 (zit.: IV. 1); Erbrecht, 1. Teilband, Berlin 2002 (zit.: V. 1)

Jarass, Hans D./Pieroth, Bodo Grundgesetz für die Bundesrepublik Deutschland, 14. Aufl., München 2016. Zit.: Jarass/Pieroth/*Bearb.*

Jauernig, Othmar (Begr.) Bürgerliches Gesetzbuch, 16. Aufl., München 2015

Jayme, Erik Anmerkung zu VG Gelsenkirchen FamRZ 1975, 338. In: FamRZ 1975, S. 340–341

Jayme, Erik Methoden der Konkretisierung des ordre public im Internationalen Privatrecht, Heidelberg 1989. Zit.: *Jayme*, Methoden

Johannsen, Kurt Herbert/Henrich, Dieter (Hrsg.) Eherecht. Trennung, Scheidung, Folgen, 2. Aufl., München 1992. Zit.: Johannsen/Henrich/*Bearb.*[2]

Johannsen, Kurt Herbert (Begr.)/Henrich, Dieter (Hrsg.) Familienrecht. Scheidung, Unterhalt, Verfahren, 6. Aufl., München 2015. Zit.: Johannsen/Henrich/*Bearb.*

Jokisch, Benjamin Der Einfluss religiöser Vorstellungen auf die Entwicklung des Erbrechts: Vom vorislamischen zum islamischen Erbrecht. In: Zimmermann,

Reinhard (Hrsg.): Der Einfluss religiöser Vorstellungen auf die Entwicklung des Erbrechts, Tübingen 2012, S. 185–197

jurisPK *Herberger, Maximilian* u.a. (Hrsg.): juris Praxiskommentar zum BGB. Zit.: jurisPK/*Bearb.*, 8. Aufl., Saarbrücken 2017

Kalala, Tshibangu Tshiasu La réforme zaïroise du droit de la famille et son incidence sur le développement socio-économique des époux. In: Revue juridique de Zaïre 66/67 (1990/1991), S. 99–111

Kameri-Mbote, Patricia G. Gender dimensions of Law, Colonialism and Inheritance in East Africa: Kenyan women's experiences. In: VRÜ 35 (2002), S. 373–398

Kanka, Karl Ein Toter und zwei Witwen? Eine Frage zu § 28 Abs. 3 Ehegesetz. In: DR 1939, S. 1369–1370

Kannowski, Bernd Germanisches Erbrecht und Religion. In: Zimmermann, Reinhard (Hrsg.): Der Einfluss religiöser Vorstellungen auf die Entwicklung des Erbrechts, Tübingen 2012, S. 119–137

Kaser, Max/Knütel Rolf/Lohsse, Sebastian Römisches Privatrecht, 21. Aufl., München 2017

Kegel, Gerhard Internationales Privatrecht, 7. Aufl., München 1995

Kegel, Gerhard/Schurig, Klaus Internationales Privatrecht, 9. Aufl., München 2004

Khan, Hamid The Islamic Law of Inheritance: A Comparative Study of Recent Reforms in Muslim Countries, 2. Aufl., Oxford [u.a.] 2014

Khan, Zakir Hossain The Hindu Law of Bangladesh, 2. Aufl., Dhaka 2015

Kischel, Uwe Rechtsvergleichung, München 2015

Klein, Stefanie Recht zu erben – Pflicht zu teilen, Frankfurt am Main 2006 (zugl.: Diss., Freiburg (Breisgau) 2005)

Knaak, Katharina Die Eheaufhebungsregelung und das Eheschließungsgesetz vom 4. Mai 1998, Diss., Bonn 2000

Kohl, Karl-Heinz Ethnologie – die Wissenschaft vom kulturell Fremden, 3. Aufl., München 2012

Koran Der Koran, übersetzt, kommentiert und eingeleitet von Rudi Paret, digitale Ausgabe, Berlin 2004, jeweils zitiert nach Sure und Vers

Kraiß, Harro Die Anfechtung der Annahme und Ausschlagung der Erbschaft. In: BWNotZ 1992, S. 31–35

Kränzle, Michael Heimat als Rechtsbegriff?, Tübingen 2014 (zugl. Diss. jur., München 2014)

Kroiß, Ludwig/Horn, Claus-Henrik/Solomon, Dennis Nachfolgerecht: Erbrechtliche Spezialgesetze, Baden-Baden 2015

Krüger, Hilmar Vermögensrechtliches Privatrecht und Rechtsverfolgung in Saudi-Arabien. In: Schütze, Rolf A. (Hrsg.): Festschrift für Reinhold Geimer zum 65. Geburtstag, München 2002, S. 485–511

Kunkel, Wolfgang/Schermaier, Martin Römische Rechtsgeschichte, 14. Aufl., Köln [u.a.] 2005

Lackner, Karl/Kühl, Kristian Strafgesetzbuch. Kommentar, 28. Aufl., München 2014

Lange, Heinrich Die Stellung des überlebenden Ehegatten bei der Zugewinngemeinschaft. In: NJW 1957, S. 1381–1387

Lange, Heinrich Fragen des Eheschließungsrecht. In: AcP 145 (1939), S. 129–176

Lastarria-Cornhiel, Susa-na Impact of Privatization on Gender and Property Rights in Africa. In: World Development 25 (1997), S. 1317–1333

Laufhütte, Heinrich Wilhelm/Rissing-van Saan, Ruth/Tiedemann, Klaus (Hrsg.) Leipziger Kommentar zum Strafgesetzbuch, Band 6, 12. Aufl., Berlin 2010

Lauterbach Anmerkung zu RGZ 165, 398. In: DR 1941, 948–949

Leipold, Dieter Wandlungen in den Grundlagen des Erbrechts? In: AcP 180 (1980), S. 160–237

Lentz, Sabine Islamisches Recht vor deutschen Familiengerichten – ein Überblick von 2009 bis 2017. In: FuR 2017, S. 597–603, 658–666

Llewellyn, Karl N./Hoebel, Edward A. The Cheyenne Way: Conflict and Case Law in Primitive Jurisprudence, 7. Aufl., Norman 1983 (Nachdruck der Urausgabe von 1941)

Looschelders, Dirk/Roth, Wolfgang Juristische Methodik im Prozeß der Rechtsanwendung, Berlin 1996

Looschelders, Dirk Anwendbarkeit des § 1371 Abs. 1 BGB nach Korrektur einer ausländischen Erbquote wegen Unvereinbarkeit mit dem ordre public. In: IPrax 2009, S. 505–509

Lorenz, Stephan Islamisches Ehegattenerbrecht und deutscher ordre public: Vergleichsmaßstäbe für die Ergebniskontrolle. In: IPrax 1993, S. 148–151

Lowie, Robert Harry Primitive Society, 5. Aufl., London 1960 (1. Aufl. New York 1920)

Ludwig, Ingo Anwendung des § 1371 Abs. 1 BGB bei ausländischem Erbstatut? Anmerkung zum Beschluss des OLG Stuttgart v. 8.3.2005–8 W 96/24 –. In: DNotZ 2005, S. 586–595

v. Mangoldt, Herrmann (Begr.)/*Klein, Friedrich/Starck, Christian* (Hrsg.) Kommentar zum Grundgesetz, Band 1, 6. Aufl., München 2010. Zit.: v. Mangoldt/Klein/Starck/*Bearb.*

Manuh, Takyiwaa Wives, Children and Instestate Succession in Ghana. In: Mikell, Gwendolyn (Hrsg.): African Feminism: The Politics of Survival in Sub-Saharan Africa, Philadelphia 1997, S. 77–95

Mathieu, Michel Le nouveau système judiciaire de l'Arabie Saoudite: Un exemple d'adaptation de la *Chari'a* au monde moderne. In: Revue internationale de droit comparé 2008, S. 447–459

Maunz, Theodor/Dürig, Günter (Begr.) Grundgesetz, München, Loseblatt (Stand: 81. EL, September 2017). Zit.: Maunz/Dürig/*Bearb.*

Mayer-Maly, Theo Rechtsirrtum und Rechtsunkenntnis als Probleme des Privatrechts. In: AcP 170 (1970), S. 133–180

Mayer-Maly, Theo Römisches Recht, 2. Aufl., Wien u. New York 1999. Zit.: *Mayer-Maly*, RR

Mayer, Christian/Schürnbrand, Jan Einheitlich oder gespalten? – Zur Auslegung nationalen Rechts bei überschießender Umsetzung von Richtlinien. In: JZ 2004, S. 545–552

Mayer, Jörg Der Rechtsirrtum im bürgerlichen Recht, Bielefeld 1989 (zugleich: Diss. jur., Würzburg 1988). Zit.: *J. Mayer*, Rechtsirrtum

Mayer, Jörg Weiterhin ungeklärtes Verhältnis von Testierfreiheit und Pflichtteilsrecht. In: ZEV 2000, S. 447–448

Medicus, Dieter Gedanken zum Nebenbesitz. In: Baumgärtel, Gottfried (Hrsg.): Festschrift für Heinz Hübner zum 70. Geburtstag am 7. November 1984, Berlin [u.a.] 1984, S. 611–625

Mertens, Hans-Georg Die Entstehung der Vorschriften des BGB über die gesetzliche Erbfolge und das Pflichtteilsrecht, Berlin 1970 (zugl. Diss. jur., Münster 1969)

Metje, Ute Marie Die starken Frauen: Gespräche über Geschlechterbeziehungen bei den Minangkabau in Indonesien, Frankfurt 1995

Model, Otto (Begr.)/*Müller, Klaus* (Bearb.) Grundgesetz für die Bundesrepublik Deutschland, 11. Aufl., Köln [u. a.] 1996

Möller, Lena-Maria Die Golfstaaten auf dem Weg zu einem modernen Recht für die Familie?, Tübingen 2015 (zugl. Diss., Hamburg 2014)

Mugdan, Benno Die gesammten Materialien zum Bürgerlichen Gesetzbuch für das Deutsche Reich, III. Band: Sachenrecht, Berlin 1899

MüKo *Säcker, Jürgen/Rixecker, Roland* (Hrsg.): Münchener Kommentar zum Bürgerlichen Gesetzbuch, 7. Aufl., München ab 2016. Zit.: MüKo/*Bearb.*, Vorauflagen sind durch hochgestellte Angabe der Auflage gekennzeichnet

MüKo-FamFG *Rauscher, Thomas* (Hrsg.): Münchener Kommentar zum FamFG, 2. Aufl., München 2013. Zit.: MüKo-FamFG/*Bearb.*

MüKo-StGB *Joecks, Wolfgang/Miebach, Klaus* (Hrsg.): Münchener Kommentar zum StGB, 3. Aufl., München 2017. Zit.: MüKo-StGB/*Bearb.*

Mulla, Dinshah Fardunji/Desai, Sunderlal Trikamlal Principles of Hindu Law, 16. Aufl, Bombay 1990

Müller-Freienfels, Wolfram Anmerkung zu BGHZ 30, 140. In: JZ 1959, S. 635–638

v. Münch, Ingo (Begr.)/*Kunig, Philip* (Hrsg.) Grundgesetz, Bd. 1, 6. Aufl., München 2012. Zit.: v. Münch/Kunig/*Bearb.*

Murdock, George Peter Ethnographic Atlas, Pittsburgh 1967

Muscheler, Karlheinz Der Entwurf eines Gesetzes zur Neuordnung des Eheschließungsrechts. In: JZ 1997, 1142

Muscheler, Karlheinz Erbrecht, 2 Bände, Tübingen 2010. Zit.: *Muscheler*, Erbrecht

Nasir, Jamal J. Ahmad The Islamic Law of Personal Status, 3. Aufl., Leiden u. Boston 2009

Nelle, Dietrich Neue familienrechtliche Entwicklungen am Horn von Afrika (Äthiopien, Eritrea, Dschibuti, Somalia und Sudan). In: StAZ 2004, S. 93–103

Nelle, Dietrich Rechtspluralismus in Afrika: Entwicklung, System und Perspektiven des internen und internationalen Kollisionsrechts. In: Recht in Afrika 2006, S. 69–141

Nelson, Hein L.W./Manthe, Ulrich Gai Institutiones III, 1–87: Intestaterbfolge und sonstige Arten von Gesamtnachfolge, Berlin 1992

Nerz, Alexander Das saudi-arabische Rechtssystem, 2. Aufl., Bremen 2014

NK-BGB *Dauner-Lieb, Barbara/Heidel, Thomas/Ring, Gerhard* (Hrsg): NomosKommentar zum BGB. Band 2/1: §§ 241–610, 3. Aufl., Baden-Baden 2016; Band 4: §§ 1297–1921, 3. Aufl., Baden-Baden 2014. Zit.: NK-BGB/*Bearb.*

Odersky, Felix Reformüberlegungen im Erbrecht. In: MittBayNot 2008, S. 2–7

Oehlmann, Jan Henrik/Stille, Anna-Luise Antrag auf Aufhebung einer Ehe als unzulässige Rechtsausübung. In: FuR 2003, S. 494–499

Oltmer, Jochen Einführung: Migrationsverhältnisse und Migrationsregime nach dem Zweiten Weltkrieg. In: Oltmer, Jochen/Kreienbrink, Axel/Sanz Díaz, Carlos (Hrsg.): Das „Gastarbeiter"-System: Arbeitsmigration und ihre Folgen in der Bundesrepublik Deutschland und ihre Folgen, München 2012, S. 9–21

Oppong, Richard Frimpong Private International Law in Commonwealth Africa, Cambridge 2015

Ortiz, Alfonso/Sturtevant, William C. (Hrsg.) Handbook of the North American Indians, Bd. 9, Washington 1979, Bd. 10, Washington 1983. Zit.: Ortiz/Sturtevant/*Bearb.*, Bd.

Orywal, Erwin Ein Staat – ein Recht? Probleme des Rechtspluralismus in allgemeiner und spezieller Sicht (Pakistan). In: Strasser, Andrea/Haas, Siegfried/Mangott, Gerhard/Heuberger, Valeria (Hrsg.): Zentralasien und Islam (Deutsches Orient-Insitut; Mitteilungen 63), Hamburg 2002, S. 116–120

Otte, Gerhard Das Pflichtteilsrecht – Verfassungsrechtsprechung und Rechtspolitik. In: AcP 202 (2002), S. 317–362

Otto, Dirk Islamisierung des Rechts in Pakistan und Bangladesch. In: Kronke, Herbert/Reinhart, Gert/Witteborg, Nika (Hrsg.), Islamisches Recht als Problem der Rechtsanwendung. Symposium für Prof. Dr. Omaia Elwan, Frankfurt 2001, S. 21–36

Palandt, Otto (Begr.) Bürgerliches Gesetzbuch, 77. Aufl., München 2018. Zit.: Palandt/*Bearb.*

Pattar, Kurt Andreas Islamisch inspiriertes Erbrecht und deutscher Ordre public: Die Erbrechtsordnungen von Ägypten, Tunesien und Marokko und ihre Anwendbarkeit im Inland, Berlin 2007 (zugl. Diss. jur., Freiburg 2005)

Pauli, Hans-Georg Islamisches Familien- und Erbrecht und ordre public, Diss. jur., München 1994

Pentz, Adolf Pflichtteil bei Grundeigentum im Ausland – Ein Fall des ordre public. In: ZEV 1998, S. 449–455

Peter, Birgit Ausgewählte Probleme des neuen Eheschließungsrechts: Aufhebung und Nichtigkeit fehlerhafter Ehen, bigamisches Ehe- und Erbrecht, Schwägerschaft, Heilung formfehlerhaft geschlossener Ehen gemäß § 1310 Abs. 3 BGB, Diss. jur., Halle, Wittenberg 2001

Pfundstein, Tobias Pflichtteil und ordre public, München 2010. Zugl.: Diss. jur., 2009/10

Planck, Gottlieb Begründung des Entwurfs eines Familienrechts für das Deutsche Reich, Berlin 1880. Zit.: *Planck,* TE-FamR

Planck, Gottlieb Kommentar zum Bürgerlichen Gesetzbuch nebst Einführungsgesetz, 4. Aufl., IV. Bd., Familienrecht, Berlin und Leipzig 1928, V. Bd., Erbrecht, Berlin und Leipzig 1930. Zit.: Planck/*Bearb.*

Plate, Nicole Die Auflösung der Ehe durch den Tod, Bielefeld 2000. Zugl.: Diss., Bonn 1998

Pospíšil, Leopold Kapauku Papuans and their law, 4. Aufl., New Haven 1964 (Nachdruck der Urausgabe von 1958). Zit.: *Pospíšil,* Kapauku Papuans

Pospíšil, Leopold Anthropologie des Rechts, München 1982 (englische Originalausgabe New Haven 1974). Zit.: *Pospíšil,* Anthropologie

Probert, Rebecca When are we married? Void, non-existent and presumed marriages. In: Legal Studies 22 (2002), S. 398–419

Prütting, Hans/Wegen, Gerhard/Weinreich, Gerd (Hrsg.) BGB. Kommentar, 12. Aufl., Köln 2017. Zit.: Prütting/Wegen/Weinreich/*Bearb.*

Raape, Leo Internationales Privatrecht, 5. Aufl., Berlin und Frankfurt 1961

Ragsdale, John W. The Institutions, Laws and Values of the Hopi Indians: A Stable State Society. In: UMKCLRev 55 (1986/1987), S. 335–391

Ratz, P. Die Aufwertung und der öffentliche Glaube des Grundbuchs. In: AcP 128 (1928), S. 309–343

Rauscher, Thomas Reformfragen des gesetzlichen Erb- und Pflichtteilsrechts, 2 Bände in 3 Teilbänden, Regensburg 1993 (zugl. Habil. jur. München 1990)

RGRK Das Bürgerliche Gesetzbuch mit besonderer Berücksichtigung der Rechtsprechung des Reichsgerichts und des Bundesgerichtshofs, hrsg. von Mitgliedern des Bundesgerichtshofs, 12. Aufl., Berlin. [u.a.] 1974–2000

Riering, Wolfgang Anmerkung zu OLG Zweibrücken ZEV 2003, 162 = FamRZ 2003, 1697. In: MittBayNot 2003, S. 149–152

Rigaux, François Les relations familiales (Les personnes, Band 1), Brüssel 1971

Rittner, Fritz Rechtswissen und Rechtsirrtum im Zivilrecht. In: Esser, Josef (Hrsg.): Festschrift für Fritz von Hippel zum 70. Geburtstag, Tübingen 1967, S. 391–422

Roberts, Simon Ordnung und Konflikt: Eine Einführung in die Rechtsethnologie, Stuttgart 1981 (englische Originalausgabe New York 1979)

Rohe, Matthias Islamisches Recht: Geschichte und Gegenwart, 3. Aufl., München 2011

Röhl, Klaus F./Machura, Stefan 100 Jahre Rechtssoziologie: Eugen Ehrlichs Rechtspluralismus heute. In: JZ 2013, S. 1117–1128

Rolland, Walter Das neue Ehe- und Familienrecht: 1. EheRG, 2. Aufl., Neuwied 1982

Roth, Andreas Unterhaltsansprüche nach Eheaufhebung. In: Hofer, Sibylle/Klippel, Diethelm/Walter, Ute (Hrsg.): Perspektiven des Familienrechts. Festschrift für Dieter Schwab zum 70. Geburtstag, Bielefeld 2005, S. 687–711

Rüthers, Bernd Die heimliche Revolution vom Rechtsstaat zum Richterstaat, 2. Aufl., Tübingen 2016

Sachedina, Abdulaziz Šīʿī Schools of Law. In: Esposito, John L. u.a. (Hrsg.): The Oxford Encyclopedia of the Islamic World, Vol. 3, Oxford [u.a.] 2009, S. 397–399

Sachs, Michael (Hrsg.) Grundgesetz, 8. Aufl., München 2018. Zit. Sachs/*Bearb.*

Satzger, Helmut/Schluckebier, Wilhelm (Hrsg.)/*Widmaier, Gunter* StGB – Strafgesetzbuch. Kommentar, 3. Aufl., Köln 2016

Schäfer, Johann Peter Die Entstehung der Vorschriften des BGB über das persönliche Eherecht, Frankfurt 1983 (zugl. Diss. jur., Münster 1982)

Schladebach, Marcus Der Honorarkonsul. In: Verwaltungsrundschau 2002, S. 298–303

Schulze, Götz Die Zeitehe des iranischen Rechts – Rechtsfragen aus deutscher Sicht. In: StAZ 2009, S. 197–205

Schweizerische Eidgenossenschaft (Staatssekretariat für Migration) Focus Marokko, Teil 1, Moudawana – das marokkanische Familienrecht: Heirat, Wirkungen der Ehe, Scheidung, Bern 2015. Abrufbar unter https://www.sem.admin.ch/dam/data/sem/internationales/herkunftslaender/afrika/mar/MAR-frauen-familienrecht-d.pdf, zuletzt abgerufen am 13.3.2018

Schmidt-Bleibtreu (Begr.)/*Hofmann, Hans* (Hrsg.)/*Henneke, Hans-Günter* Kommentar zum Grundgesetz, 14. Aufl., Köln 2018. Zit.: Schmidt-Bleibtreu/Hofmann/Henneke/*Bearb.*

v. Schmitt, Gottfried Begründung des Entwurfs eines Rechtes der Erbfolge für das Deutsche Reich und des Entwurfes eines Einführungsgesetzes, Berlin 1879

Scholz, Peter Erbrecht der maghrebinischen Staaten und deutscher ordre public, Hamburg 2006 (zugl. Diss. jur., Berlin 2006). Zit.: *Scholz*, Erbrecht

Scholz, Peter Grundfälle zum IPR: Ordre public-Vorbehalt und islamisch geprägtes Recht. In: ZJS 2010, S. 185–197, 325–339

Schönke, Adolf (Begr.)/*Schröder, Horst* (Bearb.) Strafgesetzbuch, 29. Aufl., München 2014

Schotten, Günther/Schmellenkamp, Cornelia Das Internationale Privatrecht in der notariellen Praxis, 2. Aufl., München 2007

Schrire, Carmel Wild Surmises on Savage Thoughts. In: Schrire, Carmel (Hrsg.): Past and Present in Hunter Gatherer Studies, Walnut Creek 2009, S. 1–25

Schrodt, Walter Zur Wiederverheiratung bei nur scheinbarem Tod des anderen Ehegatten. In: JR 1950, S. 235–236

Seidel, Katrin Rechtspluralismus in Äthiopien: Interdependenzen zwischen islamischem Recht und staatlichem Recht, Köln 2013

Shah, Nasim Hasan Pakistan. In: International Encyclopedia of Comparative Law, Bd. I, National reports P, Tübingen/Dordrecht/Boston/Lancaster 1996, S. 1–16

Sieghörtner, Robert Anmerkung zu OLG Hamburg FamRZ 2015, 1232. In: MittBayNot 2016, S. 264–265

Smith, Christopher John The Roman Clan: The gens from ancient ideology to modern anthropology, Cambridge 2006

Sodan, Helge Grundgesetz, 3. Aufl., München 2015

Soergel, Hans Theodor (Begr.) Kommentar zum Bürgerlichen Gesetzbuch, 13. Aufl., Stuttgart ab 1999. Zit.: Soergel/*Bearb.*, Vorauflagen sind durch hochgestellte Angabe der Auflage gekennzeichnet

Spickhoff, Andreas Eheschließung, Ehescheidung und ordre public. In: JZ 1991, S. 323–330

Statistisches Bundesamt Statistisch Jahrbuch 2016, Wiesbaden 2016

Staudinger, Julius von (Begr.) Kommentar zum Bürgerlichen Gesetzbuch, Berlin, Stand: 13.3.2018. Zit.: Staudinger/*Bearb.*, Vorauflagen sind durch hochgestellte Angabe der Auflage bzw. (nach der 12. Auflage) durch hochgestellte Angabe des Erscheinungsjahres gekennzeichnet

Stern, Klaus Das Staatsrecht der Bundesrepublik Deutschland, Band I (Grundbegriffe und Grundlagen des Staatsrechts, Strukturprinzipien der Verfassung), 2. Aufl., München 1984

Stern, Klaus/Becker, Florian (Hrsg.) Grundrechte-Kommentar, 2. Aufl., Köln 2016. Zit.: Stern/Becker/*Bearb.*

Stöcker, Hans A. Die Neuordnung der gesetzlichen Erbfolge im Spiegel des mutmaßlichen Erblasserwillens. In: FamRZ 1971, S. 609–618

Süß, Rembert Anmerkung zu OLG München ZEV 2012, 591. In: MittBayNot 2013, S. 74–75

Taha, Zakaria Régimes arabes laïcs et politique du genre: La condition de la femme à travers le Code du statut personnel: le cas de la Syrie. In: Cahiers de la Méditeranée 81 (2010), S. 305–317

Thiel, Josef Franz Grundbegriffe der Ethnologie, 4. Aufl., Berlin 1983

Tuhr, Andreas von Der Allgemeine Teil des Deutschen Bürgerlichen Rechts, Zweiter Band, Erste Hälfte: Die rechtserheblichen Tatsachen, insbesondere das Rechtsgeschäft, München und Leipzig 1914

UN-Ausschuss für die Beseitigung der Diskriminierung der Frau General Recommendation No. 21 (13. Sitzung, 1994), Equality in marriage and family relations. Abrufbar unter: http://www.un.org/womenwatch/daw/cedaw/recommendations/, zuletzt abgerufen am 13.3.2017

Unbekannter Autor Eheaufhebungen: Rechtliche Aspekte und praktische Erfahrungen. Ehemals abrufbar unter: http://www.standesbeamte-bayern.de/downloads/meier_eheaufhebungen.pdf, zuletzt abgerufen am 15.6.2015

van Eijk, Esther Family Law in Syria: Patriarchy, Pluralism and Personal Status Laws, London 2016

Volkmar, Erich/Antoni, Hans/Ficker, Hans G./Rexroth, Ernst Ludwig/Anz, Heinrich Großdeutsches Eherecht, München und Berlin 1939

Volmer, Michael Definitive Entscheidung von Vorfragen aufgrund der Gerichtszuständigkeit nach der EuErbVO. In: ZEV 2014, S. 129–133

Wagenitz, Thomas/Bornhofen, Heinrich Handbuch des Eheschließungsrechts: Erläuterungen mit Materialien und Ausführungsvorschriften, Frankfurt 1998

Wagner, Joachim Polygamie in der Migranten-Parallelgesellschaft. In: Die WELT v. 30.9.2012. Abrufbar unter: http://www.welt.de/politik/deutschland/article109544417/Polygamie-in-der-Migranten-Parallelgesellschaft.html, zuletzt abgerufen am 15.1.2017

Weinreich, Gerd/Klein, Michael Fachanwaltskommentar Familienrecht, 4. Aufl., Köln 2011

Wesel, Uwe Frühformen des Rechts in vorstaatlichen Gesellschaften, Frankfurt 1986

Wessels, Johannes Der gleichstufige mittelbare Nebenbesitz, Diss. jur., Münster 1952

Westermann, Harry Sachenrecht, unveränderter Nachdruck der 5. Aufl. 1966, Karlsruhe 1969

Westermann, Harry (Begr.)/*Westermann, Harm Peter/Gursky, Karl-Heinz/Eickmann, Dieter* Sachenrecht, 8. Aufl., Heidelberg [u.a.] 2011

Weyers, Stefan/Sujbert, Monika/Eckensberger, Lutz H. Recht und Unrecht aus kindlicher Sicht: Die Entwicklung rechtsanaloger Strukturen im kindlichen Denken und Handeln, Münster [u.a.] 2007

Wieacker, Franz Römische Rechtsgeschichte Band 1: Quellenkunde, Rechtsbildung, Jurisprudenz und Rechtsliteratur, München 1988

Yassari, Nadjma Die iranische Reform des Ehegattenerbrechts. In: RabelsZ 73 (2009), S. 985–1004

Yassari, Nadjma Die Brautgabe im Familienvermögensrecht: Innerislamischer Rechtsvergleich und Integration in das deutsche Recht, Tübingen 2014. Zit.: *Yassari*, Brautgabe

Zhang Kai (张凯) 西藏一妻多夫婚姻习俗与国家法的冲突和调适(Konflikt zwischen der Sitte der polyandrischen Ehe und staatlichem Gesetz und ihre Anpassung). In: Theoretical Platform of Tibetan Development (西藏发展论坛) 2012 (6), S. 60–63

Zippelius, Reinhold Juristische Methodenlehre, 11. Aufl., München 2012

Index

BIELEFELDER RECHTSSTUDIEN

Schriftenreihe für Gesetzgebungswissenschaft, Rechtstatsachenforschung und Rechtspolitik

Herausgegeben von Prof. Dr. Otto Backes, Prof. Dr. Stephan Barton, Prof. Dr. Gerhard Otte, Prof. Dr. Martin Stock

Band 1 Ingrid Künzler: Macht der Technik – Ohnmacht des Rechts? Regelungsbedarf und Regelungsmöglichkeiten im Bereich Gentechnologie. 1989.

Band 2 Andreas Kondziela: Opferrechte im Jugendstrafverfahren. Legitimation und Grenzen aus theoretischer und empirischer Sicht. 1991.

Band 3 Dorothea Rzepka: Polizei und Diversion. Das Bielefelder Modell der Informationsvermittlung. 1993.

Band 4 Silvia Voß: Staatsanwaltschaftliche Entscheidung – Beeinflussung durch systematische Informationserweiterung? Die Umsetzung des Bielefelder Modellversuchs durch die Staatsanwaltschaft. 1993.

Band 5 Helmut Janssen: Die Praxis der Geldstrafenvollstreckung. Eine empirische Studie zur Implementation kriminalpolitischer Programme. 1994.

Band 6 Peter A. Peters: Das deutsche Insiderstrafrecht unter Berücksichtigung strafrechtlicher Konsequenzen für Kreditinstitute und prozessualer Durchsetzung. 1997.

Band 7 Olivia Lührmann: Tötungsrecht zur Eigentumsverteidigung? Eine Untersuchung des Notwehrrechts unter verfassungsrechtlichen, menschenrechtlichen und rechtsvergleichenden Gesichtspunkten. 1999.

Band 8 Marion Rosenke: Die rechtlichen Probleme im Zusammenhang mit der weiblichen Genitalverstümmelung. 2000.

Band 9 Dagmar Spona: Laienbeteiligung im Strafverfahren. Eine rechtssoziologische Untersuchung zur Funktion der Laienbeteiligung im Strafprozess. 2000.

Band 10 Stefan Vogelsang: Die Bedeutung erfolgreicher Verfahrensrügen für das nachfolgende tatrichterliche Urteil. Eine rechtstatsächliche Untersuchung der Aufhebungsentscheidungen des Bundesgerichtshofs in Strafsachen der Jahre 1992 und 1993 sowie der entsprechenden tatrichterlichen Urteile. 2001.

Band 11 Georg Zimmermann: Staatliches Abhören. 2001.

Band 12 Thomas Schwarz: Die eigene Sachentscheidung des BGH in Strafsachen (§ 354 Abs. 1 StPO). Eine normativ-empirische Studie. 2002.

Band 13 Pamela Siebrasse: Strafregistrierung und Grundgesetz. Zur Verfassungsmäßigkeit der Straf(verfahrens)registrierung in BZRG, StPO, BKAG und BGSG. 2002.

Band 14 Silke Maria Fiedeler: Das verfassungsrechtliche Hoffnungsprinzip im Strafvollzug – ein hoffnungsloser Fall? Grundlagen, Grenzen und Ausblicke für die Achtung der Menschenwürde bei begrenzter Lebenserwartung eines Gefangenen. 2003.

Band 15 Julia Nolting: Die Befreiung des Vorerben über die Grenzen des § 2136 BGB hinaus. Das bedingte oder befristete Vorausvermächtnis als Rechtsinstitut zur umfassenden Befreiung des Vorerben. 2003.

Band 16 Kristina Groth: Unbewusste Äußerungen und das Verbot des Selbstbelastungszwangs. 2003.

Band 17 Otto Backes / Christoph Gusy: Wer kontrolliert die Telefonüberwachung? Eine empirische Untersuchung zum Richtervorbehalt bei der Telefonüberwachung. Unter Mitarbeit von Maik Begemann, Siiri Doka und Anja Finke. 2003.

Band 18 Lars Lohkamp: Reformbedürftigkeit von Fahrverbot und Fahrerlaubnisentzug? 2004.

Band 19 Irmela Vogel: Fernsehübertragungen von Strafverfahren in der Bundesrepublik Deutschland und in den USA. 2005.

Band 20 Stephan Niermann: „e-Geldwäsche". Rechtliche und faktische Grenzen der Gewinnabschöpfung bei Straftaten im modernen Zahlungsverkehr. 2004.

Band 21 Thorsten Berenbrink: Der übereilte Rechtsmittelverzicht des Angeklagten. Eine Untersuchung unter normativen und erfahrungswissenschaftlichen Gesichtspunkten. 2005.

Band 22 Silvia Bauszus: Der Topos von der *Großfamilie* in der familien- und erbrechtlichen Diskussion. 2006.

Band 23 Lucian Krawczyk: Die Relativierung der absoluten Beweiskraft des Hauptverhandlungsprotokolls (§ 274 StPO) in der neueren Rechtsprechung des Bundesgerichtshofs. 2008.

Band 24 Birte Meister: Die Versagung der Akteneinsicht des Verletzten, § 406e Abs. 2 StPO. 2011.

Band 25 Philipp Hahn: Die Rückwirkung von Gesetzesänderungen im Erbrecht. 2014.

Band 26 Imke Möller: Fallschwund bei Vergewaltigungsvorwürfen und polizeiliche Ermittlungstätigkeit. 2018.

Band 27 Christian Schäfer: Die Mehrehe im Erbrecht. 2019.

www.peterlang.com

www.ingramcontent.com/pod-product-compliance
Ingram Content Group UK Ltd.
Pitfield, Milton Keynes, MK11 3LW, UK
UKHW021850290926
8980IPUK00005B/760

9 783631 781555